国家社科基金
GUOJIA SHEKE JIJIN HOUQI ZIZHU XIANGMU
后期资助项目

管理机制设计理论及其应用

Mechanism Design in Management: Theory and Practice

陈 安等 著

科 学 出 版 社
北 京

内 容 简 介

获得诺贝尔经济学奖的机制设计理论是近年来微观经济学领域发展最快的一个分支，在实际经济中具有很广阔的应用空间。

本书在介绍机制设计理论源起的基础上，首先对管理机制设计的基本组成（“七元组”）和目标、机制参与者、机制中的“关系”进行分析，其次从管理机制的能量规制、时间规制和空间规制等角度对管理机制进行设计，接着对管理机制中的失效进行解读，最后对管理机制的实践应用进行案例分析。

本书是国内首部系统阐述管理机制及管理机制设计的著作，可为管理学相关研究人员及从事管理工作的人士提供一套能够用于分析管理机制中的问题、进行机制设计的实用工具，也可作为管理科学、公共管理等相关专业的本科生和研究生的参考书。

图书在版编目（CIP）数据

管理机制设计理论及其应用/陈安等著. —北京：科学出版社，2019.11

ISBN 978-7-03-062252-5

Ⅰ. ①管… Ⅱ. ①陈… Ⅲ. ①管理学-研究 Ⅳ. ①C93

中国版本图书馆 CIP 数据核字（2019）第 190842 号

责任编辑：杨婵娟 程雷星 / 责任校对：贾伟娟

责任印制：李 彤 / 封面设计：无极书装

科学出版社 出版

北京东黄城根北街 16 号

邮政编码：100717

http://www.sciencep.com

北京市金木堂数码科技有限公司印刷

科学出版社发行 各地新华书店经销

*

2019 年 11 月第 一 版 开本：720×1000 1/16

2024 年 8 月第四次印刷 印张：17 1/4

字数：300 000

定价：98.00 元

（如有印装质量问题，我社负责调换）

国家社科基金后期资助项目
出版说明

后期资助项目是国家社科基金设立的一类重要项目，旨在鼓励广大社科研究者潜心治学，支持基础研究多出优秀成果。它是经过严格评审，从接近完成的科研成果中遴选立项的。为扩大后期资助项目的影响，更好地推动学术发展，促进成果转化，全国哲学社会科学工作办公室按照“统一设计、统一标识、统一版式、形成系列”的总体要求，组织出版国家社科基金后期资助项目成果。

全国哲学社会科学工作办公室

前言　管理之作为“元初”生产力

关于什么是“第一生产力”这个问题，有多种不同的说法。

一般而言，生产力的基本要素是生产资料、劳动对象和劳动者。其中，劳动者是主体，能够设计与制造生产资料，并且对劳动对象也能发挥相当强的能动作用，所以往往被认为是“第一生产力”。

马克思在《政治经济学批判》中，第一次明确提出了“生产力中也包括科学”的著名论断，当然，生产资料往往同一定的科学技术相结合，尤其是近代，科学技术在生产中的作用越来越显著。1988年邓小平提出“科学技术是第一生产力”。这是第一次有人将科学技术的第一生产力的地位明确地宣示出来，是对马克思论断的一次推进。

但是，科学技术又从何而来？其实依赖的是劳动者的创造力，再继续追问下去，作为劳动者的人的创造力又从何而来？除了对于世界的征服欲望之外，还有一个因素，就是外在的管理环境，它使得人有动力去了解科学技术的本质特征，并利用它的强大作用于劳动对象。当然，除了动力之外，现实中也可能形成了人们不得不设法突破的约束，无突破则无以生存和发展，这些都是环境带来或逼出来的创造力源泉。

上面提到的这个促使人们有动力掌握科学技术的“管理环境”并非是天然就具备的，而是需要有人为设计的参与。我们在这个世界上依然能够观察到大量的从封建社会或奴隶社会乃至原始社会经由外力的作用一步步走向现代社会的例证，他们长期以来为什么没有如邻近的先进文明那样按部就班地早日进入现代社会呢？主要的原因就是没有形成一套迫使科学技术和社会管理制度形成与发展的“管理环境”。

所以，除了生产资料、劳动对象和劳动者之外存在的隐形因素，“管理”可以是这三者派生出来的第N生产力，也可以是元初（第零）生产力，它决定着生产资料的现代化进程，同时决定着生产者自身素质的本质性提升。

笔者认为，除了自然形成外，“管理环境”是可以通过主观努力刻意设计出来的。这一结论也正是2007年获得诺贝尔经济学奖的三位学者的主要学术贡献，他们甚至认为，任何国家的经济制度选择都是可以如此“刻意”设计出来的，哪个国家选择怎样的经济机制来达成自己国家的发展目标是可以通过事先设计而做到的。

利奥尼德·赫维茨（Leonid Hurwicz）、埃里克·马斯金（Eric S. Maskin）和罗杰·迈尔森（Roger B. Myerson）这三位著名学者创立的“机制设计理论”希望解决的就是经济学中的顶层设计问题和路径选择问题。2014 年的诺贝尔经济学奖得主让·梯若尔（Jean Tirole）的重要研究方向恰恰又是机制设计理论，梯若尔还和让·雅克·拉丰（Jean-Jacques Laffont）共同开创了新规制经济学，其核心内容依然是机制设计的经济学应用。有趣的是，梯若尔正是 2007 年诺贝尔经济学奖得主之一马斯金的弟子和合作者。

说到“机制设计学派”那次著名的论战，还要提到 1999 年《经济研究评论》（The Review of Economic Studies）在第 66 卷第一期提到的那场不完全契约理论之争。以奥利弗·哈特（Oliver Hart）和约翰·摩尔（John Moore）为代表的产权理论学派认为，当不确定性下的自然状态足够复杂时，从本质上不存在一个可行的机制以实现帕累托有效的资源配置，只能通过合理地配置产权等制度安排来恢复资源配置的效率。这被称为哈特-摩尔-西格尔（Hart-Moore-Segal）“不可能定理”。

而以梯若尔和马斯金为代表的“机制设计学派”却对上述结论不以为然，他们在“不可预见的偶然性与不完全契约”一文中，运用机制设计理论的最新成果证明，不可预见的偶然性所造成的契约的不完全性并不构成资源配置无效率的本质障碍，在当事人的效用函数不是非常限制性的情形下，可以设计出一个激励相容的机制，最终实现帕累托有效的资源配置。这被称为“可能定理”。

说得再明白些，人为设计出一套机制以达到管理者的目标，是完全可以做到的。

不过，与管理学不同，经济学中往往有“自由选择”和“自愿交换”这类基本假设，相反，管理往往伴随着一定的强制性，只是强弱不同而已，但无论怎样微弱也绝对不会是 0，在管理的过程中，自主、自愿、自由、自为等特性一定会在某种程度上受到剥夺或限制。因此，在研究和设计“管理机制”与“经济机制”时，我们必须要考虑强制和约束问题。

受到经济机制设计理论的启发，笔者认为，管理机制也可以使资源配置做到帕累托有效或最优，只要精心设计这套机制，对于机制的每个组成部分都用设计的思维进行有效或最优安排，并兼顾参与者的心理和行为。

假设以上的结论能够成立，那么，管理中会有哪些目标？这些目标究竟可以通过设计管理机制的哪些方面得以实现？这就成为接下来必须回答的问题。

本书首先讨论了管理的六类基本目标，分析了这些目标间的差异和特征，并讨论了管理的多目标选择中存在的问题。

随后，将管理机制的基本组成划分为“七元组”，包括作为参与者的主体（一）、客体（二）和介质（三），以及作为规制的时间（四）、空间（五）和能量（六，具体表现为动力与约束），加上六个组分间的关系（七）的定义或设计。然后，管理机制的设计就可以围绕这个七元组展开了，基于几种不同的模式，给出不同领域、不同行业、不同区域、不同对象的设计方案。

三类参与者之间的关系也可以是千差万别的，参与主体就可以分为设计主体、执行主体、监督主体三个基本类型，这三个主体既可以“三位一体”，也可以再次细分，如执行主体又可分为不同层次或不同对象。当然，针对这些主体的分析也就更加困难，有些参与者之间的博弈可能存在纳什均衡，有些就不一定了。而随着博弈主体的增加分析难度也加大了，如“三国演义”就比“两国对抗”复杂多了，“战国七雄之争”的分析就变得更加困难。

即便如此，这样的分析依然是有价值的，当参与主体太多我们无法处理时，就可以简化后再讨论，并以所受到的启发去分析更复杂的情形，以最终逼近现实中的场景。

时间和空间的设计也有一定之规。时间点、段、频率等可以作为时间规制的设计出发点，空间规制则可以从大小、位置、形状、结构、状态、功能等出发进行设计，以达到管理者的目标。

动力和约束规制的设计值得深入讨论，动力设计本来就是管理中比较有趣但又困难的问题，几乎所有的管理学家都会涉足管理动力研究，如绩效奖金的设计、人类需求的多层次分析、人员多向度评价，都属于这类问题的一部分，而通过“委托-代理”实现不同主体间的激励相容当然也是管理机制设计理论中的核心难题。

关系也是可以被设计的，原本敌对的双方可以通过立刻建立起来的感情纽带化敌为友，日本幕府时代的丰臣秀吉对德川家康的怀柔政策就是这样，孙权和刘备之间通过孙尚香联姻也是一样的道理。

这还仅仅是感情因素。关系还可以从职、责、权、利、情五个方面进行考虑，这五个要素都可以分别进行人为设计，当然，五个要素还可以联合起来设计，以达到管理目标。

管理机制被设计出来之后，可能会很快起到积极的作用，也可能在运行一段时间后效用递减，以至最后失效，这就需要进行管理机制的失效分析，以修正原有不再适用于新环境或新对象的机制，使之重新焕发青春。

笔者认为，在管理中，机制是决定性的因素，但是之前又一直是“看不见摸不着”的因素，说到人可以按照一个逻辑和图谱“设计”出机制来，很多人认为几乎是不可能的。今天我们说到机制的设计与现实应用，也往往停留在描述机制应该是什么、使用后会达到的效果、具备怎样的功能等方面，而很少有人把机制的基本组成确定后再用还原论的做法进行设计，并结合管理的目标，以最终真正达到管理者希望的状态。

笔者撰写本书希望能够把“管理机制设计理论”创建出一个雏形，并考虑基于这套理论在社会管理过程中解决具体的应用问题，所以，书中也介绍了几个案例，同时在各章中也穿插了一些故事，以帮助大家理解管理机制设计理论的基本概念和模式。

最后，管理和自然科学不同，因为有人的因素掺杂其中，甚至连定性研究都无法做到可重复、可证实（伪）、可实验，定量研究则难上加难，好在目前在分析人的心理和行为方面有博弈论这个好用的工具。借助于博弈论的分析，可以对不同角色在机制中所起的作用和能够达到的均衡点进行相对科学可靠的定位与分析，而借助于对时、空、能量的研究，再结合关系五个要素的考虑，还是有可能找到可行策略和路径，将机制设计变成一个可操作的事情，而不是停留在过于抽象和顶层的状态。

当然，“管理机制设计理论”的内容还应该更深、更远，它距离成为一个解决实际问题的工具也还有较远的路要走。但是，千里之行始于足下，笔者相信，经过更多学者对于管理这个基础性概念和内容的研究，管理机制设计理论会日渐成熟，方法会深入管理者内心，会在管理的不同领域应用。

本书分为十章，主要介绍了管理机制设计的原理和应用。

第一章是机制设计理论的源起。介绍了机制溯源、特点及分类、机制设计的基本内涵、国外机制设计理论及其应用，并对国内有关机制设计理论研究进行了综述。

第二章是管理机制设计与目标设置。介绍了管理机制的定义、管理机制设计，包括机制“七元组”和四面体模型，并介绍了管理机制目标的确定，包括多目标和单目标的机制设计。

第三章是管理机制的参与者。介绍了机制参与者的类型与特点、影响机制参与者的因素分析、参与者之间相互作用的基本模式，并介绍了利用博弈论对参与者的行为进行分析的方法，最后，介绍了通过改变参与者进行机制设计的基本模式和基本流程。

第四章是管理机制中的“关系”。介绍了“关系”的概念和分类、“关系”在管理机制设计中的作用、“关系”的影响因素，以及“关系”的模式设计。

第五章是管理机制中的能量规制设计。介绍了管理机制的内部环境和外部环境，以及动力规制和约束规制的内涵、类型、内在规律、设计模式和设计方法，并介绍了面向应急资源管理的约束规制设计与应用。

第六章是管理机制中的时间规制设计。介绍了时间规制的基本特点、设计模式及设计流程，并介绍了面向管理机制的时间规制设计应用。

第七章是管理机制中的空间规制设计。介绍了空间的基本特点、空间规制的设计模式及设计流程，并介绍了面向管理机制的空间规制设计应用。

第八章是管理机制中的失效分析。介绍了不同领域的失效现象、管理机制失效的概念与特征、失效分析方法以及失效的预防与应对策略等。

第九章是管理机制设计的逻辑与方法。介绍了管理系统中的管理体制和管理机制，管理机制设计方法和流程。

第十章是管理机制设计理论的应用。以北京市海淀区北四环中关村一桥拥堵的解决策略、利用京沪高铁提升北京文化产业的策略、大规模城市恶劣天气下的交通应对策略、汶川地震中帐篷分发排队机制的失效分析与应对策略、中国国际航空股份有限公司航班正点率评价方法、企业供应链问题的解决方案等为例，对管理机制设计方法的应用进行了详细介绍。

参与本书写作的人员均为从事管理机制设计的研究人员。本书的全部内容由陈安研究员设计，他和团队成员经过十年的积累，丰富管理机制设计理论的具体内容，才得以完成本书。其中，武艳南是理论最初的研究参与者，在整体框架构建方面有贡献；迟菲协助撰写了部分章节；李月华对不同参与者博弈和空间规制设计方面做过研究，并形成了自己的硕士学位论文，部分内容纳入书中。此外，顾飞参与了时间规制的研究，刘霞对第八章有一定贡献，全书完成后陈璐进行了初步整理，韩玮则参与成稿前的修订工作。

感谢大家的辛勤工作，尤其感谢科学出版社的杨婵娟编辑和程雷星编辑，他们的审读和修改使本书更加全面和完善。

最后还要感谢为本书提供了参考资料的各位学者，他们在管理机制设计方面的研究工作丰富了本书的内容。

限于笔者的水平，书中疏漏之处在所难免，恳请读者批评指正。

陈　安

2019 年 2 月 8 日

目　　录

第一章 机制设计理论的源起

第一节 机 制 溯 源

“机制”一词源于希腊文，原指机器内部各组件间的相互关系及其制动原理。广义的机制可以借指事物的内在工作方式，具体包括各组成部分的相互关系及各种变化机理。

《辞海》对于机制的解释包括：用机器制造的；机器的总体构造和工作原理；有机体的构造、功能和各器官间的相互关系；复杂工作系统或自然现象的演变规律。

机制研究往往涉及自然科学和社会科学等多个领域，由于各学科的研究方向和侧重点存在差异，机制研究出现了所谓的“丛林现象”。有学者将机制简单对应到现实中的制度和规则；有学者强调机制的可操作性，将其定义为加入现实制约后的机理；还有学者从系统的角度，将机制理解为系统内部要素间的耦合关系与作用机理。

本书将机制的基本内涵总结为以下三个层次。

首先，物理学术语的“机制”是指系统符合物理性质的状态或结果的现象，如自行车传动机制、曲柄连杆机制等；其次，以生物学、医学为代表的其他自然科学领域的“机制”内涵逐渐被扩展为生物的功能，具体包括生物各组成部分的相互关系及其间发生的各种物理、化学性质的变化等，如光合作用、肌肉收缩机制；最后，“机制”被扩展为有机体的构造、功能和相互关系，泛指一般性工作系统的组成及其相互作用的过程和方式，在经济学、社会学、管理学等领域得到广泛应用，如市场机制、竞争机制、用人机制、逆向机制等。

不同领域的机制

自行车是传动式机械，它的传动装置包括主动齿轮、被动齿轮、链条及变速器等。齿轮比与传动比关系着自行车的使用效率。在链条传动下的飞轮带动后轮转动，飞轮与后轮具有相同的角速度，而后轮半径远大于齿轮半径，由于线速度增大，车速提高了。

自行车的踏脚和刹车用到了杠杆原理，以飞轮的轮轴为支点，用较长的铁杆来转动链条上的飞轮，可以省力。踏脚飞轮上用到了齿轮，以防止链条打滑。自行车上的链条与后轮之间也采用了齿轮传动。应用比踏脚飞轮更小的齿轮，可以节省踏脚所用的力，同时还提高了自行车后轮运转时的速度。刹车以车把上的刹车柄的转折关节为支点，起到了省力的作用。

曲柄连杆是发动机的主要运动机构，由活塞组、连杆组和曲轴、飞轮组等零部件组成。它的功用是将活塞的往复运动转变为曲轴的旋转运动，同时将作用于活塞上的力转变为曲轴对外输出的转矩，以驱动汽车车轮转动。曲柄连杆的作用是提供燃烧场所，把燃料燃烧后产生的气体作用在活塞顶上的膨胀压力转变为曲轴旋转的转矩，不断输出动力。

光合作用是指含有叶绿体的绿色植物、动物和某些细菌，在可见光的照射下，经过光反应和碳反应，利用光合色素，将二氧化碳（或硫化氢）和水转化为有机物，并释放出氧气（或氢气）的生化过程。同时也有将光能转变为有机物中化学能的能量转化过程。光合作用是一系列复杂的代谢反应的总和，是生物界赖以生存的基础，也是地球碳-氧平衡的重要媒介。光合作用可分为产氧光合作用和不产氧光合作用。对于生物界几乎所有的生物来说，这个过程是它们赖以生存的关键，而对于地球上的碳氧循环，光合作用是必不可少的。

肌肉收缩是肌肉对刺激所产生的收缩反应现象，是指脊椎动物骨骼肌靠传播性活动电位而发生的收缩。当肌肉处于静止（舒张）状态时，胞液 Ca 浓度较低，钙离子结合亚单位（TnC）不与 Ca 结合，则 TnC 与 TnI、TnT 的结合较松散。此时，TnT 与原肌球蛋白紧密结合，使原肌球蛋白遮盖了肌动蛋白与肌球蛋白结合部位，阻止了肌动蛋白与肌球蛋白的结合。同时，TnI 与肌动蛋白紧密结合，也阻止了肌动蛋白与肌球蛋白的相互作用，并抑制肌球蛋白的 ATP 酶活性，故肌肉处于舒张状态。当胞液内 Ca 浓度增加时，Ca 便与 TnC 结合，之后，TnC 构象变化，从而增强了 TnC 与 TnI、TnT 之间的结合力，使三者紧密结合，削弱了 TnI 与肌动蛋白的结合力，使肌动蛋白与 TnI 脱离，变成启动状态。同时，TnT 使原肌球蛋白移动到肌动蛋白螺旋沟的深处，而排除了肌动蛋白与肌球蛋白相结合的障碍，于是，肌动蛋白便与肌球蛋白的头部相结合，产生有横桥的肌动球蛋白，在此蛋白中，肌动蛋白使肌球蛋白的ATP酶活性大大提高，故肌球蛋白催化ATP水解反应。产生的能量使横桥改变角度，而水解产物的释放又使横桥的位置恢复，再与另一个ATP结合，如此循环，细丝便沿粗丝滑行，肌肉发生收缩。

市场机制是通过市场竞争配置资源的方式，即资源在市场上通过自由竞争与自由交换来实现配置的机制，也是价值规律的实现形式。具体来说，它是指市场机制体内的供求、价格、竞争、风险等要素之间互相联系及作用机理。市场机制有一般和特殊之分。一般市场机制是指在任何市场都存在并发生作用的市场机制，主要包括供求机制、价格机制、竞争机制和风险机制。具体市场机制是指各类市场上特定的并起独特作用的市场机制，主要包括金融市场上的利率机制、外汇市场上的汇率机制、劳动力市场上的工资机制等。市场机制是“市场经济学”的核心内容。

竞争机制是市场机制的内容之一，是商品经济活动中优胜劣汰的手段和方法。它反映竞争与供求关系、价格变动、资金和劳动力流动等市场活动之间的有机联系。它同价格机制和信贷利率机制等紧密结合，共同发生作用。竞争包括买者和卖者双方之间的竞争，也包括买者之间和卖者之间的竞争。竞争的主要手段，在同一生产部门内主要是价格竞争，以较低廉的价格战胜对手。在部门之间，主要是资金的流入或流出，资金由利润率低的部门流向利润率高的部门。用人机制通常指企业招聘员工、组织培训、人力资源开发等一系列人事管理的相关制度。例如，以前企业在用人方面，不与职工签订劳动合同的现象十分严重，这导致许多劳动争议因为没有劳动合同不了了之。但新的劳动合同法规定，用人单位自用工之日起超过一个月不满一年未与劳动者订立书面劳动合同的，应当向劳动者每月支付两倍的工资。这就使得原有的不签订劳动合同、不交社保的现象得到制止，也使得员工的利益能够得到合法的保护。这样企业在招工方面也会变得谨慎，相应的要求也会提高，而且不敢不签劳动合同了。

（摘编自百度百科词条：自行车、曲柄连杆机构、光合作用、肌肉收缩、市场机制、竞争机制）

第二节 机制的特点及分类

机制内涵的多层次性决定其特点及分类的多样性，本节将以机制的基本内涵为基础，通过回顾和总结理论界对机制特点及分类的研究，进一步阐述和扩展机制的基本内涵。

一、机制的特点

用系统科学的思想研究机制，可以全面把握机制的一般性特征，成为机制研究初期的主要视角。马维野和池玲燕（1995）从系统的角度出发，将机制的基本特点总结为：依存性，即任何机制都需要依存于某系统而存在；自控性，即机制对系统要素运动有自动调节的作用，当某要素出现偏差时，机制会通过自适应机理将其重新调整至系统机制正常运行的轨道上；内在性，即相对于环境因素而言，机制更加强调系统进化的内在因素；规律性，即机制依某种内在规律发生作用，机制的规律性具体可以体现为系统机理的操作性；多重性，即系统往往同时具有多种机制，同一机制亦可以适用于不同的系统；自然性，即机制本身属中性，无“进步”与“反动”之分，其作用效果服从于系统与环境的作用；外依性，即机制的作用效果受限于各种时空因素及其他外部条件的影响。

暨南大学的郝英奇（2010）则从组织管理的视角对机制的基本特征进行总结，并以管理动力学的术语表述为以下特征：自然性，即机制的设计和运行应符合基本的自然规律，以顺势而为、自然而为的方式达到预期效果；自为性，即机制设计完成后，只需给定相应的条件，机制就能够按照预先设定的运行轨迹自行运转，类似于上文中的自控性，如“自行车的传动机制”是只要有足够的力就能保证自行车的前行；因果性，即机制是由一系列因果关系耦合而成的联动装置，只需给定机制的设计参数，即可根据既定的因果关系实现机制的功能；可控性，即人们能够通过干预机制的因果链，实现对于机制的调整，使其符合人类的需要。

此外，考虑不同行业的属性，其机制的内涵和特征也会存在一定的差异。在经济领域，市场机制的特点可以总结为自主性、平等性、完善性、竞争性、开放性和有序性等。在管理领域，鉴于供应链机制的基本职能是通过供应链各机制的相互作用，为市场客户提供更完整的产品组合，可以将其特征总结为客观性、相关性和自发性等。在法律领域，法律的强制性和普世性决定其具有意志性、行为性、普遍性、公正性、确定性和技术性等特点。在国际合作领域，具体的“金砖国家”合作机制的特点可以总结为开放的对话和合作、成员国间合作的协调和互信、解决分歧的交流平台等。

二、机制的分类

不同的行业属性、不同的形成动因、不同的作用方式、不同的作用强度决定机制的类型具有多样性，且不同机制的特征往往具有一定的差异性。本节依据不同的分类方式，将机制的类型进行总结和分析，如下。

1）按照机制的形成方式，机制可以分为自然机制和人为机制两类。

自然机制是指自然形成的机制，如细胞分化机制、火山喷发机制等；人为机制属于控制措施的优化机制，如防洪机制、激励机制、拍卖机制等。本书主要考虑社会科学领域的机制，故人为机制是本书的主要研究对象。

自然机制和人为机制的例子

细胞分化是指同一来源的细胞逐渐产生出形态结构、功能特征各不相同的细胞类群的过程，其结果是在空间上细胞产生差异，在时间上同一细胞与其从前的状态有所不同。细胞分化的本质是基因组在时间和空间上的选择性表达，通过不同基因表达的开启或关闭，最终产生标志性蛋白质。

火山喷发是一种奇特的地质现象，是地壳运动的一种表现形式，也是地球内部热能在地表的一种最强烈的显示，是岩浆等喷出物在短时间内从火山口向地表的释放。由于岩浆中含大量挥发分，加之上覆岩层的围压，这些挥发分溶解在岩浆中无法溢出，当岩浆上升靠近地表时，压力减小，挥发分被急剧释放出来，于是形成火山喷发。

防洪机制是水利科学的一项重要专业学科，是根据洪水规律与洪灾特点，研究并采取各种对策和措施，以防止或减轻洪水灾害，保障社会经济发展的水利工作。其基本工作内容有防洪规划、防洪建设、防洪工程的管理和运用、防汛（防凌）、洪水调度和安排、灾后恢复重建等。

激励机制是在组织系统中，激励主体系统运用多种激励手段并使之规范化和相对固定化，而与激励客体相互作用、相互制约的结构、方式、关系及演变规律的总和。激励机制是企业将远大理想转化为具体事实的连接手段，包括精神激励、薪酬激励、荣誉激励、工作激励等。

拍卖机制是指通过一系列明确的规则和买者竞价所决定的价格来决定资源配置的一种市场机制，即在确定的时间和地点，通过一定的组织机构，以公开竞价的形式，将特定物品或者财产权利转让给最高应价者的买卖方式。

（摘编自百度百科词条：细胞分化、火山喷发、防洪、激励机制、拍卖机制）

2）按照机制的形成动因，机制可以分为自发型机制和助发型机制两类。

自发型机制是指伴随系统的建立而自发生成的机制，如生物结构组成部分的相互关系；助发型机制是指非自发生成、需要系统自身有目的地建设或外部因素促进生成的机制。

人为机制一般都属于助发型，如加强某某机制建设、应急机制设计等。

3）按照机制的作用方式，机制可以分为拉式机制、推式机制和复合机制三类。

拉式机制强调系统的初始动力是由于外界环境因素的需求产生，如市场机制；推式机制的原动力来源于机制的实施者，系统要素在强制性推力的作用下，按照预先设定的规则运行；复合机制是拉式与推式结合起作用的机制。

4）按照机制的作用效果，机制可以分为导向型机制、均衡型机制和动力型机制三类。

导向型机制对机制所需实现的目标进行了设定，通过目标对机制参与者的行为进行指导性的约束；均衡型机制则以达到各参与者目标之间的均衡状态为依据进行设计；动力型机制以驱动相关参与者或其他元素为依据，使其行为趋向机制设计者制定的目标，如激励机制。

5）按照机制的作用强度，机制可以分为主导型机制和从属型机制两类。

主导型机制是指在系统的多种机制中，对系统运行起主要作用的机制；从属型机制是指那些起次要作用的机制。

机制是主导型还是从属型往往视系统的环境和系统的目的而定，条件变化时这两种机制可互相转化，正如矛盾运动所遵循的法则一样。例如，高校系统有教学机制、招生机制、就业机制、干部选拔机制、资金运行机制、科学研究机制、后勤保障机制、监督检查机制等。

6）按照机制所属的领域不同，机制可以分为经济机制、法律机制、管理机制、国际合作机制等。

管理机制一般用来规范管理，提高生产效率，随着社会进步和管理学发展，人本身的特点也逐渐成为考虑重点；经济机制往往是定价机制、拍卖机制、委托代理机制、最优税收机制等各类经济活动的总称。

此外，机制还可以从系统分类的角度，将其分为宏观系统机制与微观系统机制、动态系统机制与静态系统机制、开放系统机制与封闭系统机制、线性系统机制与非线性系统机制、实体系统机制与概念系统机制、良性系统机制与恶性系统机制、孤立系统机制与联动系统机制、简单系统机制与复杂系统机制、可控系统机制与不可控系统机制等。

第三节　机制设计的基本内涵

机制设计是对上述机制基本机理和作用方式进行分析，并通过调节相关指标对机制的运行轨迹进行规划。当前国内外学者对于机制设计的定义和分析尚未统一，主要包括经济、管理、法律等领域的分析。通过选取几类较为典型机制设计的基本内涵，本节进一步提出管理机制设计的定义。

最早的经济机制设计是博弈论和社会选择理论的综合运用，其核心思想是在信息不对称的情况下，通过设计一定的博弈规则，实现各利益相关者之间的信任以及保证机制正常运行。因此，在经济学领域，机制设计可以定义为在预定经济目标的情况下，通过寻找相应的博弈规则来实现该目标。钱颖一（1995）将上述定义进行扩展，认为机制设计是指在给定一个组织的目标的前提下，可以设计一套规则，使得每一个参加组织活动的人，在掌握私人信息的情况下出于自身利益行事，其最终结果也能够实现组织的既定目标。

从实际操作的角度，机制设计可以理解为分析问题的思路、框架和方法，即机制是学术上的说法，对应到实际管理工作中就是制度和规则。例如，平常所说的“上有政策，下有对策”体现的就是机制制度层面的内涵。

通过总结上述学者对经济机制及社会其他机制设计的界定，本节将管理机制设计的基本内涵简单地总结为：为实现一个确定的目标而设计出来的一种涵盖了原则、模式、规范及流程，基于相关事物的机理，考虑现实条件的制约，具备一定能动性的解决方案。

第四节 国外机制设计理论研究

"机制"一词最初属于工程学术语，产生于希腊文，对应于英文mechanism，后来逐渐发展到其他学科领域。国外学者对机制设计理论的研究可以溯源到20世纪20～40年代西方学界关于计划与市场的大论战。赫维茨于1960年首次提出机制设计理论，他提出在信息不完全，自由选择分散化的背景下，如何可以对于任意一个经济主体或社会目标，设计出一种有效的经济机制，使得参与经济活动的个体和机制设计的主体目标一致（Hurwicz，1960）。因此，国外一般将机制设计研究归入博弈论或制度经济学等领域。本节综述国外机制设计理论，重点介绍经济机制设计理论，对其历史起源、理论内涵和应用进行回顾，可以让读者对经济机制设计理论有所了解。

一、机制设计的历史起源

机制的运行必然伴随信息传递，影响机制运行成本的一个重要因素是信号空间的维度问题。在考虑信息复杂性的前提下，要求机制的信号空间的维度越小越好。机制设计的目的是优化一个基于信号参数空间的函数，这个函数不仅可以尽可能多地利用收集到的相关信息，同时可以根据收集到的信息制定决策。为避免信息收集过程中出现虚假信息，机制设计可以建立在博弈论的各种解概念基础上，解概念反映了虚假信息提供的均衡策略，设计者最终目标就是考虑如何设计一个机制去执行解概念，将收集到的信息转化为社会决策，以及控制信息收集过程。Hurwicz 和 Kenneth 于1972年正式定义了机制设计在分散系统下的设计问题，提出了激励相容的概念，并给出了著名的"激励相容"不可能定理（Hurwicz et al.，1972）。

不同的博弈解前提下，激励相容有不同的形式，机制设计总是在各种解概念基础上讨论机制效率问题，一个机制设计的优劣程度可以用信息有效性和激励相容性来进行评价。Vickrey 在1961年首次利用博弈论来解释拍卖的动态过程，他提出的收益等价性原理至今仍是现代拍卖机制理论的重要组成部分。Myerson（1981）在前人研究的基础上对贝叶斯-纳什均衡进行了拓展，并将该原理应用于拍卖理论和规制研究等领域。Schmeidler对贝叶斯执行的多重均衡问题进行了探讨。Postlewaite 等（1989）研究了双边拍卖中多重均衡的存在性和效率问题。Palfrey 等（1989）研究了非劣贝叶斯均衡，强调了没有代理人使用弱策略的贝叶斯均衡，因此隐含了占优性和贝叶斯均衡的最佳反应性。Moore 等（1988）、Abreu 等（1989）讨论了完全信息下，将机制设计的解概念扩展到序贯均衡上，从而扩展了可执行社会函数集合。Maskin（1977）创造性地提出了执行理论，提出并证明了纳什均衡实施的充分必要条件。尽管他在 1999 年才发表了论文“纳什均衡和福利最优化”（*Nash equilibrium and welfare optimality*），但这并不妨碍纳什均衡理论构成现代机制设计的关键部分并成为机制设计理论的里程碑。

国外理论与实践界已经逐渐形成机制设计与研究的相关领域，且在经济机制设计领域的成就较为显著。经济机制设计理论的基本思想可以追溯至 20 世纪 30~40 年代，当时经济学界存在一场关于社会主义计划经济可行性的著名论战，论战发生在以弗里德里克·哈耶克（F. A. Hayek）与奥斯卡·兰格（O. Lange）为中心的经济学家之间。以哈耶克为中心的一些经济学家认为高度集中的计划经济机制不可能获得其正常运转所需的信息，而市场机制就可以节约大量的信息成本。相反，以兰格为中心的另外一些经济学家则认为他们所设计的经济机制完全可以解决哈耶克所指出的信息问题。随后，哈耶克等又提出计划机制解决不了激励问题，兰格则执着地认为只要给他一个大型计算机，他会把整个经济运转得井井有条。此次“社会主义经济核算大争论”将能否解决激励问题作为计划与市场之争的主要焦点，为经济机制设计理论的总结提供了思路。

虽然这场大争论最终没有得到确定的结论，但赫维茨注意到哈耶克和兰格等所关注的共同点——信息及信息分散是什么？它们应该包括哪些内容？在什么背景下分析信息成本的大小？激励相容是什么？其概念的外延与内涵如何进行界定？

随后，赫维茨在其研究中通过统一的模型，研究了什么是信息分散化经济机制，提出激励相容的基本内涵，并逐渐总结为经济机制设计理论。

综上所述，国外学者将机制设计理论视为博弈论和社会选择理论研究的综合运用，讨论如何以一个机制达到任意给定的社会或经济目标，同时兼顾信息效率问题和激励相容问题。

二、经济机制设计理论

不同的机制会导致不同的信息成本、不同的激励和不同的配置结果，即经济机制的信息有效性和激励相容性可设计和评价机制的优劣(图 1.1)，学界普遍认为赫维茨、马斯金和迈尔森是经济机制设计理论的代表性人物。

由于经济机制的运行总是伴随着信息的传递，信息的维度往往是影响机制运行成本的一个重要因素。因此，考虑到信息的成本，需要在机制设计过程中减少信息维度及其传递的过程。

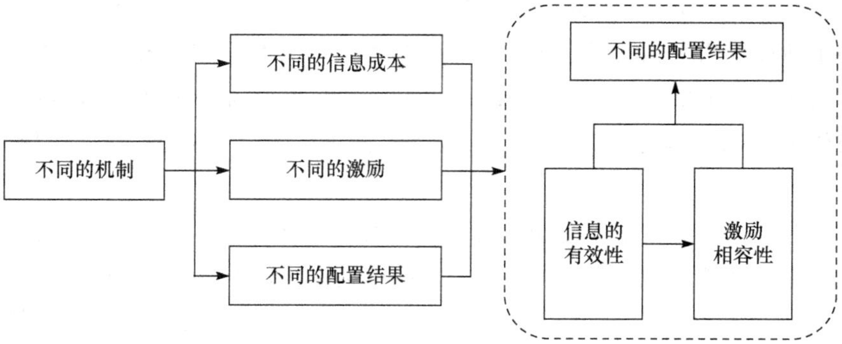

图 1.1 经济机制设计的基本框架

作为经济机制设计理论的另外一个核心的概念，激励相容是赫维茨 1973 年提出的重要概念，他同时还给出了“激励相容”不可能性定理，并提出了一个分析制度问题的一般化框架。然而，在不同的博弈规则下，激励相容有不同的表现形式，马斯金对各种情形下什么样的社会选择规则是可执行的问题进行了探讨，并系统性地研究了经济制度的设计和这些制度是如何影响人们的互动行为和配置结果的，并通过其论文“纳什均衡和福利最优化”（*Nash equilibrium and welfare optimality*），提出了纳什均衡实施的充分和必要条件。迈尔森则通过 1981 年发表在《运筹学研究》上的“最优拍卖设计”（*Optimal auction design*）一文将经济机制设计理论应用到具体的经济问题上，如拍卖问题和监管问题。

总之，机制设计可以看作是博弈论和社会选择理论的综合运用，所讨论的问题是对于任意给定的社会目标，能否设计和怎样设计一个机制以达到既定的社会目标。钱颖一①认为机制设计具体包括激励相容（incentive compatibility）、显示原理（revelation principle）和实施理论（implementation theory）三个基本概念。

激励相容是指在设计机制的时候，要考虑一个基本的约束条件，即人们会利用自己的私人信息为自己的利益去做选择，设计的机制必须要与人们的自身激励相一致。

① 摘自 2007 年 11 月《经济观察报》对钱颖一的访问。详见《机制设计理论与中国经济改革》一文，http: //www.ccwe.tsinghua.edu.cn/info/ss/1603。

显示原理是指在激励相容的约束条件下，将设计最优机制这一很复杂的数学问题简化成一个较为简单的数学问题，迈尔森证明在寻找最优机制时，只考虑直接机制与全部机制是等价的。

实施理论是指设计出一个激励相容的机制来实现给定的目标。通常在一个机制下有很多均衡点，有的均衡点能实现目标，有的则不能，马斯金在其研究中对所有均衡点都能实现这一目标的充分和必要条件进行了分析。

经济机制设计理论一直是现代经济学研究的核心主题之一，国外众多经济学家在这个领域做出了重要贡献。除了赫维茨、马斯金和迈尔森外，Atila Abdulkadiorglu、D. Baron 、Dirk Begremann、Vijay Krishna、Jena-Jaeques Laoffnt、R. Preston McAefe、Thomas R. Palrfey、Maeleod 等学者在该领域也进行了相应的研究。此外，赫维茨在中国的学生田国强早在 1989 年就通过《现代经济学前沿专题》第一辑将经济机制设计理论在国内进行介绍。田国强在《经济机制理论：信息效率与激励机制设计》中将机制设计理论定义为研究“在自由选择、自愿交换、信息不完全及决策分散化的条件下，设计一套规则来达到既定目标的理论”（田国强，2003）。2014 年获得诺贝尔经济学奖的梯若尔则继续沿着导师马斯金的方向深入研究，在串谋机制形成等问题上有比较深刻的研究。

随着迈尔森将经济机制设计理论应用于拍卖机制的设计过程中，国内外学者从不同的角度对其在经济学中的应用进行了总结和扩展，具体包括拍卖机制、定价机制、契约机制、垄断定价机制、委托-代理机制和最优税收机制等。

第五节　国内机制设计理论研究

国外学者对机制设计理论方面的研究以本章第四节讲述的经济机制设计理论较为显著，将机制设计理论视为博弈论和社会选择理论研究的综合运用，讨论如何以一个机制达到任意给定的社会或经济目标，同时兼顾信息效率问题和激励相容问题。在 20 世纪 90 年代中，国内市场机制改革以来，我国很多学者也逐渐开始关注和拓展上述经济机制设计理论，并在此基础上提出一般性的机制设计思路。

例如，李宝娣（2009）从传统拍卖机制的基本内涵出发，对单阶段的 VCG、一级价格和向上叫价组合拍卖机制的理论模型、拍卖过程和机制设计问题进行探讨，并分别对两阶段和三阶段组合拍卖机制的设计问题进行讨论，提出时钟-代理拍卖和新型三阶段组合拍卖机制的用户选择策略。陈贵珍（2010）对具体的国有资产拍卖，分析比较了单位需求和线性需求条件下同质多物品拍卖的最优机制设计，并尝试分析了我国国有资产分离过程中的拍卖方式的选择问题。再如，在计划经济条件下，商品由政府进行定价，供应实行配给制。在市场经济背景下，价格由市场供需关系决定，供大于求，则价格下跌；求大于供，则价格上升。这种定价机制，巧妙地实现了资源的最优化配置。考虑经济机制的核心思想是信息效率和激励相容，国内学者将这种思想在不同的领域进行了尝试和扩展。

例如，考虑电力系统的特点和不完全信息问题引发的发电商策略性行为，进而影响电力市场的安全性和经济性，方勇（2004）应用机制设计理论、供应函数均衡、Cuornot 模型、Stackelberg 模型探讨了发电商的策略性行为和激励性发电上网竞价机制等问题。

通过对技术开发委托代理关系特点的分析，曹兴和石中华（2005）利用经济机制设计理论的基本思想设计了三阶段对策模型，建立了同时可以分析隐藏行动、隐藏信息道德风险的总体框架，并运用米尔利斯-霍姆斯特伦模型方法（Mirrlees-Holmstrom Approach）对每种可能情况下的最优合约特征进行了分析。

此外，学术界还基于经济机制设计理论的基本思想，对房地产市场博弈、项目管理中激励问题、腐败风险防控、中国农村扶贫机制改革、国有资本营运机制、高校科研管理、医院公益性保障等方面的机制进行了设计和分析。

从上述分析可以看出，以博弈论为基础的经济学上的机制设计理论是研究在自由选择、自愿交换、信息不完全及决策分散化的条件下，能否设计一套机制（规则或制度）来达到既定目标的理论。它对于分析市场行为和解决若干市场问题具有重大意义。然而，博弈论的基础是理性人假设。在管理活动中，管理的对象是人，人除了具有理性的一面，也具有感性的特征，人会因为某些情感而做出一些非理性的选择。在经济学分析中人所有的选择是基于自由与自愿，而管理中人的很多选择可能是被强制的。所以，用经济机制设计理论无法解决所有的管理问题。在管理学领域，需要有一套自己的机制设计理论，来分析管理机制的问题，设计管理机制。

国内学者主要从管理角度对机制设计理论的相关思想进行研究。继承经济机制设计理论和系统工程的基本思想，张勤生、汪应洛等学者提出管理机制设计理论应该重点研究权责对等、信息和激励问题，合理的权责对等配置、信息运行的低成本和激励相容性的满足是一个可执行机制的必要条件，研究还将经济环境、信息空间、配置规则、行为准则和评价标准等作为机制设计理论的主要组成部分（张勤生等，2007）。从被管理者激励的角度出发，孙绍荣和朱佳生（1955）利用状态与回报的对比分析，提出管理机制设计的四个主要步骤（图 1.2）：倾向分析，分析被管理者有哪些自发追求；回报分析，针对每一种倾向分析被管理者有哪些可以提供的回报；状态分析，达到管理目标时对被管理者的各种标志进行分析；通过构造“结”把回报与状态相连接。

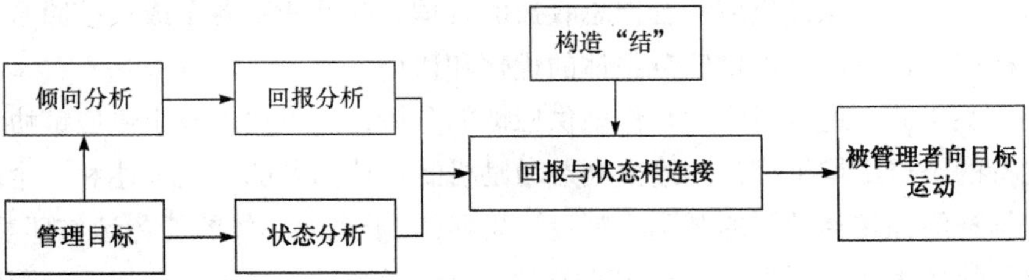

图 1.2 管理机制设计的主要步骤

不同于经济机制设计理论的基本思想，李学栋等（1999）认为管理机制设计理论应纳入管理系统设计理论，并将具体的机制设计流程总结为：情景分析；机制选择与机制体系确定；机制内容确定；机制作用方式设计；机制作用强度确定；机制作用范围确定；机制系统化研究；机制对系统支撑要求分析等。

陈砣（2001）从还原论的角度将管理机制分为机制运行的对象、机制运行的目标、机制运行的规则、机制设计者、机制的外来干预——强制力、系统的均衡等部分，并提出目标-系统均衡的设计模式。基于系统动力学的思想，郝英奇（2010）提出组织管理的动力机制，并从微观和宏观两个层面，将组织管理的微观机制总结为权力、责任和利益的均衡；将相应的宏观机制总结为导向机制、激励机制、约束机制和控制机制的统一。

本书从机制的本意入手，将其构成元件分为参与者、关系及规制三个类别，参与者又可分为主体、客体与介质，规制又可分为时间规制、空间规制及能量规制。此外，本书围绕公正、公平、秩序、利益、效率、创新等管理机制的特定目标，对机制设计的模式进行了分析，分为基本模式、间接模式、规制设计模式及理想模式。

经济机制设计理论的应用往往侧重于比较宏观的部分，笔者认为很多机制设计应该直接应用于特定行业或领域的具体机制设计。例如，邬爱其和贾生华（2007）提出的企业成长机制主要是探讨企业通过什么方式实现成长，对应于企业资源基础理论、环境学派、资源依赖学派和集群理论的战略思想，可以将企业成长总结为内部成长、并购成长和网络化成长三种基本方式和机制。对于企业产权安排存在权力与责任不对称的问题，陈国恒和杨再斌（2000）通过提出规范的责权利安排，重新界定各利益相关者的责任和权力，并通过先改后“股”的方式，对企业内部的收入分配和治理结构做出新的安排设计。对于企业具体的供应链运作环节，王辉（2011）考虑合作型供应链组成成员的自治性利益要求，必须制订相应的利益协调和激励机制，保证供应链合作总收益的合理分配并激励各个成员按照合作目标行动，从而实现供应链整体的优化和协调。

鉴于此，通过对一般合作型供应链的分析，可以提出一个供应链协调支持的三层结构模型，并给出利益激励机制设计问题的一般描述和一个基于静态线性转移效用的激励机制设计思路。对于企业具体的债务运作环节，公司债务为经理提供了风险转移激励，有学者通过考察银行监管下的消除风险转移激励机制的设计问题，证明了银行的监管降低了股东消除风险转移激励的机制设计成本。借鉴系统动力学的思想，可以从动力机制、发展机制、约束机制和风险机制等角度，对国有商业银行的经营机制进行分析。

针对某些特定的行业，不同运作环节设计的机制也存在一定的差异性。对于具体的环境排污问题，黄采金等（1999）从合作的角度研究监督者如何设计机制引导多成员在环境排污问题上进行合作以优化使用环境资源的问题，并通过预算非平衡方案的纳什均衡达到帕累托最优，得出环境排污合作的激励机制。然而对于排污的申报机制而言，基于不完全信息 Stackelberg 动态博弈模型，有学者建立了排污权交易制度中政府管理机构让各排污企业申报排污量的博弈模型，并分别就政府管理机构的平均主义与非平均主义偏好两种情况对模型进行了分析。

本章小结

目前，以“机制设计”为关键词或题名到学术数据库中进行检索，得到的研究成果数以万计。如果在中国知网（CNKI）与 WOS 文献库，按照发表日期对上述文献资料进行分析，可以发现近年来机制设计的研究已经成为学界研究的热点，且呈现逐年增长的趋势。通过将其与国外相关研究进行对比分析，可以发现当前国内外对于机制设计理论的研究具有文献资料量大、文献资料体系性差、应用类文献的论证不足以及仅经济机制设计理论自成体系等特点。

当前国内外机制设计的理论本身依然不够成熟，且距离广泛应用尚远，需要在明确机制基本目标的基础上，进一步利用博弈论及系统设计思想，对机制主体、客体、介质、关系、时间规制、空间规制、动力与约束规制的设计等进行分析，提出机制设计的一般流程。

第二章　管理机制设计与目标设置

第一节　管理机制的定义

“机制”一词最早源于希腊文，原指机器的构造和动作原理。现在，机制的概念早已不限于此。

一般地，机制可以分为两个主要的部分，一是内在的、客观的，不以人的意志为转移的机制，中文通常也称作“机理”（intrinsic mechanism）；二是一种主观的、人可以参与设计的，但是也往往是临时的、可以变化的规则，此时将其称作“机制”（human-designed mechanism）。

一个人为设计的机制需要服从内在机理的制约，基于机理来设计相应的机制，并且能够将主观能动性发挥到极致。尽管生命科学领域常将“机理”称为“机制”，但在这里还是做一个比较清晰的区分，本书所指的机制是人参与设计的机制，而非具备客观性的“机理”。

笔者认为定义机制可以用如下的方式。

> 定义 1：机制由环境中某些具有确定或动态关系的特定元件组成，以模型（或规则）的形式来揭示事物（或事件）的规律，并以此设定一套流程来实现既定目标的设施或解决方案。机制的组成一般包括参与者、规制和关系定义，其中参与者还包括主体（用于设计和使用机制）、客体（机制作用对象）、介质，而规制可以是时间规制、空间规制、动力与约束规制。

按照不同的形成方式，机制可以分为自发机制和人为机制；按照不同的作用效果，机制则可以分为导向机制、均衡机制、动力机制；按照所属的不同领域，机制则可以分为化学领域的机制、数学领域的机制以及管理机制等。

简单地拆字，则可以将“机制”拆分为“机”+“制”，其中的“机”可以认为是机理，而后面的“制”则可以认为是制约、制动、制衡。也就是说，机制是基于机理分析的一种制约、制动、制衡设计。

不同领域的“机制”内容和形式可以非常不同。例如，自行车的传动机制就是靠踏脚、轮盘、链条、驱动轮、从动轮集成在一起的车体，以及外加的来自于人的力，才能够运转起来。汽车的驱动机制，在细菌、病毒侵染时药物对生命体的保护机制，经济学中的市场对资源的配置机制（所谓“看不见的手”），以及社会管理中混乱人群的自组织机制等，都是机制在不同领域的具体表现形式。

理解了“机制”的含义，再来看“管理机制”。

> 定义 2：管理机制（managerial mechanism）是为实现一个确定的管理目标，基于相关事物或事件的内在运行机理，考虑现实条件的制约，而人为设计出来的一套涵盖了原则、模式、规范及流程，具备一定能动性的解决方案。

管理机制适用于有一定强制性的环境，由具备确定性或动态关系的特定元件组成。笔者认为，管理机制与经济机制最大的差异在于管理机制没有“自由”和“自愿”，而更多的是突出其强制性。

图 2.1 展现了机制的各个组成部分和结构，本章将对各个部分进行分解分析。

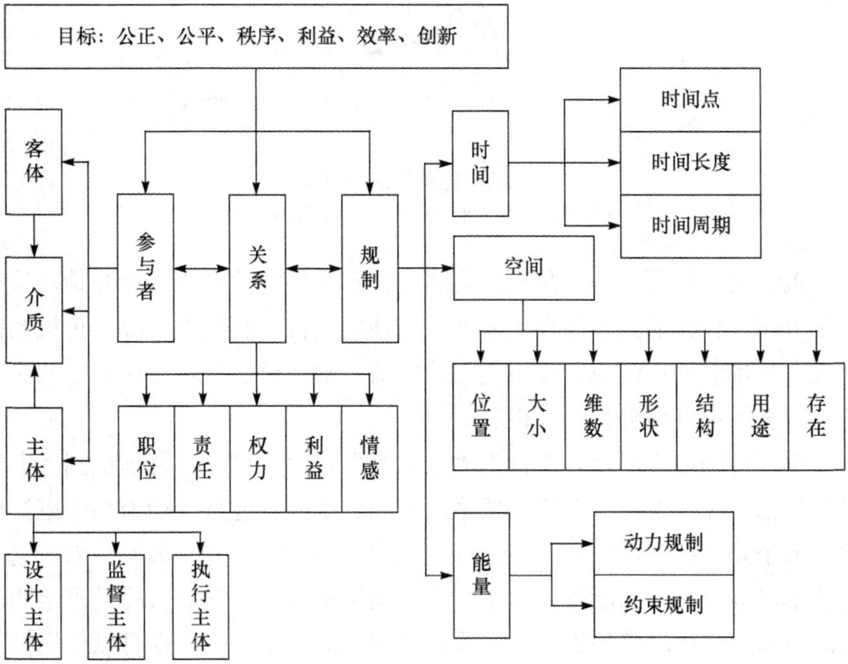

图 2.1　机制组成结构图

第二节 管理机制设计

机制常伴随着问题诞生，即机制有自己独特的存在环境。机制以解决问题为目标，问题不同则机制也不同。机制在不同的环境中所表现出的作用也大相径庭。例如，软件开发中的协调机制与应急管理中的协调机制有所不同；协调机制在需要进行多方决策时不可或缺，但在评价中却效用甚微。

虽然各种机制内容不同，却可以分离出几个共性的构成元件。其存在的目的是解决问题，故机制中一定存在作用者与被作用者，以及由此产生的联系和其他相关对象。确定对象之间的关系是确定机制构架的关键，相同的对象在不同的机制中同样可以承担不同的角色。

有效的机制是以规律和流程为核心来发挥主要作用的。机械、工业等专业化领域的机制，其规律和流程一般均以事物本身为主，而经济、管理等社会领域的机制，由于大多不以生成实物为目标，更会偏重于事件和所处环境的分析，最终的表现形式也是解决问题的模型或规则。

图 2.2 表示机制的形成过程。

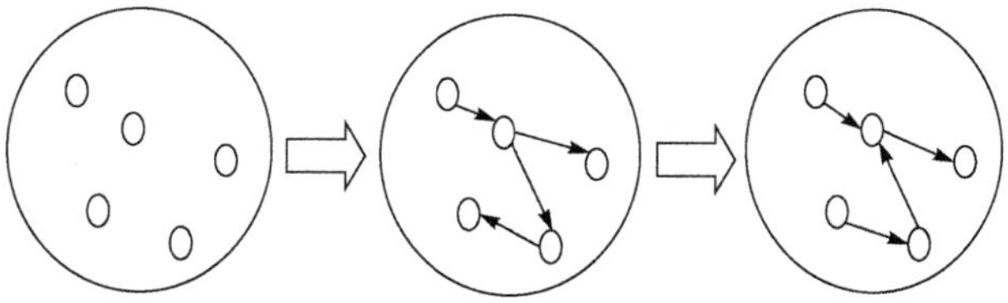

图 2.2 机制的形成过程

图中外圆代表机制，内圆代表机制的构成元件

机制设计的研究可以从机制构成元件及元件间关系的分析开始。只有确定机制所包含的基本元件，才能针对性地进行机制建设。每一种机制都由几个基本的元件组成。在机制设计之前，确定机制基本构成元件的具体对象有利于更好地分析设计机制。

管理机制的构成可以概括为“七元组”+“六目标”。管理机制“七元组”包括主体、客体、介质、关系、时间、空间、能量（动力与约束）规制这七个元素；“六目标”包括公正、公平、秩序、利益、效率、创新这六个基本目标。一般情况下，对于一个管理机制来说，它的目标是确定的，因此不需要进行过多的设计，而管理机制中的“七元组”则可以作为机制设计中的调节变量。

一、管理机制“七元组”

机制的构成一般分为参与者、关系及规制三个类别，参与者又可分为主体、客体与介质，规制又可分为时间规制、空间规制及能量规制（包括动力与约束规制）。下面进行具体的介绍与分析。

（一）参与者

机制存在的目的是使各参与方在存在约束的环境中都能获得相对满意的收益，这就要求围绕目标分析该机制有哪些参与者以及其在机制运行中的地位，是主体、客体还是介质，然后才能进行它们之间关系的分析。

1. 主体

机制的主体是指在该机制中占主导地位的参与方。

主体按照作用不同可分为设计主体、执行主体与监督主体三种，如图 2.3 所示。很多情况下，机制的主体即机制的设计者；有些情况下，机制的各参与方目标不同，机制由第三方设计，机制的主体是机制的执行者，如协调机制；有些情况下，机制的主体是指机制运行过程的监督者，目标是保证机制顺利实施，如食品安全控制机制。其实，某些西方国家在三权分立的政治制度下，立法权、行政权和司法权是相互独立、互相制衡的，分权的目的在于避免独裁者的产生，三权分立具体到做法上，即行政、司法、立法三大权力分属三个地位相等的政府机构，由三者互相制衡。在一定程度上，三权分立与这里描述的机制主体作用相似，立法者等同于设计主体，行政者等同于执行主体，而司法者等同于监督主体。

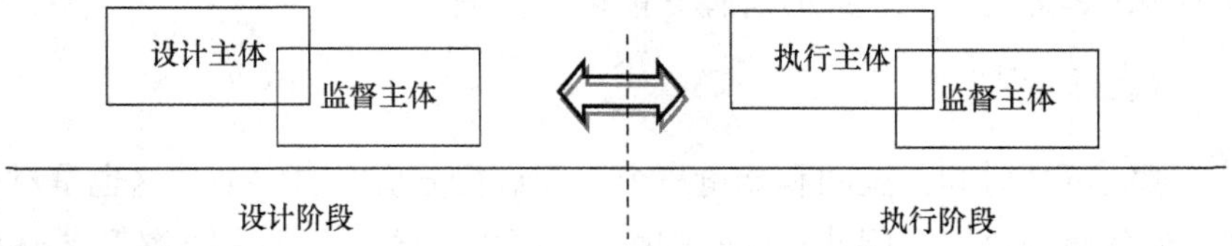

图 2.3　主体在机制各阶段的作用

在设计阶段，设计主体负责设计合理有效的机制，同时接受监督主体的监管，针对目标进行设计；在执行阶段，执行主体负责采取措施来实现目标，同时接受监督主体的监管。在不同阶段，一个主体可能承担两种角色，主体的角色也可随时进行转换。

由于机制执行主体与运行效果密切相关，本书提到的主体一般为执行主体。

2. 客体

与主体相对应，机制的客体是指在机制中承受主体所施加作用的参与方。客体通常情况下为具有自由选择权利的人，以及受主体意志操纵的事物或事件。

3. 介质

机制中的介质角色是广泛存在的。主体可以对客体直接产生作用，但往往也可以通过介质间接地对客体产生作用，只是作用的效果不同。

介质可以是人，也可以是物。

（二）关系

机制的主体、客体及介质确定之后，即可进行三者之间的关系分析。关系分析是进行机制设计模式研究的重要基础。可以说，主客体之间的关系在很大程度上决定了机制的设计思路。

机制的主体和客体都是相对而言、成对出现的，由于它们之间的作用方式不同，关系类型也是多种多样的。有些关系是“亲情式”的，有两层含义：一是机制的作用可能建立在道德、风俗等基础上，有约定俗成之意；二是主客体的地位相近，机制设计需同时考虑双方需求，主客体间的行为博弈也带有商量的性质。有些关系是“契约式”的，即主客体间基本按照机制设定的规则行事，仅考虑自身的需求和利益，不会主动把机制目标作为自己的首要目标。有些关系是“强制式”的，即机制的设计主体完全按照机制目标或者直接按照主体目标来设计机制，以使目标完成程度最大化，而不考虑客体的需求，此时客体只能被动接受。

（三）规制

规制可从时间、空间和能量三个维度进行分析，事实上，这也是对机制所处环境的描述，因此也将时间规制、空间规制及能量规制统称为环境变量。

每个机制都有专属的环境，分析环境变量的变化对机制设计有两种作用：一是主客体的行为一般不会使环境变量发生较大改变；二是某些环境变量的改变可以使主客体的行为发生定向改变。

1. 时间规制

时间规制是对机制作用的环境从时间角度的描述，可以从时刻、频率、时间段、不同时间尺度等不同的时间变量进行分析。

时刻是指机制的某些措施需要在特定的时刻实施，如在白天与在黑夜机制实施的效果会有差别；频率指机制中的有些措施按一定时间间隔有规律地实施，如制造工序里的定时质量抽查机制；时间段是指机制中特定措施的有效时间，有些是固定的时间段，有些则设定停止规则，如空调的运行模式；时间尺度是指以分钟或是以天为单位，在不同的领域使用不同的时间尺度。

2. 空间规制

空间规制是机制环境描述的一个重要方面，空间包括位置和可用空间两类。

位置因素决定了机制的基本性质。例如，城市交通与农村交通有很大区别，不仅仅是路况、主要交通工具、公共交通设施的不同，还包括人口密度的不同以及居住人口风俗的不同。

可将空间作为空间规制中的定量因素，对机制的作用空间加以调节。这种调节有时是限制性的，有时会引致其他空间或时间的改变。例如，某公司通过为 30 个员工仅提供 25 个免费停车位来激励员工早到。

3. 能量规制

能量规制分为两个方面：一是作为驱动力的方面；二是作为资源约束的方面，因此能量规制又可以称为动力与约束规制。有些机制需要驱动才能运行。例如，自行车的驱动机制，骑车者的力可视为能量的输入。有些机制需要约束才能有效。例如，战国时期的商鞅变法之所以卓有成效，是因为商鞅施行的各项政策均有严厉的奖惩措施，土地私有制也极大地提高了农民的劳动积极性。

能量规制可作为主客体的存在依据，如协调机制中的主体必须拥有一个或以上的相关资源才能参与机制设计。此时，各部门拥有的资源可视为部门的动力与约束力。

二、机制四面体模型

本书从机制的本意入手，将其构成元件分为参与者、关系及约束三个类别，参与者又可分为主体、客体与介质，约束又可分为时间规制、空间规制及能量规制（动力与约束规制），它们之间的关系如图 2.4 所示。此外，本书还围绕公正、公平、秩序、利益、效率、创新等管理机制的特定目标展开，对机制设计的模式进行了分析，分为基本模式、间接模式、规制设计模式及理想模式。

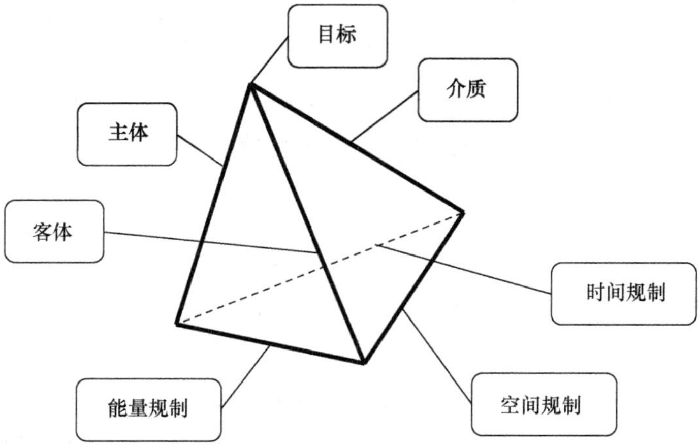

图 2.4　机制设计的基本组件及其关系

可以首先确定时间规制、空间规制及能量规制的取值，即确定底面各边长度，接着从底面的三个端点开始，按照主体、客体及介质三者与机制目标的协调程度确定三边的长度，目标越一致则越接近顶点。由此得到的切面体即机制四面体。可通过切面与底面的角度大小来形象地表达机制目标的可实现程度。

第三节　管理机制目标的确定

事实上，不仅是管理机制，对于任何活动来说，确定清晰的目标都是非常重要且必要的。目标是一个组织团体或相似的人们聚集在一起共同努力的凝聚力和动力源泉，也是组织团体行动的方向。具有明确目标的组织往往行动一致，因此也更容易团结并取得成功。这里不妨来看看四大名著中的目标。《三国演义》中，魏、蜀、吴三国各自都有统一称霸的目标，各国尔虞我诈、不断争斗也都是为了逐步实现自己的称霸目标，最终共同造就了三国鼎立的格局。《水浒传》前七十回中描写各路好汉上梁山，并以发动起义来对抗朝廷为目标，后五十回则是以宋江为首的梁山好汉被招安，转而以帮助宋王朝征战抗辽为目标，虽然最终梁山好汉遭奸臣陷害，落得多数战死沙场的悲惨结局，但他们始终都有统一明确的目标，组织也相对团结凝聚。《西游记》更是如此，团队成员来历各异，他们有着共同明确的目标——去往西天取经。虽然各个成员行动的内在动因有差异，但目标和行动都是高度一致的，最终在众人的共同努力下完成了西天取经的团队目标。

与前三者形成鲜明对比的是《红楼梦》，书中所涉及的角色众多，对于大观园里众多人物来说，他们并没有明确的共同目标，更多的是关注一些生活琐事。缺少共同维持兴盛的目标，这也是大观园最终衰落的一个不可忽视的原因。因此，目标的确定是管理机制设计的第一步，所有的管理机制设计都是围绕实现目标进行设计的。

一、目标的类型与特点

机制的存在以目标（goal）为基础，机制设计都围绕着特定的目标展开。例如，监控机制的设计目标是将监控对象置于监控中，以获得更有针对性的动态信息。起初设定的目标可以奠定整个机制的设计框架，也可以确定主体、客体等参与对象。当然，目标的改变有可能使主体、客体互换，或者增加新的介质。

一个机制可以只有一个目标，也可以存在两个或两个以上的目标。如果多个目标在阶段上或功能上相互独立，则可以考虑将机制拆分为几个单目标机制，如补偿机制中主体的目标是补偿的公平性与成本最低两种，则该机制可拆分为两个单目标机制。如果多个目标存在一定的关联，则需厘清各个目标间的关系，确定一个主要的目标，一般以设计主体或执行主体的目标为主。在理想状态下，各方的目标趋于一致。

机制的目标多种多样，但总的来说可以归结到六个元目标：公正、公平、秩序、利益、效率和创新。

1. 公正

提到公正，很多人首先想到的是司法或法律，常常将公正同法律与权威联系在一起，如司法公正、程序公正、公正无私、公正廉明等。《辞海》中对“公正”一词的解释是“公平正直，没有偏私”，区别于公平，公正更多地是指“一种道德要求和品质。指坚持原则，按照一定的社会标准（法律、道德、政策等）实事求是地待人处事”。

有些机制的设计以公正为目标，一般要对参与者的自身特点、所属物及行为进行评判，做出各方均认为公正的决定。该类机制的主要内容是对评判标准和决策过程进行规定，为实现公正，有时需要一定的强制性。选举中的“一人一票”可以认为是以公正为目标的管理机制典范。

公正作为管理机制的目标，既是一种评价标准，也能反映管理机制中决策过程和价值分配的状态。然而，对于公正而言，无法通过定量的方法进行评价，只能通过参与者对管理机制的评价进行定性的评价，因此对于公正的评价往往也会具有一定的主观性。判断一个管理机制是否公正，会受到社会价值观念、文化背景等方面因素的影响，会随着时间、地点的不同而有所变化，对于管理机制是否公正，往往也难以有一个完全统一的看法。

组织公正主要包括分配公正、程序公正和交互公正三个方面，而参与者对管理机制公正的评价也主要是围绕这三个方面进行的。分配公正是对机制决策结果的评价，是对经济收入或财产获得的合理性和正当性的评价。在组织中，绝对的分配公正是很难做到的，只能通过程序公正和交互公正的调节，减轻人们因分配不公正所带来的消极态度和影响。

程序公正是对管理机制决策方法和过程的评价，程序公正存在于组织行为的诸多领域，如选拔过程、绩效评估、薪酬分配、组织变革、团队工作以及全面质量管理等。大量学者在程序公正方面进行了深入研究，决策控制和过程控制是程序公正研究的经典范式。影响程序公正评价的因素有很多，从心理机制的角度来看主要有“发言权效应”和“尊重效应”两个方面，也就是人们在决策过程中所发挥的作用以及个人在决策过程中受到尊重的程度。

交互公正又可以分为信息公正和人际公正，是对管理机制决策规则的评价。人际公正是指在人际交往过程中，每个人是否被平等地对待，包括上级对下级的平等对待和尊重等。信息公正则是上级对下属应知晓的信息给予必要的传达与充分的解释。人际公正和信息公正共同构成了交互公正，也是人们评价交互公正的两个重要维度。

2. 公平

公平是指对各参与方来说，或者主体对不同的客体进行作用时，各自所得符合各自应得。《辞海》中，“公平”的解释是“人们从既定概念出发对某种现象评价，亦指一种被认为是应有的社会状况，反映社会生活中人们的权利和义务、作用和地位、行为和报应之间的某种相适应关系”。例如，在补偿机制中，被征用人获得的补偿额以其被征用资源的价值为基础进行计算；有些国家的幼儿园收费机制是高收入家庭收费相应也高。

公平是以人的平等的基本权利为准则对社会成员之间的利益关系的一种评价，即对社会成员之间各种权利及利益的分配是否合理、是否符合人的平等权利的一种评价。在效率对应下的公平则与平等这一概念有着天然的联系，在这一范围内，平等既是公平的核心价值，也是衡量公平的尺度。人们之所以在经济生活中要求公平，是基于“人是平等的”这样一个基本的理想信念。平等作为人类追求的一个最基本价值，是衡量公平与否的标准，一种分配体制或评价的对象是否公平主要看它在多大程度上实现了平等及实现了哪一种平等。从这个意义上来看，平等既是公平的前提，也是公平的结果。没有平等的要求或假设，就没有公平这一目标。

公平具有以下特征。

首先，公平是一个关系范畴，它主要是对社会成员之间的各种权利分配状况的判断，体现了人与人之间利益关系的比较。单个的人无所谓公平或不公平。如果按照人的某种基本权利来看，社会成员之间的利益分配被认为是合乎平等原则的，那么就可以被认定是公平的，反之则不公平。

其次，公平是一个历史范畴，不同历史时期有不同的公平观。随着人类社会物质生产条件的改变，人们关于公平的看法也在逐渐发生变化，有关公平的内容越来越丰富，越来越科学。

再次，公平有一定的阶级性或阶层性。不同阶级或阶层的人由于所处的地位及代表的利益不同，人们总是自觉或不自觉地从他们阶级地位所依据的实际关系中吸取自觉的道德观念。

最后，公平是相对的、有条件的，不存在绝对意义上的公平。一方面，不同历史条件下的人评价公平与否的标准不同，这也与公平的历史性相佐。另一方面，相同历史条件下的人由于角度、立场或价值观的原因，对于公平也会有不同的看法。有的人认为按劳分配是公平的，有的人认为按需分配是公平的。

植根于一定的社会文化和历史环境下，公平是一个主观的、相对的概念。根据阶段不同，可以分为起点公平、过程公平和结果公平。起点公平可以理解为人人都有利用资源和机会的权利，每个人的出身、长相、经历都不尽相同，强调人人平等也不太现实，因此这里的起点公平可以在一定程度上理解为机会均等，即每个人都能够得到平等的待遇，获得平等的机会。过程公平强调按照一定的程序规则进行操作，不偏袒任何一方，如选举过程中每个人都有投票的权利，而选举的过程不会偏袒任何一个候选人。结果公平不等同于平均主义，不同人对结果公平的理解也有所差异，主要有两种观点：一是基于机会均等的结果公平，也就是建立在起点公平和过程公平基础上的结果公平，这样的结果是由起点和过程共同决定的，虽然结果往往会存在一定的不平等，但只要起点和过程公平，就可以认为结果也是公平的；二是通过程序上的改变，来弥补不同社会阶层的人们起点上的差异，通过一种“损有余而补不足”的方式，尽可能让所有人之间的差异减小。

根据在不同领域的应用，公平可以分为政治公平、经济公平和伦理公平。

政治公平是指社会的每个成员都有平等地参与政治生活的权利和义务，并且社会也为所有成员的这种权利与义务提供保障。在相对民主的社会中，保障公民权利的最直接实体结构就是法律，法的公平是政治公平的最直接体现。

经济公平往往涉及财产和收入分配等方面，可以指每个公民都有平等地支配社会资源的机会，在生产、交换、消费及分配等经济过程中享有平等的权利。例如，在经济活动中要同等地遵守市场规则和利用市场提供的各种条件，所有人的劳动都是等价的，每个人应享有与其劳动价值等价的收入分配。然而，一般人们所提到的经济公平范围要小一些，主要指财产和收入分配上的平等。

对于伦理公平，目前我国较为普遍的看法是伦理公平同政治公平、经济公平一样，共同构成社会公平的一部分，然而也有些学者认为伦理公平就是社会公平。存在差异的主要原因是对于社会和伦理价值定义的认识不同，此处不做过多分析。伦理公平是对人与人、人与社会之间平等地享有社会的基本价值如自由、财富、机会等的道德关系和道德要求，其立足点在于全体社会成员的普遍利益，要求在所有人社会地位平等的前提下，每个人在社会生活的各个层面都有全面发展自己和获得自己正当利益的机会，实现权利和义务的平等。

3. 秩序

有些机制的设计是为了达到有序的目的而对参与方的行为进行约束或驱动，以避免混乱局面的发生，或者提供更便利的服务。例如，有些大型超市对于购物车的管理机制采用“投币取车”的方式。购物车放置时由链条相互连接，只有顾客插入硬币才能将购物车解开推走，而顾客购物完毕时，必须再将购物车推回，与其他购物车链在一起才能将硬币取出，这就会达到有秩序的目标。

秩序作为管理机制的目标之一，是指有条理、有组织地安排各个组成部分，以求达到正常运转或良好的外观状态。《辞海》中对“秩序”一词的解释是“秩，常也；秩序，常度也，指人或事物所在的位置，含有整齐守规则之意”。一般而言，秩序可以分为自然秩序和社会秩序。自然秩序是指由自然规律所决定的变化，如日出日落、月盈月亏等；而社会秩序则由包括道德、法律等在内的社会规则所支持和维系，是人们在社会交往过程中形成的相对稳定的关系、结构和状态。管理机制中涉及的秩序主要是指社会秩序。

狭义上的社会秩序是指维护社会公共生活所必需的秩序，也称公共秩序，由法律、行政法规、国家机关、企事业单位和社会团体等的规章制度所维系，通常包括社会管理秩序、生产秩序、工作秩序、交通秩序以及公共场所秩序等。广义上的社会秩序范围则更广，它包括一系列与人类活动有关的秩序，从不同专业层次领域来分，还可以分为法律秩序、政治秩序、经济秩序等。

法律秩序是按照法律规范的要求，通过主体的法律行为建立法律关系，最终达到社会生活呈现法律化的有序状态。与宗教信仰、道德水平等维持的秩序所不同的是，法律秩序具有一定的强制性和普遍性，不论主体道德水平如何以及是否认可法律，所有人都必须遵守法律的规定，维持法律秩序。

政治秩序是指国家通过政策、法规和伦理道德等约束对政治主体的政治活动进行规范，以及在这种规范下的政治运行状况。政治秩序会受不同的历史时期和国家政治制度所影响，从长远来看，政治秩序具有一定的可变性和相对稳定性。

经济秩序是由国家法律、经济伦理和行政手段等共同建立起来的经济发展基本规则，包括经济运行规则、市场规则以及国家在不同时期制定的宏观经济政策等。

对于秩序的衡量，可以是定性的，也可以是定量的。人们对于周围社会环境的秩序状况会有一个感性的认识，这种认识是通过视觉、听觉等对周围环境形成的综合评价，也就是定性的衡量，如乘客对车站排队进站秩序的综合评价；秩序的定量衡量则是通过规定混乱发生的次数、涉及的人数和波及范围等可量化的指标进行的，如节日时大型场所密集人群发生骚乱的次数和影响范围等。一般来说，如果以秩序为一个管理机制的目标，那么机制的设计者或执行者会对目标有一个期望值或评价标准，如晚会现场不出现较大的人群混乱就可以认为是秩序良好，排队过程中插队的人数不超过一定数量，也可以认为是秩序得到了很好的维护。

4. 利益

利益是最为常见的机制目标，一般指可量化的收益。该类机制的设计者一般也是机制的执行主体，在客体所能接受的范围内，使主体尽可能获得最大收益。垄断利益是此类机制的极端情形，而随着社会文明程度的提高，主体为了实现一定的目标需要充分兼顾客体的利益。

利益本质上属于社会关系范畴，是人们通过社会关系所表现出来的不同需求。由于人的需求是多方面的，因此利益也是多种多样的。基于生产关系体系中的地位而形成的对物质产品的占有关系，是物质利益，也称为经济利益。除此之外，还有政治利益和精神生活方面的利益。从不同的角度可以对利益做不同的区分。例如，从个人、阶级、集团与社会的角度，可以把利益区分为阶级利益、民族利益、国家利益和个人利益；从整体与局部的角度，可以将利益区分为整体利益和局部利益；从时间的角度，可以将利益区分为长远利益和眼前利益，等等。

利益作为人类需求的最直接表现形式，是人们一切活动的根本动因。例如，物质利益是人们发展生产力、推动社会改革、改变落后社会制度的直接刺激因素，生产关系是人们直接物质利益关系的体现，当旧的生产关系束缚生产力的发展，违背了生产力代表者的利益时，新的生产关系就在利益的刺激下取而代之，进而推动社会的变革与发展。

获得利益的方式可以有很多种，考虑机制以外的其他主体利益，可以分为三种：第一种是通过损害其他主体的利益来实现自身利益，也就是所谓的“损人利己”，这种情况下，可获得的总利益是有限的，一方所获得的利益增加了，必然另一方的利益会受损；第二种是在实现自身利益的同时并不影响其他人的利益，即各自的利益是相互独立的，一方的利益增减并不影响其他人的利益变化；第三种则是在获取自身利益的同时，也能为其他主体带来一定利益，也就是“利人利己”或“互惠互利”，此时所涉及的各个主体间利益是相互关联的，并且都处在统一的利益立场。

一般而言，获得利益主要是指金钱、物质资源等收益的增加，然而有时降低损失也可以认为是获得利益的一种方式。常见的商场促销活动是一种较为成功的利益获取机制设计，采用以退为进的策略，以部分或全部商品让利的形式吸引大量顾客光顾从而获得更高的利润。

5. 效率

许多管理机制的设计目标是提高效率。效率可以是减少成本或增大产出从而获取更大利益，这里“效率”一词很容易同“效益”进行混淆，不过效率依然可以作为独立于利益的机制目标。一般来说，“效益”既包括效率也包括利益，常将“效益”与经济活动联系在一起，而将“效率”与管理活动联系在一起。

效率这一概念来自于物理学，但在社会科学中早已得到了广泛的应用。物理学中，效率是指有用功率与驱动功率的比值，即单位时间完成的工作量。狭义的效率是指经济效率，人们常说的与公平相对应的效率就是经济效率。经济效率是经济学研究的核心问题之一，萨缪尔森认为经济学的精髓就在于承认资源的稀缺性，并研究如何最有效地利用资源，即如何配置有限的稀缺资源以最大限度地满足人们的需求。人们一般用投入和产出之间的关系来衡量资源配置是否有效及有效程度，因此经济效率又被定义为经济的投入产出比。

广义的效率是指社会效率，是指任何投入和产出之间的比值。在其他所有条件不变的情况下投入减少或不变而产出增加，则称为有效率，反之投入不变或增加而产出减少或不变，则为无效率或低效率。广义的效率中的投入和产出不仅仅指经济上的投入和产出，还包括人类社会的大多数目的性的行为中的投入和产出，人力、物力、财力、时间甚至包括精神等都属于投入的范畴，而人类目的性行为的结果则是投入带来的产出。

提高效率可以从很多方面入手，平时所说的提高资源利用率、提高工作效率等都属于提高效率的范畴。具体可以归为两大类，一是提高单位成本的产出，如增加单位时间内完成的工作量；二是降低单位产出的成本，如减少完成一定工作量的时间。例如，日本丰田公司的准时生产方式能够同时提高生产效率和降低成本，而机械设备中的润滑机制能降低摩擦阻力和能源消耗，减少表面磨损，延长使用寿命，保证设备正常运转。

6. 创新

相比于其他五个目标，创新的提出要晚很多。例如，公平和效率是从中华人民共和国成立以来一直广受争议的目标，而创新则近几年才受到广泛关注并被重视起来。创新是指以现有的思维模式提出有别于常规或常人思路的见解为导向，利用现有的知识和物质，在特定的环境中，本着理想化需要或为满足社会需求，而改进或创造新的事物、方法、元素、路径、环境，并能获得一定有益效果的行为。创新是以新思维、新发明和新描述为特征的一种概念化过程，是人类特有的认识能力和实践能力，是人类主观能动性的高级表现形式，是推动民族进步和社会发展的不竭动力。

创新的过程需要人们运用一定的信息，发现或产生某种新颖独特的具有一定价值的新事物、新思想，需要突破常规和旧的思维定式。创新存在于社会生活的方方面面，常见的创新有科技创新、文化创新、艺术创新、商业创新等。科技创新是指科学技术领域的创新，涵盖自然科学知识的新发现以及技术工艺的创新两个方面，科技创新是社会生产力发展的源泉；

文化创新是指文化在继承的基础上进行发展，传统文化只有在实践中不断创新才能重新焕发生机、历久弥新，文化创新是社会实践的产物，同时也推动着社会的进步；艺术创新不同于科技创新，它更多地是指艺术家们按照现有的艺术准则创造出新作品的过程，而对于艺术创作的原则改变甚少；商业创新涵盖的范围较为广泛，一切涉及与商业相关活动的创新都可以归为商业创新，包括商业模式创新、营销创新、生产工艺创新，等等。

管理机制中的创新尤其关注科学研究领域的创新，在其他领域（如商业），创新多是手段而不是目标本身。例如，产品创新归根结底是为了利益。而在科学研究领域，创新更多的是作为单纯的目标而存在，如科学理论创新、研究方法创新等。创新是科学共同体的核心目标，也是一个国家拥有世界影响力的主要手段。

二、单目标管理机制

1. 单目标概述

这六个目标相互之间没有先后顺序，甚至一个组织不同阶段的首要目标都可以调整，前几年社会上争论不休的“效率”和“公平”谁应该优先的问题就是这样，究竟国家在一定的发展阶段选择“效率优先、兼顾公平”，还是“公平优先、兼顾效率”？这个争论反映的就是第一目标选择困境。

一般而言，不同管理主体追求的目标是不同的，对于商业企业，利益是第一目标且是永恒的追求目标，尽管企业家本人可能在某些时期会选择投资公益事业，但也不与利益第一的目标矛盾。

对于一个国家而言，当经济水平相对落后的时候，会选择效率作为发展的第一目标，但是达到了一定的发展水平后，则会将公平作为优先发展的第一目标。当经济发达，且基本的公平问题解决之后，创新会成为国家的重要目标。

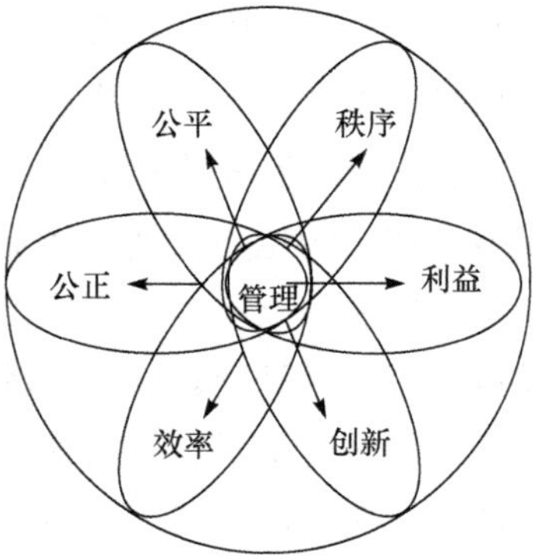

图 2.5 管理六类不同目标

这六个目标之间是并列关系，不同类型的组织，以及同一个组织的不同管理行为会对应着不同的目标。对于庞大的管理行为而言（如国家或区域治理），目标完全可以是多重的（图 2.5）。

2. 单目标机制实现

对于单目标管理机制来说，目标的实

现过程相对简单，一切活动围绕这一个目标展开就可以了。这里通过两个案例来说明单目标机制的实现过程。

一般而言，值班室的电话总是希望能够在第一时间被接通。然而实际常常会出现值班员因倦怠而拖延接听电话的现象，这不仅会影响拨打电话人的体验，有时甚至会延迟紧急事件上报，耽误宝贵的早期应急响应时间。为了让值班室电话能够在响起的时候立即被接听，需要设计一个管理机制来实现这一目标。

案例中的参与者主要包括拨打电话的人、值班员，以及值班室的负责部门。负责部门对值班室起监督管理的作用，但只能要求值班室必须接听电话，对于值班员是否第一时间接听电话没有很强的约束，拨打电话的人更是无法对值班员起到任何约束作用。因此，对于值班员来说，缺乏有力的动力以及约束让他们在电话响起的第一时间就去接听。

要改善这一状况，需要明确机制设计的目标。案例的目标较为清晰，就是让值班员提高接听电话的工作效率。这里可以通过改变动力与约束，让值班员从被动接听变成因为某种原因而主动去接电话。一种有效的解决方法就是将电话铃声调到很大以至刺耳的程度，并且值班员自己无法调节铃声大小。这样一来，一旦电话响起，刺耳的铃声就会让值班员有动力立即去接听。

另一个则是关于使用卫生间的小故事。相信很多人都有过这样的经历，在公共场所排队使用卫生间时，经常需要等很长时间。公共场所人多是一方面原因，而另一方面则是因为很多人喜欢在上厕所时玩手机，上厕所用的时间就会增加很多。有些地方对此的解决办法是，将公共场所的马桶上的马桶圈去掉，留下光溜溜的马桶，坐上去既不卫生也不舒服。这样一来，使用的人要么选择坐在冰凉的马桶上，要么选择半蹲姿势，不管是哪种选择，上厕所都不会是一个十分舒适的过程，使用马桶的人都会尽快离开，公共卫生间的使用效率也因此大大提高。

三、多目标管理机制

在管理活动过程中，常常遇到这样的情况，一个管理机制的目标不止一个，可能同时包括两个或者两个以上的目标，也就是多目标问题。多目标问题一般具有条件和约束多样、目标间关系复杂的特点，而现实管理活动中所遇到的也大多是多目标问题，因此对于多目标管理机制的研究具有很强的实际意义。

1. 根据目标间关系对多目标问题分类

对于多目标问题，根据各目标间是否有关联，可以将这些目标分成两类：一类是相互独立的不相关目标，如公司管理机制中改善工作环境和降低员工迟到数量，这两个目标是互不相关的独立目标。另一类是相互关联的目标，如火灾事故中，减小人员伤亡和降低财产损失是一对相互关联的目标，两者通过救援人员、救援物资等资源建立了联系。相互关联的目标也可以继续分成两种：第一种是目标间互相协调和促进，一个目标的实现有利于另一个目标的达成。例如，管理机制六大目标中的秩序和效率，毫无疑问，在维持好秩序的同时将有效促进效率的提高。第二种是各目标相互矛盾，表现为各目标的效果相互矛盾或作用相互抵消。典型的如公平和效率这一对讨论和争执了很久的两个目标：公平优先、兼顾效率，或是反之（图 2.6）。

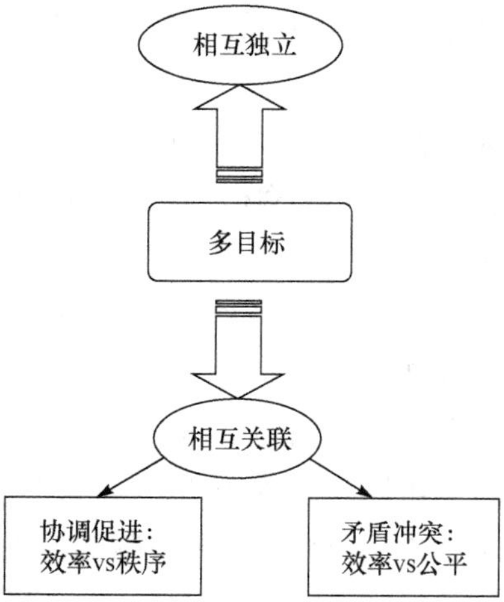

图 2.6　多目标间的关系

2. 不同种类的多目标机制设计思路

多目标机制中，各目标对于实现程度的要求不同，可以对其进行如下分类。不论使用哪种分类方法，不同类别的多目标机制都有其各自的特点，而相应的机制设计方法也各有差异。

（1）存在一个必要目标时的多目标设计方法

第一类是在资源有限的条件下，存在一个必须满足的目标，而其他目标的实现则没有强制性要求，只要在考虑成本和效益的前提下尽可能提高总效用即可。

这种情况下，各个目标间具有明确的优先级，首先需要分析各目标，找出优先级最高的目标 A_1，尽可能满足目标 A_1，若 A_1 为刚性约束，即使各目标的实现相互矛盾，目标 A_1 也一定要满足。因此，可以认为目标 A_1 的满足是使 A_1 达到一个临界点，任何低于此临界点的实现程度都不满足条件，而超出该临界点也不会带来更多的效用。在保证达到目标 A_1 的基础上，结合成本效益，尽可能满足其他目标 A_2，A_3，…，使得各目标实现后，各目标效用加权得到的总效用最大。例如，存放某重要文物的建筑发生火灾，应急救援时首先应保证一定要将该重要文物抢救出来，其次尽量实现控制火势、维持秩序、减少财产损失等目标（图 2.7）。

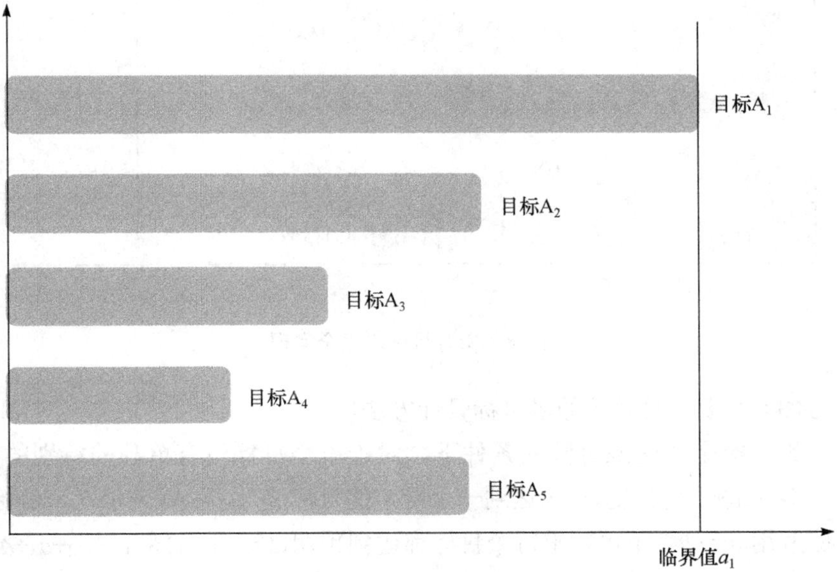

图 2.7　各目标间关系及实现程度

（2）所有目标必须满足的多目标设计方法

第二类是在一个多目标机制中，各目标都必须同时满足，任何一个目标未达成都认为是不合格的。

第二类目标重要程度相同，要求每一个目标都能实现，即使各目标间可能互相矛盾或冲突。也就是说，每个目标都需要达到其临界值 a_i（$i=1, 2, \cdots, 5$），对于任何一个目标 A_i（$i=1, 2, \cdots, 5$）来说，任何低于临界值 a_i 的点都是不满足要求的，而任何超出 a_i 的点也都是无意义的，即使投入更多成本，也不会带来更多的收益。因此，只能在保证各目标同时被满足的情况下，尽可能降低实现目标所需要的总成本 $C_{总}$。例如，夜间发生的火灾事故导致居民房屋不可再居住时，政府需要在有限时间内迅速为受灾居民安置住处，并安抚群众情绪。此时，限制时间、安排住宿和安抚群众情绪是三个必须达到的目标，只能尽可能降低各目标实现的总成本（图 2.8）。

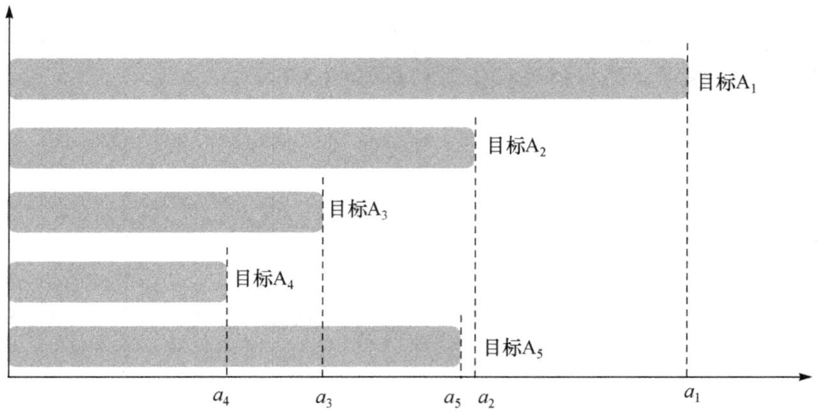

图 2.8 所有目标均完全实现

（3）只要求总效用的多目标设计方法

第三类是在资源有限的条件下，对于单个目标没有单独的特别的要求，但各目标的效用总和应达到一个给定的目标值。$A_1 \sim A_5$ 表示 5 个目标，对应效用 $a_1 \sim a_5$，不再要求每个目标都达到预期目标值，而是 $a_1+a_2+a_3+a_4+a_5$ 等于给定目标值就可接受。

对于第三类多目标问题，分析各目标间关系，对于单个目标并没有明确要求，只需要总效用能够达到某个给定的目标值，这样也可以在一定程度上避开某些目标之间的冲突或矛盾。例如，对于火灾受害居民来说，既需要保证他们食宿的基本需求，还要对他们的财产损失进行一定补偿，此外还需要安抚情绪。但不管采取什么措施或实现哪些目标，最后只要总效用能达到使得受灾群众愿意接受当前措施就可以了。此时应综合考虑各目标实现的成本和效用情况，在满足总效用达到要求的同时，尽可能降低成本。

（4）存在可替代目标的多目标设计方法

第四类是在资源有限的条件下，存在可以相互替代的两个或多个目标，也就是说，实现某一个目标所取得的效果可以被另一个目标实现的效果所代替，这两个目标中只需要满足其中一个就可以，无须同时满足。

对于第四类目标间可以存在替代关系的情况来说，首先需要分析各目标间的关系，若某一个目标存在可替代目标，那么这两个目标只需要满足一个便可以。

以小组完成任务为例，若按原进度无法按时完成任务，作为补救措施，小组领导人的目标可以是带领小组成员加班，争取按时完成，也可以是向上级申请延期完成，这两个目标只需要实现一个就可以。在这里，加班按时完成和申请延期完成就是两个可替换的目标。然而，任务完成的质量合格则是必须满足的，属于不可替换目标。

四、管理机制目标的确定方法

在管理机制中，目标的确定是很复杂的过程。有时候为了实现一个目标 A，可能需要将目标 A 分解成几个二级目标 B、C、D 等，通过实现二级目标，才能实现总目标 A。而为了实现二级目标，还需要将 B、C 和 D 进一步分解成更加基本的目标。如此继续细分下去，可能会将总目标 A 分解成多个元目标，并最终通过实现这几个元目标，来实现总目标 A（图 2.9）。因此，一个管理机制看起来是单目标问题，但实际分析中可能并不简单，分解后得到的可能是只有一个元目标的单目标问题，也可能是多个元目标的多目标问题。

目标的确定是一个很重要的过程。有时候看似简单的问题，实际上进一步分析的过程却很复杂。为了实现一个目标，有可能要将其分成几个元目标。如何将其合理地分解、分解成哪些元目标来实现，以及这几个元目标间的关系又该如何处理，都是很重要的问题。例如，构建社会主义国家这个总目标，需要考虑这样的问题：效率优先、兼顾公平，还是公平优先、兼顾效率，这两个目标间的不同关系决定了截然不同的发展模式。

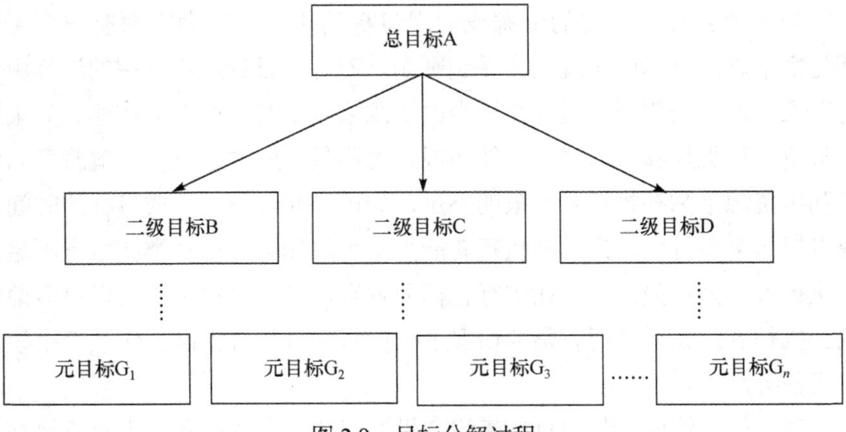

图 2.9　目标分解过程

1. 考虑条件限制的目标确定过程

目标的实现离不开资源，在实现目标的过程中，可利用资源一方面为目标的达到提供了可能，另一方面资源的有限性也会在一定程度上限制目标的实现。因此，在对总目标进行分解，划分二级目标甚至更细致的目标时，要充分考虑有限的资源条件，充分利用可获得资源，尽量少或避免涉及不可获得的资源，在最大可能实现总目标的同时，也尽可能降低实现目标所需要的成本。

管理机制的目标很多时候都不能直接实现，需要对其进行细化，分解成多个小目标，并通过逐个实现这些更低级的小目标，最终达到管理机制所设定的大目标。目标的实现往往会受到资源种类和数量以及执行者自身能力和性质的影响。因此，在对管理机制目标进行细致分解的过程中，还需要充分考虑这两方面的限制（表 2.1）。

表 2.1　考虑约束条件的目标制定方法

资源 / 能力	足够	不足
足够	目标顺利实现	能力弥补资源；资源互补
不足	资源弥补能力；能力互补	扬长避短；调整目标

当资源的种类和数量都满足实现目标的需求，并且实现目标的执行者具备相应的能力和意愿时，管理机制的目标能够被实现的可能在很大程度上得到了保障，此时对总目标进行分解的过程也更具有弹性，而分解后的元目标也更容易实现。

当实现目标所需要的资源或实现目标的执行者能力方面有一个无法满足需求时，目标的实现就会受到影响，而对总目标进行分解的过程中则更需要注意扬长避短，避开所缺少的资源或减少对执行者的依赖。如果资源数量和种类足够，而执行者能力或意愿不足，则进行目标分解时可以考虑利用资源来弥补执行者带来的不足，如可以通过延长完成目标的时间，或者提供更多资金，来弥补执行者能力不足。如果资源种类或数量不足，而执行者能力很强，那么在进行目标分解时，可以将目标的实现更多地依赖于执行者，如在时间有限的情况下，让目标执行者提高工作效率来按期完成任务。

对于一个管理机制的目标来说，可利用资源和执行者能力及意愿都很有限时，按原期望实现目标的难度就大大增加了。此时如果原有管理机制的目标无法降低，那么在对总目标进行分解时，不仅需要扬长避短，还需要充分利用优势方面对不足之处进行弥补。例如，当时间紧迫而资金充裕时，可以考虑加大资金投入来缩短完成目标所需要的时间，也可以利用资金对目标执行者进行培训以提高其执行能力和工作效率，最终在规定时间内完成任务。

一般而言，大多数情况下人们所遇到的管理问题都会面临资源不足或执行者能力欠缺等问题，正因如此才需要设计出一套合理的管理机制，认真规划和分解管理机制的目标，选择合适的路径和方法去实现所设定的目标，最终解决管理问题。

2. 目标确定过程的多属性

管理机制目标的确定除了要考虑前文所提到的目标分解以及资源限制方面因素外，还需要充分考虑管理机制中目标的多样性，主要包括多层次、多阶段、多参与者等方面。

（1）多层次

多层次这一概念是基于目标分解后得到的不同层次的目标而言的。一个机制的目标，可以根据实现途径和方式等的不同，分解为不同层次的目标，如图 2.10 所示。要实现最终目标，需要先实现第二层目标，要实现第二层目标，需要实现第三层目标，诸如此类。机制的参与者在特定的环境中通过关系互相作用，使不同层次的目标一层层得以实现，最后达到最终目标。当某一层的目标没有达到时，机制的最终目标就可能达不到，使机制失效。

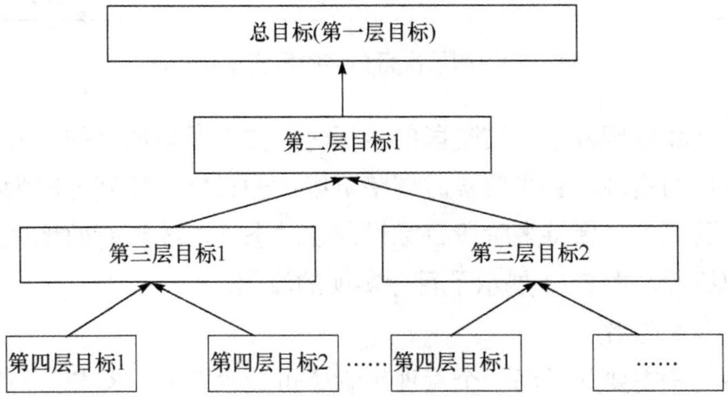

图 2.10　目标多层次性的示意图

例如，某公司要实现多盈利（效益）的目标，需要实现生产成本降低或销售金额增加的目标。要实现生产成本降低的目标，需要工人生产效率提高或原材料成本降低；要实现销售金额增加的目标，需要销售产品数量的增加或销售产品单价的提高（图 2.11）。

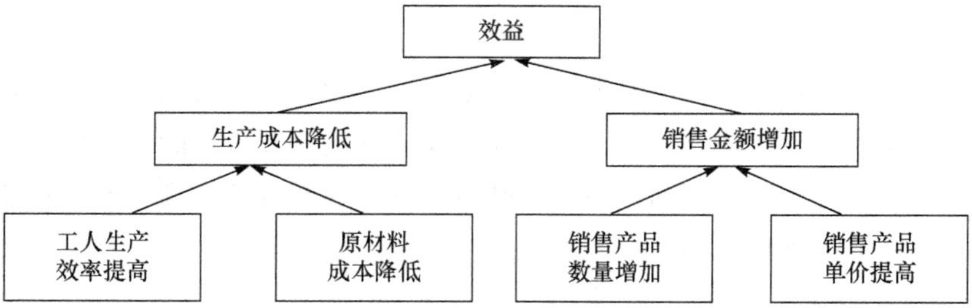

图 2.11 企业实现“效益”的多层次目标

（2）多阶段

多阶段是指实现某个层次的目标时，有时候需要考虑目标实现的先后顺序，将实现过程划分成多个阶段来完成。也就是说，一个目标的实现将成为下一个目标实现的基础，有些目标的实现必须按照一定的顺序才能完成。这种情况下，一个目标不仅是上一级目标实现的基础，同时还可能是同一级目标实现的前提（图 2.12）。

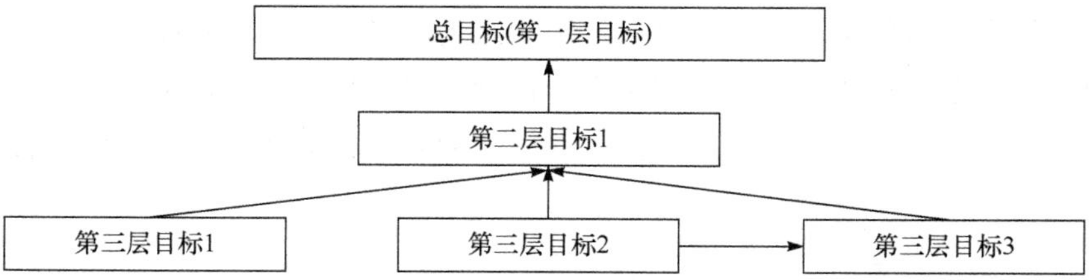

图 2.12 同层次目标多阶段实现示意图

此外，在实现各个不同阶段的目标时，如果发现原来的目标设定不能保证总目标的实现，就需要实时调整阶段性的目标，使其能够为实现最终的总目标而服务。保持多阶段目标设定的动态性，才能有效地完成目标实施的全部流程。图 2.13 展示了目标实现的流程。

（3）多参与者

多参与者主要是考虑一个管理机制中可能存在多个参与者，而各个参与者间的利益诉求会存在差异的情况。因此，在确定管理机制的目标时，需要针对每个利益方的需求，分别制定他们各自的目标，并且尽量让各个参与者的目标与管理机制的总目标相容。

以一个公司为例，公司的最终目的一定是盈利，而对于公司的员工来说，他们的目标可能各不相同。公司以盈利为最高目标，而公司的高层管理人员追求的则可能是自我实现，有些员工追求的是高收入，有些从事研发的员工致力于取得更多的创新，负责监督管理的员工希望能够保持公司

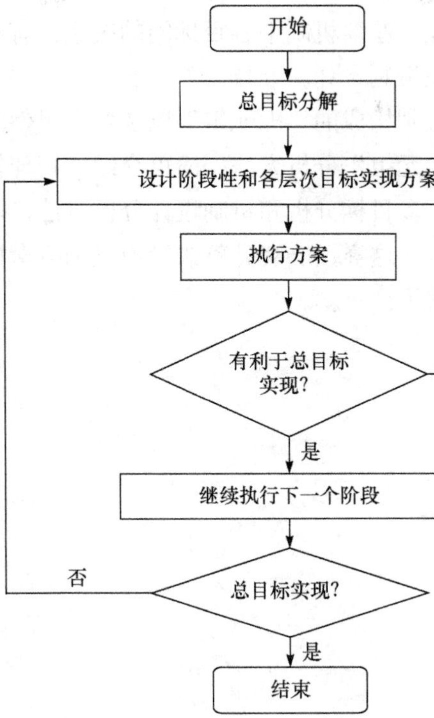

图 2.13　目标实现流程图

内部相对公平公正的环境，此外还可能有很多其他的目标和追求。尽管公司员工们的目标和追求各异，但能够通过管理机制设计，协调好大家的目标，最终让公司的利益与大部分员工的利益保持一致（图 2.14）。

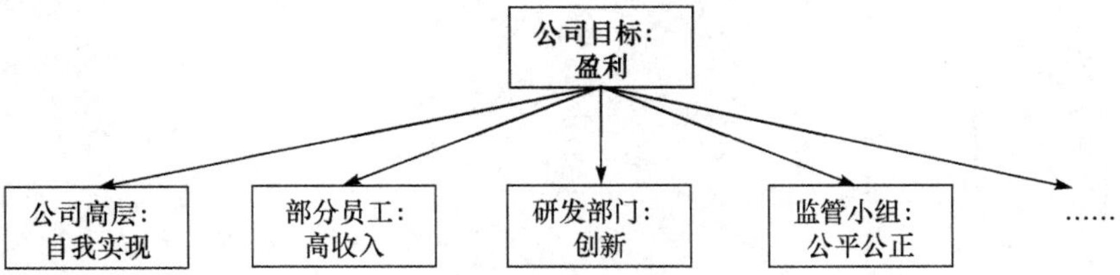

图 2.14　多参与者目标构成

本 章 小 结

纵观各学科各领域，每个方向都存在很多不同的机制。尽管“机制”一词在不同领域中含义各异，但分析其构成组件，都包括“六目标”和“七元组”这两个部分。目标作为一个管理机制的组成部分，一般情况下是给定的，因此管理机制的设计只有通过改变“七元组”来实现。分析管理机制“六目标”的性质特征，厘清机制中各目标间的关系，有利于进行目标分解以及更好地进行管理机制设计。

本章详细地分析了机制构成的“七元组”以及各个组件间的关系，提供了一套机制设计的“七元组”分析方法；简单介绍了管理机制的“六目标”和单目标机制设计、多目标分析和机制设计分析方法，以及管理机制总目标分解的方法和特点。这样，一套完整的管理机制概念模型和目标设计方法就呈现在我们面前了。

第三章 管理机制的参与者

机制存在的目的是使各参与者在存在约束的环境中都能获得相对满意的收益，这就要求围绕目标分析该机制有哪些参与者以及其在机制运行中的地位，然后对参与者之间的关系进行分析和设计。本章主要介绍管理机制的参与者，以及如何通过改变参与者的属性，来达到机制设计的目标。

第一节 机制参与者的类型与特点

参与者主要包括三种类型：主体、客体和介质。下面将分别对这三种不同类型的参与者进行介绍。

一、主体的类型与特点

机制的主体是指在该机制中占主导地位的参与方。

根据主体在管理机制中承担的角色，按照作用不同主体可分为支配主体[①]、设计主体、执行主体与监督主体四种。

1. 支配主体

支配主体是指对一个系统的机制有决策权和控制权的参与者，如公司的董事会、一个国家的最高议会、一个部门的领导圈子。支配主体可能是一个人，也可能是一群人组成的团体。一个系统机制的设计往往是为了满足支配主体利益最大化的需要。这里的利益是泛指的利益，包括经济利益、维护系统秩序的利益、情感方面的利益等。

2. 设计主体

设计主体是指设计一个管理机制的参与者。设计主体可以由这个机制系统内的参与者来担任，也可以由系统外的参与者来担任。

对于系统内参与者来担任的情况，要么是支配主体自己来担任设计主体，要么是支配主体让本系统内的某部分人员来担任设计主体。对于系统外的参与者来说，往往是系统的支配主体委托外界第三方人员来承担设计

---

① 此处将第二章提到的设计主体进行了拆分，分为支配主体和设计主体。

主体的职责。

设计主体为了达成支配主体的目标，设计出符合具体情境的机制，使得执行者和监督者在最低成本下按照其意愿行动。

如果设计主体本身兼任着执行主体或者监督主体的角色，那么可能会出现为自己一方的利益着想而设计出不合理的机制的情况。

设计主体最好能够对系统内的不同参与者的信息都了解全面。如果设计主体不能获得所有的信息，尤其是执行主体和监督主体的私有信息，可能会设计出不合理的机制，破坏参与者关系的平衡，如2001年美国的安然事件就是监督的失控使执行主体权力过大导致的。

美国安然事件

2001年12月2日，安然负债498亿，宣布破产。在安然宣布破产时，它的年销售额达1110亿美元，居全美第7位，安然是美国最大的天然气采购与出售商，也是能源批发做市商。著名管理策略咨询公司麦肯锡对安然不惜赞美之词："安然通过攻击和粉碎传统的产业结构，为自己树立起世界上最具创造性公司的名声。"然而，当安然从神坛跌下，媒体一致改口。股评家也好，投行也好，媒体也好，都不承认自己出了差错，一切都是被安然欺骗了。他们谴责安然故意安排了红红火火的交易、重构合同、建立资产负债表外的合伙关系、发电厂货币化、通过预付款创造现金这些陷阱来欺骗媒体与投资者。但是，不论媒体与华尔街如何辩解，都不能否认安然奇迹的制造有他们的功劳。而且，如果他们愿意仔细研究安然的报表的话，是能够发现安然的会计问题的。但是，大家都选择了视而不见。

为了防止风险，每个公司都有内控机制。作为华尔街的"宠儿"，安然公司也有一个专门的部门，叫作"安然风险评估与控制部门"（RAC），这个部门每年预算达3000万美元，拥有150名专家和6亿美元的计算机系统。然而，这个部门的首席风险官却是个唯唯诺诺之人，根本驾驭不了交易部门那些交易员及国际部门的人，更不要说会计部门。对于犯规的部门及员工，他最后总是不了了之，或屈从于他们的天马行空。基本上内控机制只是给外界看，没有起到实际的制衡作用。

安然的外部审计部门，是安达信。安达信是美国最严格的会计审计公司，1913年就成立了。但是，在安达信引进咨询业务后，咨询部门反客为主，比审计部门发展更快，赚得的利润多得多。在安然会计造假事件中，安达信为了获得咨询费用，没有能够起到监督安然的会计作用，反而纵容了安然采取不合理手段，为自己获得不正当利益。事后安达信更是销毁证据。被曝光后这家美国最受人尊敬的会计事务所不得不关门大吉。

（摘编自《人民公安》杂志，2016年4月，作者浜尚亮）

3. 执行主体

执行主体是指系统内对客体进行管理的参与者，如列车上负责乘客事务的乘务员、国家的执法人员等。

执行主体对客体进行管理的方式分为两种情况：一种是严格按照规章制度来执行一些操作；一种是根据现场情况灵活执行一些操作。在管理系统中，这两种方式往往都是必不可少的。严格按照规章制度进行的方式可以保证执行的标准化，防止执行主体做一些不利于管理的事情，但这也会降低执行主体行动的灵活性，不能应对客体行为的多样化，尤其是在面对一些异常事情时，缺乏灵活性的管理手段可能会导致管理活动出现更大的问题。

如何既能保证执行主体执行的标准化，又能够让执行主体有一定的灵活性，是管理机制设计应该注重的一个问题。

4. 监督主体

设计主体不可能掌握执行主体的全部信息，也不可能观察到执行主体的全部行为，因此执行主体就存在着机会主义行为的可能性。由于机制执行结果存在着一定的时间滞后性，支配主体不能对当前形势做出全面、准确的判断，在这种情况下，就需要引入监督主体对执行主体的行为进行监督，防止其为了追逐私利而违背支配主体的目标。

监督主体可以由管理部门内部的人员担任，也可以是社会中的组织等，监督主体服务于支配主体。

需要注意的是，监督主体也会为了追求自身效用的最大化而违背与设计主体的契约。例如，其有可能向设计主体报告错误的信息，对其造成误导，并敲诈执行主体或接受执行主体的贿赂，也有可能和执行主体串谋欺骗设计主体。例如，葛兰素史克（中国）投资有限公司为达到打开药品销售渠道、提高药品售价等目的，向职能部门行贿。

某些西方国家在三权分立的政治制度下，立法权、行政权和司法权是相互独立、互相制衡的，在一定程度上与本书描述的机制主体作用相似，立法者等同于设计主体，行政者等同于执行主体，而司法者等同于监督主体。

支配主体、设计主体、执行主体与监督主体之间的关系如图 3.1 所示，支配主体委托设计主体来设计，设计主体代理设计业务，支配主体委托执行主体实施机制，并委托监督主体对执行主体的行为进行监督，支配主体根据机制执行的结果和监督主体的反馈对执行主体的行为进行评判，并决定是否兑现承诺。执行主体的行为也有可能对支配主体造成反作用，对其造成影响，进而对机制进行调整。

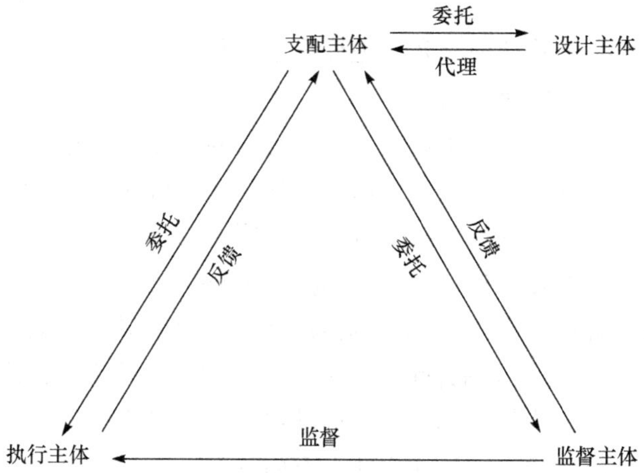

图 3.1　管理机制中各参与者之间的关系

合理的管理机制中，各个主体的权力界定明显，责任分工明确。当各个参与者的角色出现偏差时，机制有可能会失效。例如，执行主体有可能谋取管理系统内更大的控制权，支配主体无法对其行为进行控制，比较典型的就是黄光裕和陈晓的国美之争。从管理的角度看，这是大股东和投资者的矛盾、股东和管理层的矛盾。

二、客体的类型与特点

客体通常情况下为具有自由选择权利的人，以及受主体意志操纵的事物或事件。管理机制中所说的客体是指在机制中承受主体所施加作用的参与方。例如，在应急疏散人群时，指挥机制中的客体是在现场需要疏散的人群，协调机制的客体是需要协调的机构、服务或资源，而在应急管理结束后的补偿机制的客体则为被征用资源的拥有者或者权利方。

说得更为直白一些，主体要设计一套机制来实现自己的目标，而客体就是主体要“对付”的另外一方。当然，这里的“对付”并非是像对敌人一样，而是说主体只有通过客体的配合才能达到自己的目标，因此，需要对客体及其需求有充分的了解，设计出相应的机制才能达到激励相容，让客体按照主体希望的路径走下去。

需要说明的是，客体的反馈作用也是机制设计中不可忽视的力量，不仅可能改变主体的行为，而且可能影响目标的实现程度。当客体是人时，其反馈形式往往是直接反馈，因为人具有话语权和行为选择权；而客体为事物或事件时，反馈是指其状态的改变，比如当应急处置过程为客体时，其反馈为当前状态的衡量值。

我们可以依据客体在机制中的参与程度将其分为三大类。

1. 完全被动参与的客体

如果客体是环境、物质类的对象及多数动物，则客体只能被动参与到整个管理机制和过程中去；而当客体是人的时候，如果其在整个管理过程中完全处于消极状态，如救援中的重伤昏迷者，则其也属于完全被动参与的客体。

2. 有一定能动性的客体

如果面对的是没有积极参与能力的客体，管理机制设计起来相对容易，可以完全从主体理性的角度出发进行设计，以最终达成主体的目标；但是，当客体是人、动物、机构组织的时候，其往往会有一定的参与性。依然以救援为例，轻伤及没有受到伤害的受灾者，可以主动参与到救援过程中去，自救或者协助救助其他伤员都是应有之义。

在企业管理中，员工也具有一定能动性。任何机制的设计或变动，包括机构重组、流程再造，没有作为客体的员工的参与和反馈，是很难做到尽善尽美的。

3. 能动性较强的客体

客体一般处于被动地位，但现实中，由于环境和境遇变化，客体地位较高，甚至会出现反客为主的情形。这些都与客体能动性有关。《三国演义》中吕布投奔刘备以存身但转过头来占领了刘备治下徐州，这就是典型的反客为主；后来刘备入西川将刘璋君臣赶走又是鸠占鹊巢的例证。

除了政治领域，其他领域的管理机制也有类似的情况出现。例如，在救灾过程中，应急救援者是典型的主体，而受灾者则是典型的客体，但如果受灾者并无身体上的损伤，那么受灾者将可能成为能动性较强的主体，甚至由于其对现场情况更了解，也许他们能够成为协助主体进行更高效应急管理的重要客体。

在公司治理中，管理层持股就是一个重要的管理机制安排，公司的发展跟管理层是强相关的，管理者不仅仅是领一份工资的雇员，其会因受到激励而更加积极工作。此时，董事会面对的客体就是能动性极强的对象。

三、介质的类型与特点

在经济机制中，有一个非常经典的理论，叫“委托-代理”理论，为什么要委托？为什么代理？其实是主体不直接作用于客体，而是利用介质去作用。主体可以对客体直接产生作用，但在有些情况下如果通过介质间接地对客体产生作用，其效果可能更好。不同类型的“委托-代理”会有不同的影响和效果，对于介质的设计也非常复杂。

不管是在经济机制中还是在管理机制中，介质是广泛存在的，这也是多层领导体系的一个基础。介质具有如下特点。

介质可以是人，亦可以是物。举例来说，协调机制中的介质是指拥有资源的部门与资源之间的传递部门，而在报警电话接听部门，警务中心领导与接听者之间以电话为介质建立处理关系。通过改变电话铃声的刺耳程度，可以提高报警电话的有效接听率。

从层次上说，介质可以是单层的，也可以是多层的。“六度分割”理论说的是任何两个人之间都可以通过六个介质相互认识，哪怕是中国西部山区的农民和非洲偏远部落的原住民，都可以经由多层介质建立联系。任何两个主体之间都存在一个有限层次的介质使得两两能够沟通，这样意味着如果单层介质不能解决问题，那么可以使用多层介质。

介质可以是刚性的，也可以是柔性的。命令一层层转达，不能走样，这就是刚性；而两个人之间出现误会需要沟通，沟通方式完全可以是柔性的。军队和政府组织的特点不同，使得前者刚性、后者柔性，至于学会这样的松散型的组织，就更加柔性了。一个机制要根据管理目标来决定引入柔性或者刚性的介质。

第二节　影响机制参与者的因素分析

一、宏观因素

1. 文化

英国人类学之父爱德华·泰勒（Edward Tylor）在1871年发表的《原始文化》将文化定义为“一个复杂的整体，包括知识、信仰、艺术、道德、法律、习俗，以及作为一个社会成员的人所习得的其他一切能力和习惯”，这个定义为大多数人所认可。我国传统思想文化经典之作《周易》中说“观乎天文，以察时变；观乎人文，以化成天下”，意为通过观察自然变化和文明演化，了解生存环境的变化，并教化百姓，由此可见，我国的传统文化承载了相当多的社会管理功能。

文化环境通过各种各样的途径潜移默化地对生活于其中的人的思维模式、行为活动方式、道德标准、价值观念等造成深刻的影响，从而影响管理系统中的参与者的行为。美国学者乔治·埃尔顿·梅奥（George Elton Mayo）通过霍桑实验，揭示了工业生产中个体的社会属性，指出工人的心理、态度、动机以及群体中的人际关系、领导与被领导的关系对生产效率的影响。管理学家德鲁克指出，管理以文化为基础。管理并不是同文化无关的，管理是一种社会职能，因而既要承担社会责任，又要植根于文化之中。管理虽然是一门学科——一种系统化的并到处适用的知识——但同时也是一种“文化”。

霍桑实验

1924年，美国国家科学院的全国科学研究委员会决定在美国西方电气公司的霍桑工厂进行一项研究，探讨工作环境、工作条件对工人工作效率的影响，因此这项研究被称为“霍桑实验”，领导并完成这项实验的是美国哈佛大学的梅奥教授。这项研究的主要内容包括四项实验：一是照明实验，目的在于调查和研究工厂的照明度与作业效率的关系。结果发现，二者之间并没有单纯的直接关系，但生产效率仍和某种未知的因素有关。二是福利实验，也称为继电器装配室实验，目的是要发现休息时间、作业时间、工作形态等作业条件与作业效率的变化存在何种关系。结果发现，生产效率的决定因素不是作业条件，而是员工的情绪。影响员工情绪的重要因素是企业的人文环境，即员工之间的人际关系。三是访谈实验，目的是了解如何得知员工真正的内心感受，进而倾听他们的诉说以助于问题解决，最终实现生产效率的提高。结果发现，解决员工的不满情绪对于提高生产效率具有很大的影响。四是群体实验，也是配电器卷线作业实验。结果发现，除了正式组织外，车间中还存在某种原因形成的“非正式组织”，后者对于生产效率的影响不容忽视。

（摘编自百度百科词条：霍桑实验）

管理作为一种“有意”的行为，要充分考虑文化的作用。管理活动所在背景的文化特点必定对其造成深刻的影响，不同的文化背景下产生的管理模式也不同。学者郝英奇（2010）在《组织管理的动力机制》中也指出：管理机制设计必须建立在相应文化的基础上，否则文化将对机制产生排异反应，或使之扭曲变形，失去预期的功能。例如，日本企业曾经推崇的“终身雇佣制”“年功序列工资制”“参与制”就对日本第二次世界大战后的经济发展做出过重大贡献。

2. 社会环境

这里所说的社会环境包括人口、经济、政治、法律、技术、资源等，对于管理系统的参与者来说，其是很难控制的，因此其影响也不可忽视。当外部环境发生剧烈变化时，管理的模式也会发生重大变革。国家的政策、法律和规定、经济发展水平、人民的生活消费结构和消费水平、社会基础设施、科学技术发展水平、当地人口的教育水平、自然地理环境等，都不同程度地对管理活动造成影响，同时参与者的行为也会因这些因素的不同而发生变化。

3. 组织结构

组织结构作为组织环境的一个因素，指组织的框架体系，代表了组织对资源的配置方式，包括对人、财、物等资源及其结构的稳定性安排，其界定了对工作任务进行正式划分、组合和协调的方式，常见的组织结构有直线制、职能制、事业部制、矩阵制等，组织结构不是一成不变的，其会随着组织的目标变化而做出相应调整。组织结构一般从复杂性、正规化和集权化程度上考虑，复杂性比较高的组织，其纵向等级层次较多；正规化比较高的组织主要依靠规制和程序引导员工行为；集权化程度较高的组织，决策高度集中。组织结构的性质会对组织成员的参与度和决策产生影响，因而，组织都会寻求复杂与简单、集权与分化、正规化与自由化程度的一个平衡，以使组织成员参与度、决策和满意度达到一个合理的状态。

4. 组织发展程度

布鲁斯·塔克曼（Bruce Tuckman）的团队发展阶段模型将组织的发展分为五个阶段：形成阶段、震荡阶段、规范阶段、执行阶段和解体阶段（针对临时性组织而言）。不同阶段，组织的状态、组织成员的参与度等都是在变化的。在形成阶段，组织中的参与者行为具有相当大的独立性；在震荡阶段，参与者之间的冲突会显露出来；在规范阶段，参与者开始调适自己的行为，参与积极性开始增加；在执行阶段，参与者对工作职责和角色有清晰的理解，参与积极性很高；在解体阶段，参与者未来发展的不确定性开始增加，其参与动机开始降低（Tuckman，1965）。尽管该模型并不能涵盖所有的组织类型，且有一定的局限性，如忽视了组织发展的背景、参与者行为特征变化不明显等，但是组织发展五阶段模型可以很好地对组织的发展阶段进行辨识，组织的管理者也可以据此对组织管理的路径和方式做出调整。

二、微观因素

在机制设计、执行、完成的整个过程中，参与者本身的职位、责任、权力、利益、情感对其行为有着决定性的作用。因此对参与者进行分析时，对不同参与者的职位、责任、权力、利益、情感的分析是不能忽略的。以下简要分析一般情况下参与者的“职责权利情”对其行为的影响。

1. 职位

职位对参与者的影响主要在于职位本身所赋予参与者的责任、权力、利益。职位的合理配置是组织实现效率的一个基本前提，而职位晋升也是对参与者的一个重要激励。随着社会的发展，人们自我实现的需求增加，参与者是否能做出符合其职位的行为，对其声誉的影响至关重要。在合理的法律或制度下，参与者“尽职”的行为能够引导机制的目标顺利完成，但是在法律或制度不完善的情况下，很有可能参与者“尽职”但却不利于目标的实现，甚至也有可能出现“不尽职”的行为却带来良好的声誉。因此，管理机制设计的目的，一方面是为了促进参与者“尽职”并取得较好的成果，另一方面也要防止“歪打正着”的现象发生。

2. 责任

在正式组织中，责任是与职位相对应的，指对应角色的人员应该承担的任务或义务。在组织活动中，责任是个人对组织的承诺，是对组织目标的分担，表达个人“应该/必须做什么”，其应该有明确的界定，以利于后期的评价。责任一方面来源于参与者本身所在职位所附带的义务，另一方面也来源于参与者本身对组织的认同和其价值观，前者是契约，后者是情理。参与者理想的行为原则为前者，但是在实际的管理活动中，其行为往往会受到后者的干预和影响，甚至在一些情况下，后者成为主导。合理的机制设计应该尽量避免因情理引起的“失责”。但是，情理又是维系社会发展不可缺少的根基，因此，在二者平衡的条件下达到目标，是机制设计的重点。

在非正式组织中，责任的强制性会减弱许多，更多的责任来自于参与者内在的意愿或是其从中获取的利益。

3. 权力

“组织管理之父”马克斯·韦伯认为，任何组织都必须以某种形式的权力作为基础，没有某种形式的权力，任何组织都不能达到自己的目标。权力是指一个人（A）影响另一个人（B）的能力，这种影响使 B 做在其他情况下不可能做的事，并指出权力是潜在的，拥有权力但不一定要使用权力。权力可分为强制性权力、奖酬性权力、法定性权力、专家性权力和参照性权力。本书所考虑的权力主要是与参与者职位相对应的为了履行职责所支配资源的能力。合理的管理机制中权力的界定一定是明确的，且对权力有良好的制约，否则，权力与职位的不匹配极有可能引起机制的失效。官员腐败问题就是职位、权力、责任不能良性匹配的案例。

4. 利益

《牛津法律大辞典》中对利益的定义为个人或个人的集团寻求得到满足和保护的权利请求、要求、愿望或需求。利益是由个人、集团或整个社会的道德的、宗教的、政治的、经济的及其他方面的观点而创造的。管理机制中，各个参与者在一定程度上有着共同的利益，而这些共同的利益正是其合作的动力所在，然而根据“理性人”的假设，各参与者利益又存在着一定的冲突。设计者在追求利益的过程中需要将一部分利益分配给监督者和执行者，执行者所获得的利益取决于监督者对设计者的反馈，监督者的利益来自于设计者的判断。在信息不对称的情况下，执行者和监督者有可能串谋争取更大的利益，监督者也有可能提供假信息来增加自己的利益、减少执行者的利益。执行者为了防止监督者反馈给设计者对其不利的信息，就要将一定的利益分配给监督者。

5. 情感

《心理学大辞典》中认为：情感是人对客观事物是否满足自己的需要而产生的态度体验。情绪和情感都是人对客观事物所持的态度体验，只是情绪更倾向于个体基本需求欲望上的态度体验，而情感则更倾向于社会需求欲望上的态度体验。情感包括道德感和价值感两个方面。这部分是主观性和不确定性最强的，对参与者行为影响较大。因此，越来越多的组织注重成员的心理体验，从而提高其积极性。

参与者行为的影响因素及管理机制作用原理如图 3.2 所示。

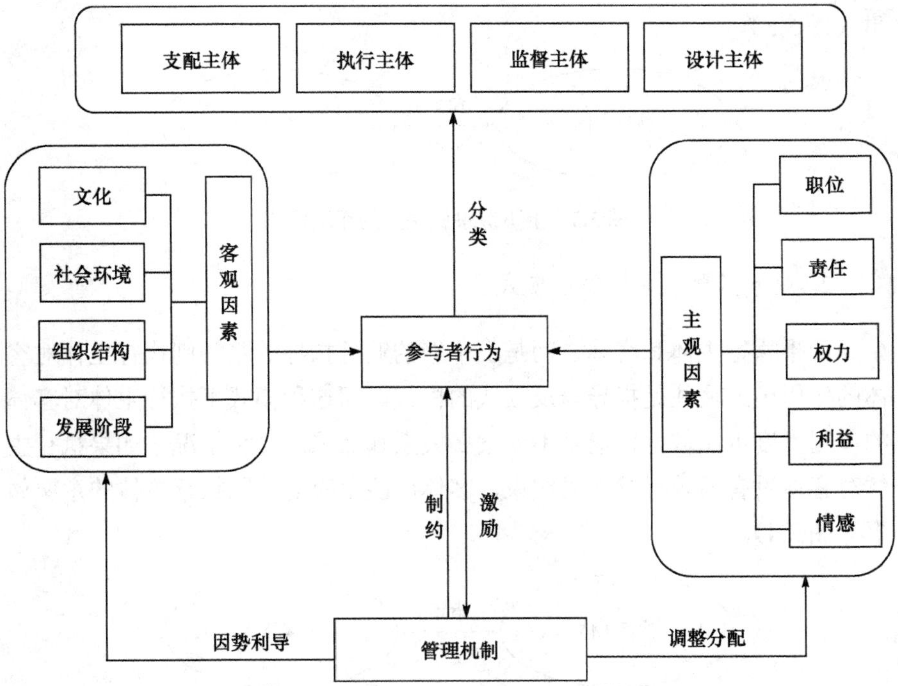

图 3.2　参与者行为的影响因素及管理机制作用原理

第三节　参与者之间相互作用的基本模式

在几种不同类型的主体中，执行主体是直接负责对客体进行管理的人员，监督主体对执行主体的行为直接进行监督，或者通过客体对执行主体的反馈来监督执行主体的行为。在这个过程中，可能还有一些介质的参与。本节将讲述不同参与者之间基本作用模式的特点。

一、执行主体和客体之间的基本作用模式

执行主体和客体之间的作用模式依据二者之间的职位、权力、责任、利益、情感等关系会有很多不同类型的模式。

1. 隶属关系的作用模式

如果执行主体和客体之间是上下级的隶属关系，则执行主体对客体的作用模式往往是命令与反馈式的模式。而这种模式下执行主体对客体的作用力往往是强有力的，一般情况下客体会更有意愿按照执行主体的命令行事（图 3.3）。

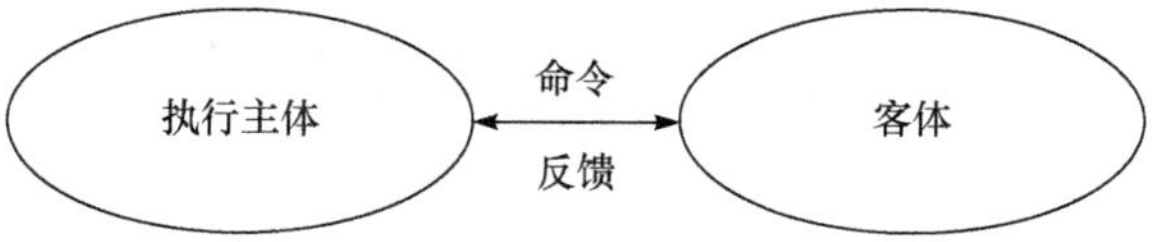

图 3.3 上下级隶属关系的作用模式

2. 业务指导关系的作用模式

如果执行主体和客体之间是上下级的业务指导关系，则执行主体对客体的作用模式往往是指导与反馈式的模式。而这种模式下执行主体对客体的作用力度也比较强，但是不如隶属关系那么强。这种情况下如果执行主体对客体没有绩效考核上的约束，客体可能不容易按照执行主体的意愿做事（图 3.4）。

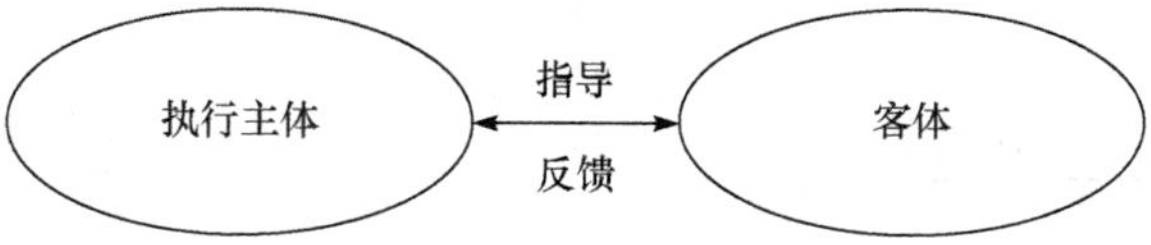

图 3.4 上下级业务指导关系的作用模式

3. “管理者-被管理者”的作用模式

执行主体和客体之间还可以是依据一些规章制度进行管理的管理人员、执法人员和被管理者、被执法者的作用模式，我们称之为“管理者-被管理者”的作用模式。例如，工商管理人员和商贩、列车管理人员和乘

客，这样的主客体之间的作用方式是一种管理与被管理的模式，但客体可以把相应的情况反馈给执行主体（图 3.5）。

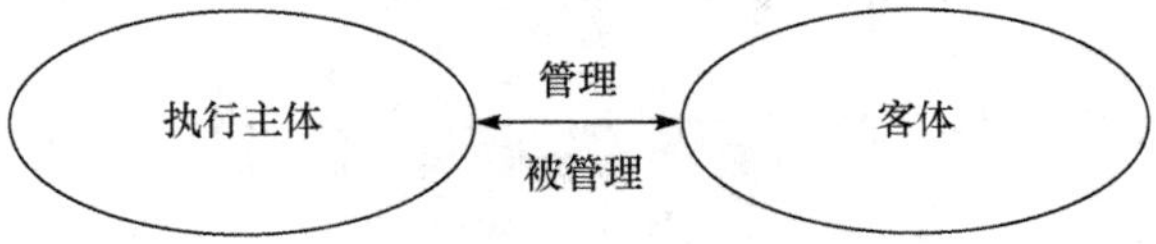

图 3.5　“管理者-被管理者”的作用模式

这样的方式下，管理者对被管理者的震慑力主要来自管理者所依据的在一定范围内具有法律效应的规章制度，当规章制度变化时，管理者能够对被管理者行使的权力也会变化。

4. “服务者-被服务者”的作用模式

执行主体和客体之间还可以是服务者和被服务者的关系，被服务者用金钱等资源交换服务，从而产生了主客体之间的作用模式。这种模式下，执行主体对客体难以有强制作用，二者依据一定的契约行事。执行主体不一定是直接受客体委托为客体提供服务，也可能是受支配主体的委托来为客体提供服务。例如，某商城委托某快递公司来给客户送货。这种情况下，如果支配主体的管理制度不够严格，那么很可能出现执行主体和客体之间串谋来谋取支配主体的利益的情况。

此外，“服务者-被服务者”的作用模式中，有时候很难区分哪些是主体，哪些是客体。如果被服务者可以支配的资源比较多，那么也可以把被服务者看成主体（图 3.6）。

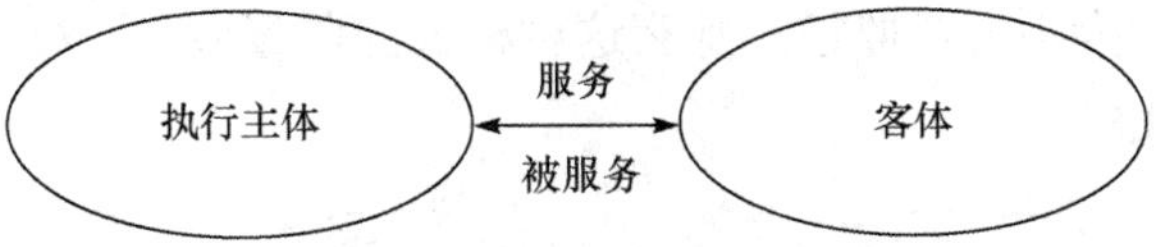

图 3.6　“服务者-被服务者”的作用模式

5. 自由型作用模式

自由型的作用模式是指执行主体和客体之间没有依据契约或者规章制度形成明确的关系，而是按照各自的意愿形成一些自由的关系。这种情况下往往也很难区分谁是执行主体、谁是客体。例如，网络论坛上自发形成意见领袖，意见领袖可以是执行主体，其他网友可以是客体。这种“意见领袖-民众”式的模式中，意见领袖往往通过个人魅力在网友中形成一定的号召力，对整个群体有一定的领导和制约力。而在朋友圈中，朋友之间的作用模式也可以总结为个人魅力型的作用模式，这种情况不一定是谁比谁更有号召力，而是大家都是平等的。个人魅力型作用模式中，执行主体对客体的力量来自于个人的说服力和号召力（图 3.7）。

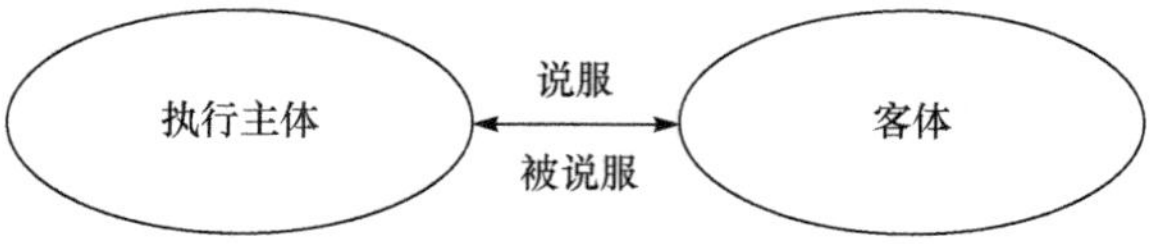

图 3.7 个人魅力型的作用模式

这种情况下，如果参与者双方的实力差不多，则比较容易出现二者之间的博弈，通过博弈最后达到一定的平衡。

二、不同主体和客体之间的基本作用模式

一个机制中当执行主体、监督主体、支配主体都存在时，它们和客体之间的作用模式比起执行主体和客体之间，就增加了很多不同情况。由于上文已经讨论了执行主体和客体的作用模式，本部分将主要阐述在监督主体、支配主体也参与进来的情况下，这些主客体之间的基本作用模式。

1. “监督主体直接监督执行主体”式作用模式

这种模式是支配主体委托执行主体作用于客体，同时委托监督主体直接对执行主体的行为进行监督。监督主体和执行主体都可以对支配主体进行反馈。

这种模式一般适用于执行主体的行为比较容易监控，同时又很难从客体那边反馈信息的情况，如通过视频监控对柜台收银员进行监控等。如果执行主体的行为不容易监控，那么这种模式的监督效果不好，会影响机制的效果（图 3.8）。

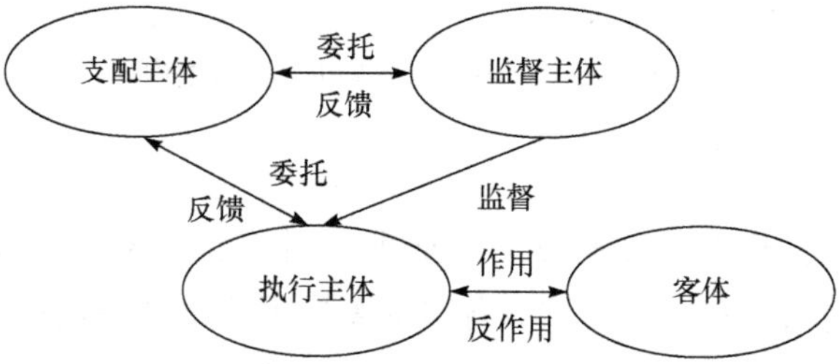

图 3.8 “监督主体直接监督执行主体”式作用模式

2. “客体反馈信息给监督主体”式作用模式

这种模式是支配主体委托执行主体作用于客体，同时委托监督主体通过客体的反馈对执行主体的行为进行监督。监督主体和执行主体都可以对

支配主体进行反馈（图 3.9）。

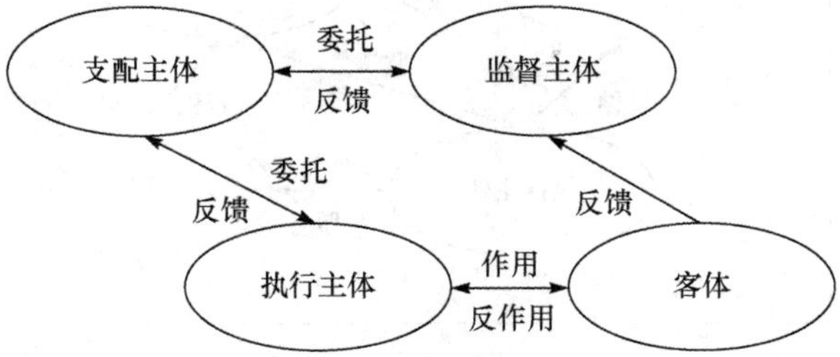

图 3.9 “客体反馈信息给监督主体”式作用模式

这种模式一般适用于执行主体的行为较难监控，但比较容易获得客体反馈信息的情况。例如，监督主体很难直接全程监控在外巡逻执法人员的行为，但可以通过市民举报等方式来获得执法人员执法情况的反馈信息。这种情况的弊端是，监督主体往往需要被动地收集从客体处得到的信息，监督的主动性低，并且从客体处得到的信息可能还有一些伪信息或者片面的信息，监督主体对信息进行筛选、识别后，才能成为真正有效的信息。

3. “监督主体同时从执行主体和客体处获得信息”式作用模式

这种模式是支配主体委托执行主体作用于客体，同时委托监督主体直接对执行主体的行为进行监督以及通过客体的反馈对执行主体的行为进行监督。监督主体和执行主体都可以对支配主体进行反馈（图 3.10）。

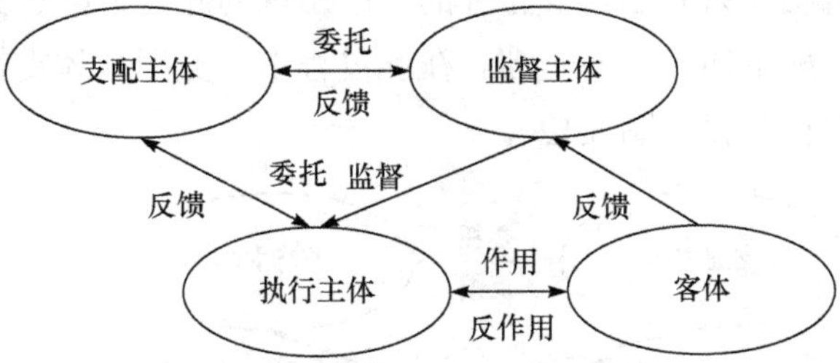

图 3.10 “监督主体同时从执行主体和客体处获得信息”式作用模式

这种模式的使用范围比较广，能够得到的信息比较多，可以实现更好的监督。弊端是，由于涉及两个方面，监督需要花费的人力、物力比较大，从而增加了管理成本。

4. “支配主体与客体有交易关系”式作用模式

这种模式是支配主体和客体之间存在买卖契约，支配主体向客体卖出一些资源，并委托执行主体直接向客体服务，同时委托监督主体对执行主体的行为进行监督。监督主体和执行主体都可以对支配主体进行反馈（图 3.11）。

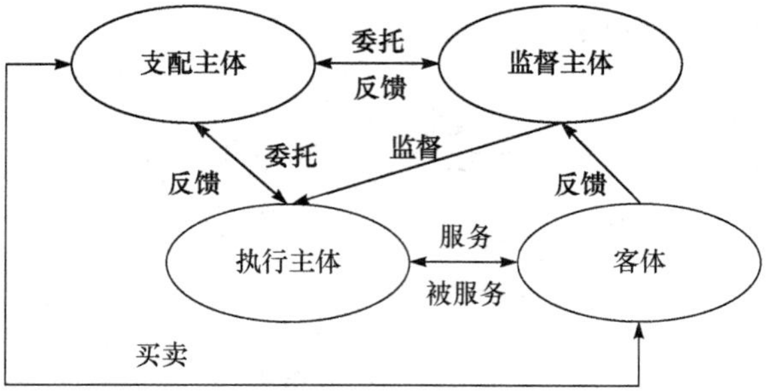

图 3.11 “支配主体与客体有交易关系”式作用模式

这种情况如前面所说，如果没有监督主体的存在，或者监督不力，那么执行主体和客体之间可能会形成串谋，各自谋取额外的利益，让支配主体的利益受损。这种串谋往往发生在执行主体有权对客体享受的资源或服务进行定价的情况下。例如，执行主体和客体之间达成协议，可以让客体在享受同等资源或服务的情况下少付一些费用，执行主体也得到一些额外的收入，二者瓜分本该支付给支配主体的费用。

5. 自治式作用模式

自治式的作用模式是指执行主体和客体之间的界限不明显，二者角色在互换的情况下，可以把执行主体也看成客体。客体之间通过自由竞争、相互合作等方式实行自治，支配主体一般不干涉客体的行为，让客体实行自我管理的机制。只有当自我管理的机制出现问题，无法达到支配主体目的的时候，支配主体才出面干涉。在此过程中，支配主体委托监督主体对客体的自治实行监督（图 3.12）。

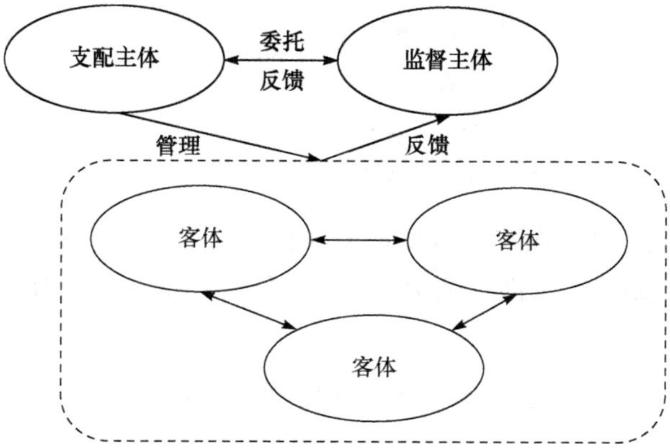

图 3.12 自治式作用模式

这种情况下，客体之间是靠在相互博弈中找到平衡的方式来进行自我管理的。在自我管理中，可能会出现以下一些现象。

如果客体中有一方比其他客体要强势，那么它可能会自发成为意见领袖，有一些追随者。

如果客体之间组团后获得的利益比客体单独做事获得的利益更大，客体之间会依据利益关系形成一些小的团体，团体之间通过博弈来为本团体谋取更多的利益。

如果客体之间实力差不多，则在某些事情上会产生轮流去做的效应。

上文总结了执行主体、监督主体、支配主体以及客体之间作用的五种基本模式。这里要说明的是，在有的系统里，支配主体和监督主体可能是同一参与者，或者执行主体和支配主体是同一参与者，那么就相当于上述基本模式的简化。当有两个主体是同一参与者的时候，那么这两个主体就不会存在上文所描述的各种博弈现象。

三、主体、客体、介质之间的基本作用模式

上面已经讨论了执行主体、监督主体、支配主体和客体的基本作用模式，本部分将主要阐述在介质也参与进来的情况下，这些参与者之间的基本作用模式，即主要阐述介质对主客体产生影响的一些基本模式。

1. “介质充当监督者”模式

“介质充当监督者”模式是指介质在机制中充当监督者的角色，对机制的运行起到监督效果。介质充当监督者同前面所说的监督主体的角色有所不同。

监督主体是服务于支配主体利益的角色，是为了帮助支配主体更好地监督执行主体、客体的情况。而介质充当监督者时，其未必是服务于支配主体利益的，并且介质监督的对象可以扩展为支配主体、设计主体和监督主体。

因此，介质充当监督者时，可以成为对支配主体利益有帮助的角色，也可以成为支配主体的制约性因素。媒体就是最典型的介质充当监督者的情况。因此，机制中的主体应处理好与这类介质之间的关系，达到和谐共赢。

2. “介质充当评价者”模式

“介质充当评价者”是指介质在体系中起到对主体和客体的评价作用

的模式。与上述“介质充当监督者”模式类似的是，这里的介质可以是服务于支配主体利益的角色，协助支配主体对设计主体、监督主体、执行主体和客体做出评价；也可以是完全独立的评价者，其评价的对象可以包括支配主体。因此，介质充当评价者时，同样既可以成为对支配者有利的角色，也可以对支配者起到约束作用。

介质充当评价者和介质充当监督者的不同之处在于，监督者的角色有时是监督的意思，是可以把不同参与者的情况实时地反馈出来，但其不一定是要对这些参与者的情况做出评价。而介质充当评价者则不一定需要实时收集参与者的情况，在评价周期内收集好被评价者的资料进行评价就行。监督者监督的信息可以是某个局部的信息，但是评价者获取的信息需要具有全面性。

3. “介质充当资源者”模式

介质充当资源者指介质是资源拥有者，资源拥有者可以为主体提供能够更好地作用于客体的资源。如果客体本身也对资源有需求，资源拥有者也可以将资源提供给客体。资源拥有者提供给客体资源可以帮助主体作用于客体，也可以成为主体作用于客体的阻碍。阻碍发生，主体和客体往往就会形成对同一资源进行竞争的局面，谁能从介质那边竞争得到更多的资源，这些资源则往往成为主客体竞争制胜的砝码（图 3.13）。

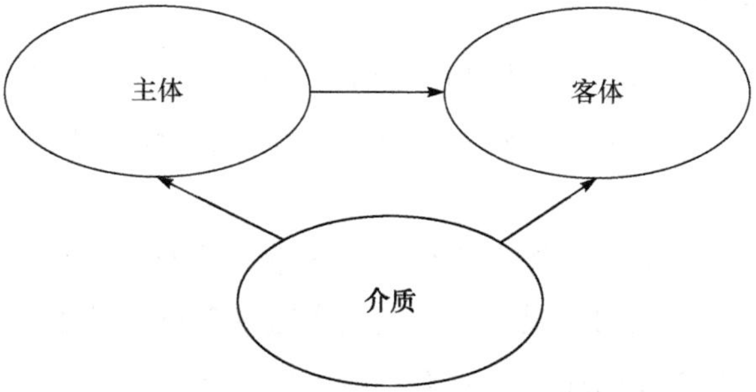

图 3.13 “介质充当资源者”模式

4. “介质充当传递者”模式

介质充当传递者是指介质可以成为主体与客体之间沟通的一个桥梁。主体和客体之间有时候会有沟通不畅的情况，此时，如果有能够和主体与客体都能进行很好沟通的介质作为主客体沟通的桥梁，那么会让主体对客体的作用力度更大。例如，在基层社区管理中，社区居委会可能会让一些邻里关系比较好的志愿者们在一些事情上去和社区居民进行沟通（图 3.14）。

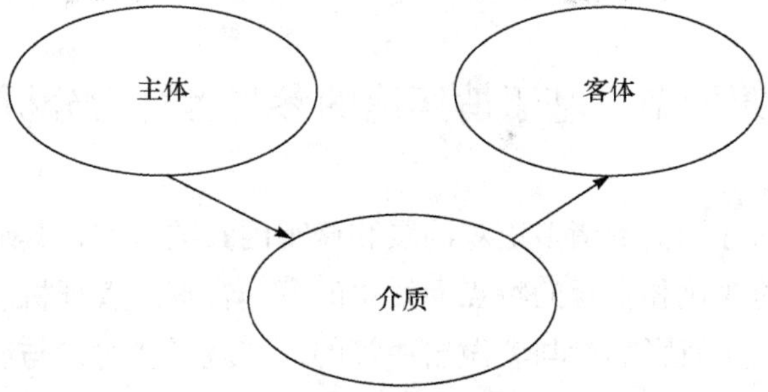

图 3.14 “介质充当传递者”模式

5. “介质充当助力者”模式

介质充当助力者是指介质协助主体来作用于客体，让主体对客体的作用力度更强。这种模式和上述“介质充当传递者”模式不同的是，上述情况主体本身不直接对客体产生作用，介质直接对客体产生作用。而这种情况是主体也对客体产生作用（图 3.15）。

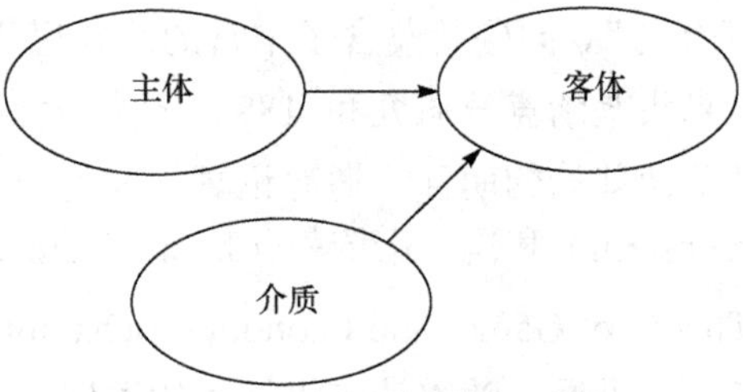

图 3.15 “介质充当助力者”模式

6. “介质充当阻碍者”模式

介质充当阻碍者是指介质会协助客体来反作用于主体，让主体对客体的作用减小。这种情况下，作为推动机制运行的主体，要尽量减少介质对机制运行的阻碍（图 3.16）。

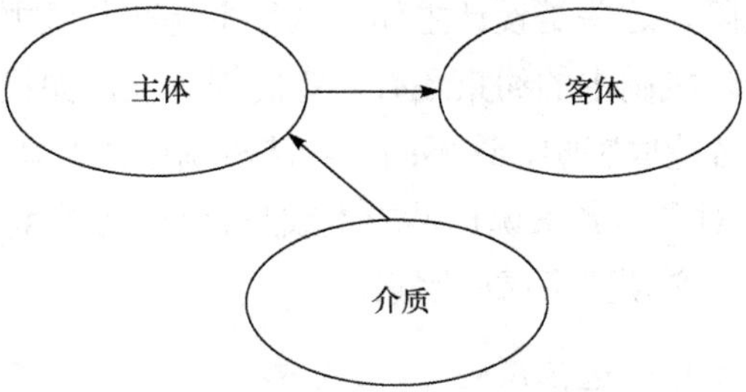

图 3.16 “介质充当阻碍者”模式

第四节 基于博弈论的参与者行为分析

参与者的行为受到诸多宏观因素和微观因素的影响，其追求的效用也会根据环境的变化和自身的特点而发生改变，合理的管理机制设计需要考察这些因素是如何影响参与者做出决策的，这就需要对参与者之间的冲突进行分析。而博弈论是研究此类问题的经典方法，因此，博弈论的方法可以用在管理机制的参与者行为分析上。本节结合博弈论的基本方法，对参与者之间的行为进行分析，以求对实际的管理活动提供借鉴。

一、博弈论简述

博弈论又称对策论，是数学领域的一个分支。博弈论的思想古已有之，我国古代的军事著作《孙子兵法》里的军事理论与治国策略、古巴比伦《犹太法典》中的“婚姻合同”等问题就蕴含了丰富的博弈思想。1838 年 Cournot 关于产量决策的双寡头垄断竞争研究和 1883 年关于价格决策的 Bertrand 模型被普遍认为是博弈理论的萌芽。博弈论真正成为一个独立的学科，始于摩根斯坦（Morgenstern）和冯·诺依曼（J.von Neumann）合著的《博弈论与经济行为》（Theory of Games and Economic Behavior）一书，其理论发展和应用都取得了重大进展。随着计算机技术的发展，博弈论被应用到越来越多的领域，成为人们解决问题的重要工具。

二、道德风险与逆向选择问题

经济机制设计中，最大的风险来自于信息不对称，而在管理机制设计中，不仅有信息不对称所带来的风险，还有外部环境的不稳定、组织发展变化所引起的风险，这些是设计主体、执行主体和监督主体都无法完全预知的。同时，管理机制中的约束还有一定的强制性，如权力、职位等的制约，也会对参与者造成影响，这不同于经济机制中的“自由选择”“自愿交换”，因此，这些对参与者来说也是成本或是收益。参与者可能出现道德风险行为，这些也是必须要考虑的因素。

（一）设计主体的道德风险

由于参与者具有经济人、社会人和决策人的三维属性，因此都有最大化自己利益的动机，即使是与机制目标一致的设计主体也存在着道德风险。设计主体的道德风险存在于两种情况：一种来源于其信息优势，尽管设计主体无法掌握执行主体和监督主体的全部私人信息，但是执行主体和监督主体同样也对设计主体的信息认识有一定的盲区，同时，由于管理机制大多是对执行主体和监督主体的激励和制约，执行主体和监督主体处于劣势，设计主体很有可能在机制实现的情况下隐瞒真实情况，从而降低执行主体和监督主体的收益，以减小自己的成本，增加自己的收益；另一种则在于隐瞒监督主体的成本较大，在达成一致的利益分配机制的情况下，设计主体和监督主体串谋，共同欺骗执行主体，从而增加各自的收益。

然而，在正式组织中，设计主体出现道德风险行为的成本较高，且其机会主义行为只能成功一次，不可能在长期的组织活动中存在，因为在机制执行的过程中，执行主体也会收集相关的信息，且机制实行的效果会在一定的时间以后成为共同知识，执行主体在发现设计主体的真实情况以后，会选择退出组织。鉴于本书的分析框架是在正式组织之下，因此对于设计主体存在道德风险的情形暂不予考虑。

（二）执行主体的道德风险

管理机制设计的主要目的是对执行主体和监督主体的行为进行激励和约束，其主要原因是道德风险的存在。如果得知对于自身行为细节设计主体不很了解或保持着“理性的无知”，执行主体就可以采取一定程度的机会主义行为而不受惩罚，这样执行主体就会受利益的诱惑而机会主义地行事。而且，除了执行主体自身的原因，环境的动态性和组织发展的不确定性也可以使其在出现机会主义行为（如不努力工作）的情况时不受到惩罚。这就说明执行主体在机制实施的过程中有动机且有可能出现道德风险的行为。

为了防止执行主体此种情况的出现，设计主体会在机制设计中加入一定的激励和约束，以提高其收益，降低其出现道德风险的可能性，最大化地避免此种情况的出现。设计主体有可能会引入监督主体对其行为进行监督，监督主体的引入会从很大程度上对执行主体的行为进行制约，促使其为了机制目标的实现而努力，同时避免其牺牲机制目标追求个人私利行为的出现。但是，鉴于监督主体同样具有理性人属性，执行主体很有可能和监督主体串谋，两者在利益分配达成一致的情况下，使得机制失效，损害设计主体的利益，增加自己的收益。

（三）监督主体的道德风险

同设计主体和执行主体一样，监督主体也存在着道德风险。上述分析已经表明，其既有可能和设计主体串谋欺骗执行主体，也有可能和执行主体串谋欺骗设计主体。设计主体根据监督主体的反馈来决定对执行主体的评价，监督主体就可以利用自己的权力优势，对执行主体进行敲诈即权力滥用。环境的动态性、组织的发展阶段等外部因素也会对监督主体的道德风险有一定的诱导作用，如某些法律和政策的缺位。

（四）逆向选择问题

管理活动中的逆向选择问题则是指在设计主体进行机制设计之前，执行主体就事先掌握了一些设计主体所不了解的私人信息，执行主体可利用这一信息优势参与到对自己有利的机制中。由于信息不对称的存在，设计主体无法识别执行主体的条件禀赋，难以确定机制实施效果和其所付出的努力之间的关系，从而无法准确了解执行主体的素质和能力，造成越是劣质的潜在的执行主体越容易成为现实的执行主体，最终导致“劣币逐良币”的劣质执行主体充斥市场的现象产生。尽管如此，设计主体还是能够利用合理的机制设计，明确界定执行主体和监督主体的责任、权力和义务，并给予最佳的激励和约束，使目标的一致性增加，减少其机会主义行为的出现。设计主体也可以引入竞争机制，选择优质的执行主体参与到其机制实施活动中。鉴于逆向选择问题涉及多执行主体、多监督主体的情况，不在本书的框架之内，暂不考虑，本书主要对参与者之间由于道德风险引起的博弈行为进行分析。

三、参与者之间的博弈行为分析

综上所述，设计主体需要授权执行主体保证机制的顺利运行，以实现自身效用的最大化，而执行主体为追求自身效用最大化，必然存在牺牲机制目标使设计主体利益受损的行为（这里，借用委托代理理论中的名词“背叛”），设计主体为了防止此类情况的出现，会引入监督主体对其行为进行约束。

（一）模型假设

假设 1：机制执行给组织带来的收益为 V（V 和参与者的参与程度 $\boldsymbol{P}_{5\times3}$ 相关，这里 $\boldsymbol{P}_{5\times3}$ 为三个参与者在组织发展的五个阶段的参与矩阵），不执行带来的收益为 0；机制执行时，执行主体和监督主体会付出一定的成本，分别设为 $C(P_E)$ 和 $C(P_S)$，也会得到一定的奖励，即本章中的预期效用，分别为 $U_E(V, P_E)$ 和 $U_S(V, P_S)$，其不仅受到 V 的影响，还依赖于各自的努力程度（这里用参与程度 P_E、P_S 作为其指标）。U_D 为设计主体的预期效用。

假设 2：无论机制是否完成，设计主体要付出一定的固定成本给执行主体和监督主体，分别设为 E 和 S，执行主体不执行机制而采取机会主义行为最大化自己的效用得到的收益为 B，其中，$B > U_E(V) > E$，$U_S(V) > S$。

假设 3：P 为参与者的参与程度，对于执行主体和监督主体来说，即为其努力程度，当其执行机制时，$P>0$；当其不配合机制实施时，$P=0$。

假设 4：参与者都是风险中性。

当设计主体不存在道德风险时，参与者的策略集如下：

设计主体的策略集合是 S_D ={不引入监督主体；引入监督主体}；执行主体的策略集合是 S_E ={执行机制；与监督主体串谋}；监督主体的策略集合是 S_S ={与执行主体串谋；敲诈执行主体}。

（二）设计主体和执行主体单次博弈

为了便于分析，仅考虑单次博弈的情形。在单次博弈中，惩罚策略是无效的，因此不考虑惩罚。根据设计主体和执行主体各自掌握的信息，执行主体有两种选择：①执行机制，其总收益为 $U_E+E-C(P_E)$（此时，假设执行主体的积极参与一定会产生好的结果，即实现组织的收益 V）；②不执行机制，执行主体为了最大化自己的效用不执行机制，如果设计主体不监督，其机会主义行为没有约束，设计主体的收益为 U_D-E-B，则设计主体和执行主体单次博弈支付矩阵详见表 3.1。

表 3.1　设计主体和执行主体单次博弈支付矩阵

		执行主体	
		执行机制	不执行
设计主体	监督	$U_D+V-U_E-U_S-E-S$, $U_E+E-C(P_E)$	U_D-U_S-E-S, $E+B$
	不监督	U_D+V-U_E-E, $U_E+E-C(P_E)$	U_D-U_E-E-B, $E+B$

由表 3.1 可以看出，该博弈的均衡状态为设计主体不引入监督主体，执行主体选择不执行。

接下来，分析设计主体和执行主体多次重复博弈的情形。

（三）设计主体和执行主体多次重复博弈

假设执行主体不知道博弈的次数，因为如果知道博弈的次数，最后一次博弈中，设计主体仍然不能实施惩罚。上述博弈会重复进行下去，由于博弈次数的增加，设计主体可以在执行主体不执行机制的情况下实施惩罚（这里假设设计主体引入监督主体后一定能发现执行主体的不行动），设惩罚使执行主体损失的效用为 I，同时，执行主体私人信息的优势逐渐减少，设计主体对监督主体的依赖性会减小，因此设计主体愿意付出的监督成本会有所下降，即 S 和 U_S（V）都会减小，设其减小到 S'和 U'_S，但是 $I > S' + U'_S$，否则引入监督主体没有意义（表 3.2）。

表 3.2　设计主体和执行主体多次重复博弈支付矩阵

		执行主体	
		执行机制 p	不执行 $1-p$
设计主体	监督 q	$U_D+V-U_E-U'_S-E-S'$, $U_E+E-C(P_E)$	$U_D+I-U'_S-E-S'$, $E+B-I$
	不监督 $1-q$	U_D+V-U_E-E, $U_E+E-C(P_E)$	U_D-U_E-E-B, $E+B$

在完全信息的静态博弈中，设计主体和执行主体了解对方的各种情况，并且同时决策，假设执行主体执行机制的概率为 p，不执行的概率为 $1-p$，设计主体引入监督的概率为 q，不引入监督的概率为 $1-q$，其中，p 和 q 与环境的动态性（d）、组织的发展阶段（e）、参与者的自身特质（c）相关，即 $p=p(d,e,c)$，$q=q(d,e,c)$。

设计主体选择监督时的期望收益为

$$U(\text{监督})=p\times(U_D+V-U_E-U'_S-E-S')+(1-p)\times(U_D+I-U'_S-E-S')$$

设计主体不引入监督主体时的期望收益为

$$U(\text{不监督})=p\times(U_D+V-U_E-E)+(1-p)\times(U_D-U_E-E-B)$$

执行主体执行机制时的期望收益为

$$U(\text{执行})=q\times[U_E+E-C(P_E)]+(1-q)\times[U_E+E-C(P_E)]$$

执行主体不执行机制时的期望收益为

$$U(\text{不执行})=q\times(E+B-I)+(1-q)\times(E+B)$$

当 U（监督）$=U$（不监督），U（执行）$=U$（不执行）时，

$$p=1-(1/I)\times(U'_S+S'),\quad q=(1/I)\times[C(P_E)+B-U_E]$$

则设计主体和执行主体混合策略的纳什均衡是

$$p=1-(1/I)\times(U'_S+S'),\quad q=(1/I)\times[C(P_E)+B-U_E]$$

对于设计主体而言，当执行主体不执行机制的概率小于 p 时，其最优选择是不引入监督主体；反之，其应该引入监督主体。

对于执行主体而言，当设计主体引入监督主体的概率小于 q 时，其最优选择是最大化自己的效用；反之，则应该实施机制，最大化机制目标。

由上述分析可以看出，当监督成本相对于惩罚的比率越大时，执行主体认为设计主体选择监督更不明智，因此执行主体会更倾向于不执行机制，即出现机会主义行为，最大化自己的收益；当执行主体采取机会主义行为得到的收益远远大于其执行机制带来的收益，且收益差相对于惩罚成本更具诱惑力时，设计主体认为执行主体更有可能出现道德风险问题，因此其更倾向于选择引入监督主体进行监督。

（四）引入监督主体的情形

在此种基础上，考虑引入监督主体的情形，假设监督主体完全有效，即只要其努力监督（参与），一定能观察到真实的执行主体对机制的执行状况，且只能隐瞒其看到的信息，而不能错误地报告信息，则其监督有两种结果：①监督主体观察到执行主体积极工作，用 g 表示；②监督主体观察到执行主体不执行机制，用 b 表示。这样，当执行主体得知监督主体观察到他的不执行时，他就有动机贿赂监督主体让其隐瞒真实信息，当执行主体提出的收益分摊机制被监督主体所接受时，则二者之间的串谋达成，设计主体的收益会受损。还有一种情况是监督主体对执行主体进行敲诈，当观察到其积极执行机制 g 时，他会以隐瞒信息即报告执行主体不行动的信息（用 n 表示）威胁执行主体，并索取一定的酬金，这种情况会对执行主体的积极性造成很大打击，进而影响机制执行的效率，甚至引起机制失效。

为了确保机制的正常运行，设计主体需要设计一个激励机制来促使执行主体和监督主体积极参与到机制实施中，以实现机制的目标，最大化自己的效益。首先考虑设计主体提供给执行主体、监督主体的效用仅仅依赖于监督主体的反馈时的情况，监督主体报告的信息有三种情况，即 g，b，n，在这三种情况下，设计主体提供给执行主体和监督主体的期望效用分别设为 $\lambda_{e-g}U_E$，$\lambda_{e-b}U_E$，$\lambda_{e-n}U_E$，$\lambda_{s-g}U_S$，$\lambda_{s-b}U_S$，$\lambda_{s-n}U_S$。λ_{i-j} 表示期望效用的系数，i =e, s; j =g, b, n。

在组织中，设计主体设计的机制具有一定的强制性，执行主体和监督主体都需接受，但是他们在接受以后可以选择执行或不执行。执行主体和监督主体根据对机制完全实施所产生的期望效用来决定自己的参与程度。

根据上述分析，执行主体和监督主体可能串谋，监督主体可能利用自己手中的权力对执行主体敲诈，设计主体根据监督主体的汇报确定二者的效用。

设计主体的预期效用为

$$U=U_D+V-\lambda_e U_E-\lambda_s U_S$$

式中，U_D 为设计主体保留效用；V 为机制执行完成所取得的收益；U_E 和 U_S 为设计主体要提供给执行主体和监督主体的预期效用；执行主体的预期效用为 U_E-C_E（P_E），C_E（P_E）为执行主体积极参与时所付出的成本；监督主体的预期效用为 U_S-C_S，C_S（P_S）为监督主体积极监督时所付出的成本；其中，$U'>0$，$U''<0$；$C'>0$，$C''>0$，$C'(0)=0$，$C'(1)\to+\infty$；执行主体和监督主体的保留效用为 E 和 S，为便于分析，均取为 0。

1. 监督主体和执行主体串谋

如果监督主体和执行主体能够在达成一致的利益分摊机制基础上使得各自的效用有所增加，则串谋的条件已经具备。当执行主体知道监督主体发现其没有执行机制时，即状态 b 出现时，其会请求监督主体隐藏真实的信息，为了达到目的，执行主体需要提供给监督主体一定的收益 Z，则串谋的实现需要满足如下条件：

$$\lambda_{e-n}U_E-Z\geqslant\lambda_{e-b}U_E,\ \lambda_{s-n}U_S+Z\geqslant\lambda_{s-b}U_S$$

即执行主体和监督主体通过串谋取得的收益要不小于其不串谋取得的收益，则有

$$\lambda_{s-n}U_S-\lambda_{s-b}U_S\leqslant Z\leqslant\lambda_{e-n}U_E-\lambda_{e-b}U_E$$

根据上述假设，设计主体提供给其的效用完全依赖于监督主体的反馈，则监督主体可以向设计主体索取的最大的收益 $Z^*=\lambda_{e-n}U_E-\lambda_{e-b}U_E$，则监督主体在如实反馈的情况下取得的收益为 $\lambda_{s-b}U_S$。如果此收益大于其串谋所得的收益，则其就不会有动机去参与串谋，即

$$\lambda_{s-b}U_S\geqslant\lambda_{s-n}U_S+\lambda_{e-n}U_E-\lambda_{e-b}U_E$$

此即设计主体防范二者串谋的一个约束条件。

由此可以得出，当设计主体对监督主体的效用激励足够大时，监督主体会报告真实情况，设计主体也可以通过减小 Z 来达到防范串谋的目的，即使得其预期效用 $\lambda_{e-n}U_E\leqslant\lambda_{e-b}U_E$。

2. 监督主体权力滥用

当监督主体观察到执行主体执行机制时，向设计主体隐瞒真实情况来敲诈执行主体，这时，执行主体可能向监督主体行贿（z）希望其不要隐藏真实

情况，此时监督主体的效用为 $\lambda_{s-g}U_S+z$，并且应该满足 $\lambda_{s-g}U_S+z\geqslant\lambda_{s-n}U_S$，对于执行主体来说，其效用为 $\lambda_{e-g}U_E-z-C_E(P_E)$，且应该满足 $\lambda_{e-g}U_E-z-C_E(P_E)\geqslant\lambda_{e-n}U_E$，否则，执行主体没有动力向监督主体行贿，则有

$$\lambda_{s-g}U_S-\lambda_{s-n}U_S\leqslant z\leqslant\lambda_{e-g}U_E-\lambda_{e-n}U_E-C_E(P_E)$$

3. 串谋和权力滥用同时存在

当监督主体和执行主体串谋、监督主体权力滥用的情形同时出现时，二者的支付矩阵如表 3.3 所示。

表 3.3　监督主体权力滥用和串谋并存时的支付矩阵 1

		执行主体	
		接受	不接受
监督主体	串谋	$\lambda_{s-n}U_S+Z$，$\lambda_{e-n}U_E-Z$	$\lambda_{s-g}U_S$，$\lambda_{e-b}U_E$
	权力滥用	$\lambda_{s-g}U_S+z$，$\lambda_{e-g}U_E-z-C_E(P_E)$	$\lambda_{s-n}U_S$，$\lambda_{e-n}U_E$

但是执行主体并不知道监督主体是否积极参与即努力监督，在这种情况下，二者的博弈支付矩阵如表 3.4 所示。

表 3.4　监督主体权力滥用和串谋并存时的支付矩阵 2

		执行主体	
		接受	不接受
监督主体	串谋	$\lambda_{s-b}U_S+Z$，$\lambda_{e-n}U_E-Z$	$\lambda_{s-b}U_S$，$\lambda_{e-b}U_E$
	权力滥用	$\lambda_{s-b}U_S+z$，$\lambda_{e-g}U_E-z-C_E(P_E)$	$\lambda_{s-b}U_S$，$\lambda_{e-n}U_E$

由此可见，只要监督主体不诚实，无论是否积极参与，其道德风险都会存在。当执行主体积极执行机制时，不管监督主体的参与程度如何，其接受串谋效用不变，不接受串谋效用改变；当执行主体不执行机制时，不管监督的参与程度如何，其接受权力滥用的效用变化，不接受权力滥用的效用不变。

（五）监督主体和机制执行程度并存

上面的分析基于假设“设计主体获得的机制执行信息仅依赖于监督主体的反馈”，而在实际的管理活动中，机制执行的效果会在一定的时间内呈现出来，且具有可观察性，因此对机制执行情况的判断，设计主体必然不会只依靠监督主体的反馈。但是机制实施的结果会有一定的时间滞后性，

因而监督主体仍有一定的动机进行串谋或权力滥用，但是此时需要考虑机会主义行为被发现所引起的效用损失。

如果监督主体实行权力滥用，即使设计主体的判断一定程度上依靠机制实施的效果，设计主体仍然不能发现监督主体的权力滥用，所以监督主体仍然有绝对的谈判权，博弈情形和上述分析一致。

如果监督主体和执行主体串谋，由于机制实施的效果会在一定的时间以后呈现出来，则设计主体就会发现二者的串谋行为并会对其进行惩罚。假设因为惩罚监督主体和执行主体的损失分别为 m_1, m_2，则三者博弈的支付矩阵如表 3.5 所示。

表 3.5　同时取决于监督主体和机制执行结果时的支付矩阵

		执行主体	
		串谋	
		监督主体	
		接受	不接受
设计主体	没有发现	$U_D-\lambda_{e-n}U_E-\lambda_{s-n}U_S-E-S$, $\lambda_{e-n}U_E-Z$, $\lambda_{s-n}U_S+Z$	$U_D-\lambda_{e-n}U_E-\lambda_{s-n}U_S-E-S$, $\lambda_{s-b}U_S$, $\lambda_{e-b}U_E$
	发现	$U_D-\lambda_{e-n}U_E-\lambda_{s-n}U_S-E-S+m_1+m_2$ $\lambda_{e-n}U_E-Z-m_2$, $\lambda_{s-n}U_S+Z-m_1$	$U_D-\lambda_{e-n}U_E-\lambda_{s-n}U_S-E-S+m_2$, $\lambda_{e-b}U_S$, $\lambda_{s-b}U_E$

对于执行主体来说，需要 $\lambda_{e-n}U_E(V)-Z-m_2>\lambda_{e-b}U_S(V)$；

对于监督主体来说，则需要满足 $\lambda_{s-n}U_S(V)+Z-m_1>\lambda_{s-b}U_E(V)$，双方才有动力参与串谋，即 $m_2<\lambda_{e-n}U_E(V)-Z-\lambda_{e-b}U_S(V)$；$m_1<\lambda_{s-n}U_S(V)+Z-\lambda_{s-b}U_E(V)$；$\lambda_{s-b}U_E(V)+m_1-\lambda_{s-n}U_S(V)<Z<\lambda_{e-n}U_E(V)-\lambda_{e-b}U_S(V)-m_2$。

由此可见，当机制执行的效果也被作为判断依据的时候，二者串谋的动力将大大降低，为了防止二者串谋，设计主体可以减小监督主体串谋所取得的效用 Z，也可以增大对监督主体和执行主体的惩罚 m_1 和 m_2，尤其是监督主体，这样可以减小监督主体的谈判权，从而防止其道德风险行为的出现。

第五节　改变参与者的基本模式

由于不同情况的参与者对机制的影响是不同的，机制设计者通过改变参与者的数量、类型、属性、作用方式、流程等，来改变机制的运行效果。本节将介绍通过改变参与者来改变机制的各种基本模式。

一、改变参与者的属性模式

改变参与者的属性模式是指直接改变参与者的属性或作用方式，来让主体对客体的作用更强。

改变参与者的属性是指改变主体、客体或介质的属性，让其成为更有利于机制运行的参与者。例如，将设计主体、执行主体或者监督主体替换成更有能力、更认真负责的人，将客体替换成更能听从命令的类型。但不是所有的机制都可以随意替换每个参与者。例如，如果客体是社会大众，那就没办法替换。此外，还可以通过对参与者进行教育培训等方式，提高其敬业精神，来更好地达到目标。

改变参与者的作用方式是指参与者本身的属性并没有变化，但参与者之间关系的力度有所变化，从而让机制运行发生变化。例如，有时候为了能够在短期内完成某个目标，通过上级领导对下级施压，催促其更高效地工作这样的方式来完成目标。

二、增加或减少参与者模式

增加或减少参与者模式是指通过增加或者减少参与者，来推动机制运行效果的改变。“一个和尚挑水吃，两个和尚抬水吃，三个和尚没水吃。”这句谚语就体现了不同数量参与者对机制的影响。增加或减少参与者的方式有很多，不同情况下有不同的方式，下面将介绍一些典型的通过增加或减少参与者来改变机制的模式。

1. 引入竞争者模式

引入竞争者模式是指为了让某类参与者更有做好事情的动力，引入同类参与者，形成竞争，来推动机制更好地运行。引入参与者可以在执行主体、监督主体、设计主体等不同主体类型中进行，还可以引入客体、介质。

一般来说，比起在监督主体、设计主体中引入竞争者，在执行主体中引入往往是更好的策略，监督主体、设计主体往往更需要的是避免人员太多，而不是增加竞争性。

如果客体中能够引入竞争者，也是比较不错的策略，它常常比在执行主体中引入竞争者要更节约管理成本。当客体之间有竞争时，客体通常就会为了自身利益而做得更出色。

在介质中引入竞争者，可以让主体获得更多的资源、助力等。

2. 引入监督者或评价者模式

引入监督者或评价者模式是指在没有监督或评价的前提下，引入具有监督或评价作用的参与者，来保障机制更好地运行。一方面可以通过引入监督主体的方式来实现，另一方面可以通过引入介质——第三方的评价者或者第三方的监督者来实现。

3. 引入协助者模式

引入协助者模式是指在没有协助者的前提下，引入能够协助机制运行的介质，来保障机制更好地运行。引入的协助者可以是前面提到的充当资源者的介质，也可以是充当传递者的介质或者充当助力者的介质。

4. 减少阻碍者模式

减少阻碍者模式是指把机制系统中阻碍系统运行的参与者移出系统，以减少阻碍者对系统机制运行的干扰。移出的参与者可以是部分主体，也可以是部分介质、客体。

三、改变参与者的行为规则

在不改变参与者的属性和数量的前提下，通过改变参与者的做事规则，也可以改变管理机制的运行效果。当作用流程改变时，可能会使参与者的利益模式发生变化，从而对管理机制的运行产生影响。

下面将介绍几个改变参与者做事规则方面的小故事。

1. 分粥效应

分粥效应是哲学家罗尔斯在《正义论》中讨论社会财富时做的一个比喻。

罗尔斯把财富比作一锅粥，一群人来分。那如何分呢？罗尔斯罗列了五种分粥法，如下。

方法一：拟定一人负责分粥事宜。很快大家就发现这个人为自己分的粥最多，于是换了人，结果总是主持分粥的人碗里的粥最多最好。

方法二：大家轮流主持分粥，每人一天。虽然看起来平等了，但是每个人在一周中只有一天吃得饱且有剩余，其余六天都饥饿难耐。

方法三：大家选举一位品德尚属上乘的人维持基本公平，但不久他就开始为自己和溜须拍马的人多分。

方法四：选举一个分粥委员会和一个监督委员会，形成监督和制约。公平基本做到了，可是由于监督委员会经常提出多种议案，分粥委员会又据理力争，等粥分完，早就凉了。

方法五：每人轮流值日分粥，但是分粥的人最后一个领粥。结果呢？——每次七只碗里的粥都是一样多，就像科学仪器量过的一样。

通过上述分粥效应的例子可以看出，在参与者不变的情况下，改变分粥的流程，可以达到管理机制设计的目标——均匀分粥。

（引自 https://baike.baidu.com/item/分粥效应/271031?fr=aladdin）

2. 火车站、风景区周边小吃店脏乱差局面的整改

在中国大多数火车站和风景区周边的小吃店都具有脏乱差的特点，这是因为，会在火车站和风景区吃饭的人大多数都是过客，于是大多数店家就会抱着做“一锤子买卖”的心态，来获得一次性的最大收益。这是一种店家和客人之间一次博弈的结果。

在这种情况下，通过引入竞争、加强监管等方式往往作用不大，并且还会增加管理成本，有效解决这种问题的策略就是，将店家和客人之间的一次博弈行为变成多次博弈行为。能达到这种多次博弈行为的策略是，将火车站和风景区周边的小吃店全变成连锁店，即使客人不会再在这周边的小吃店吃饭，也可能会在其他连锁店吃饭。所以连锁店不会为了做“一锤子买卖”而毁掉整个连锁店的品牌形象。

3. 田忌赛马

田忌赛马的故事也是一个改变做事规则从而改变机制结果的例子。

齐国的大将田忌，很喜欢赛马，有一回，他和齐威王约定，要进行一场比赛。他们商量好，把各自的马分成上、中、下三等。比赛的时候，要上马对上马，中马对中马，下马对下马。由于齐威王每个等级的马都比田忌的马强得多，所以比赛了几次，田忌都失败了。后来孙膑帮田忌出了主意：孙膑先以下等马对齐威王的上等马，以上等马对齐威王的中等马，以中等马对齐威

王的下等马。比赛的结果是三局两胜，田忌赢了齐威王。还是同样的马匹，由于调换一下比赛的出场顺序，就得到转败为胜的结果。

（改写《史记》卷六十五：《孙子吴起列传第五》）

四、改变参与者的组织结构

改变参与者的组织结构是指将参与者所在系统的组织结构进行调整，以改变参与者做事的积极性，从而改变管理机制。

组织结构（organizational structure）是表明组织各部分排列顺序、空间位置、聚散状态、联系方式以及各要素之间相互关系的一种模式，是整个管理系统的“框架”。常见的组织结构形式包括直线制、职能制、直线-职能制、事业部制、模拟分权制、矩阵制、扁平制等。这些不同的组织结构适用于不同的机制。

1. 直线制组织结构

直线制是最早也是最简单的组织形式。它的特点是企业各级行政单位从上到下实行垂直领导，下属部门只接受一个上级的指令，各级主管负责人对所属单位的一切问题负责。厂部不另设职能机构（可设职能人员协助主管负责人工作），一切管理职能基本上都由行政主管自己执行。直线制组织结构的优点是结构比较简单，责任分明，命令统一。缺点是它要求行政负责人通晓多种知识和技能，亲自处理各种业务。这在业务比较复杂、企业规模比较大的情况下，把所有管理职能都集中到最高主管一人身上，显然最高主管是难以胜任的。因此，直线制只适用于规模较小、生产技术比较简单的企业，对生产技术和经营管理比较复杂的企业并不适用。

2. 职能制组织结构

职能制组织结构，是各级行政单位除主管负责人外，还相应地设立一些职能机构。例如，在厂长下面设立职能机构和人员，协助厂长从事职能管理工作。这种结构要求行政主管把相应的管理职责和权力交给相关的职能机构，各职能机构就有权在自己业务范围内向下级行政单位发号施令。因此，下级行政负责人除了接受上级行政主管人指挥外，还必须接受上级各职能机构的领导。

职能制的优点是能适应现代化工业企业生产技术比较复杂、管理工作比较精细的特点；能充分发挥职能机构的专业管理作用，减轻直线领导人员的工作负担。但缺点也很明显：它妨碍了必要的集中领导和统一指挥，形成了多头领导；不利于建立和健全各级行政负责人和职能科室的责任制，在中间管理层往往会出现“有功大家抢、有过大家推”的现象。另外，当上级行政领导和职能机构的指导和命令发生矛盾时，下级就无所适从，影响工作的正常进行，容易造成纪律松弛，生产管理秩序混乱。由于这种组织结构形式的明显缺陷，现代企业一般都不采用职能制。

3. 直线-职能制组织结构

直线-职能制，也称生产区域制，或直线参谋制。它是在直线制和职能制的基础上，取长补短，吸取这两种形式的优点而建立起来的。目前，绝大多数企业采用这种组织结构形式。这种组织结构形式是把企业管理机构和人员分为两类：一类是直线领导机构和人员，按命令统一原则对各级组织行使指挥权；另一类是职能机构和人员，按专业化原则，从事组织的各项职能管理工作。直线领导机构和人员在自己的职责范围内有一定的决定权和对所属下级的指挥权，并对自己部门的工作负全部责任；而职能机构和人员，则是直线指挥人员的参谋，不能对直接部门发号施令，只能进行业务指导。

直线-职能制的优点是：既保证了企业管理体系的集中统一，又可以在各级行政负责人的领导下，充分发挥各专业管理机构的作用。其缺点是：职能部门之间的协作和配合性较差，职能部门的许多工作要直接向上层领导报告请示才能处理，这一方面加重了上层领导的工作负担，另一方面也造成了办事效率低。为了克服这些缺点，可以设立各种综合委员会，或建立各种会议制度，以协调各方面的工作，起到沟通作用，帮助高层领导出谋划策。

4. 事业部制组织结构

事业部制最早是由美国通用汽车公司总裁斯隆于 1924 年提出的，故有“斯隆模型”之称，也称“联邦分权化”，是一种高度（层）集权下的分权管理体制。它适用于规模庞大、产品品种繁多、技术复杂的大型企业，是国外较大的联合公司所采用的一种组织形式，近几年我国一些大型企业集团或公司也引进了这种组织结构形式。事业部制是分级管理、分级核算、自负盈亏的一种形式，即一个公司按地区或按产品类别分成若干个事业部，从产品的设计、原料采购、成本核算、产品制造，一直到产品销售，均由事业部及所属工厂负责，实行单独核算，独立经营，公司总部只保留人事决策、预算控制和监督大权，并通过利润等指标对事业部进行控制。也有的事业部只负责指挥和组织生产，不负责采购和销售，实行生产和供销分立，但这种事业部正在被产品事业部所取代。还有的事业部则按区域来划分。

5. 模拟分权制组织结构

这是一种介于直线职能制和事业部制之间的结构形式。许多大型企业，如连续生产的钢铁、化工企业由于产品品种或生产工艺过程所限，难以分解成几个独立的事业部。又由于企业规模庞大，高层管理者感到采用其他组织形式都不容易管理，这时就出现了模拟分权组织结构形式。所谓模拟，就是要模拟事业部制的独立经营，单独核算，而不是真正的事业部，实际上是一个个“生产单位”。这些生产单位有自己的职能机构，享有尽可能大的自主权，负有“模拟性”的盈亏责任，目的是要调动他们的生产经营积极性，达到改善企业生产经营管理的目的。需要指出的是，各生产单位由于生产上的连续性，很难将它们截然分开。就以连续生产的石油化工产业为例，甲单位生产出来的“产品”直接就成为乙单位生产的原料，这当中无须停顿和中转。因此，它们之间的经济核算，只能依据企业内部的价格，而不是市场价格，也就是说，这些生产单位没有自己独立的外部市场，这也是与事业部的差别所在。

模拟分权制的优点除了调动各生产单位的积极性外，还有解决了企业规模过大不易管理的问题。高层管理人员将部分权力分给生产单位，减少了自己的行政事务，从而把精力集中到战略问题上来。其缺点是，不易为模拟的生产单位明确任务，造成考核上的困难；各生产单位领导人不易了解企业的全貌，在信息沟通和决策权力方面也存在着明显的缺陷。

6. 矩阵制组织结构

在组织结构上，把既可以按职能划分的垂直领导系统，又可以按产品（项目）划分的横向领导关系的结构，称为矩阵组织结构。

矩阵制组织是为了改进直线职能制横向联系差缺乏弹性的缺点而形成的一种组织形式。它的特点表现在围绕某项专门任务成立跨职能部门的专门机构上。例如，组成一个专门的产品（项目）小组去从事新产品开发工作，在研究、设计、试验、制造各个不同阶段，由有关部门派人参加，力图做到条块结合，以协调有关部门的活动，保证任务的完成。这种组织结构形式是固定的，人员却是变动的，需要谁，谁就来，任务完成后就可以离开。项目小组和负责人也是临时组织和委任的。任务完成后就解散，有关人员回原单位工作。因此，这种组织结构非常适用于横向协作和攻关项目。

矩阵结构的优点是：机动、灵活，可随项目的开发与结束进行组织或解散；由于这种结构是根据项目组织的，任务清楚，目的明确，各方面有专长的人都是有备而来的，在新的工作小组里，他们能沟通、融合，能把自己的工作同整体工作联系在一起，为攻克难关、解决问题而献计献策，这种机制使从各方面抽调来的人员有信任感、荣誉感，增加了他们的责任感，激发了其工作热情，促进了项目的实现；它还加强了不同部门之间的配合和信息交流，克服了直线职能结构中各部门互相脱节的现象。

矩阵结构的缺点是：项目负责人的责任大于权力，因为参加项目的人员都来自不同部门，隶属关系仍在原单位，只是为“会战”而来，所以项目负责人对他们管理困难，没有足够的激励手段与惩治手段，这种人员上的双重管理是矩阵结构的先天缺陷；由于项目组成人员来自各个职能部门，当任务完成以后，仍要回原单位，容易产生临时观念，对工作有一定影响。

矩阵结构适用于一些重大攻关项目。企业可用来完成涉及面广的、临时性的、复杂的重大工程项目或管理改革任务。特别适用于以开发与实验为主的单位，如科学研究单位，尤其是应用型研究单位等。

7. 扁平制组织结构

扁平制组织结构是指通过大量的个人学习特别是团队学习，形成的一种能够认识环境、适应环境、进而能够能动地作用于环境的有效组织。也可以说，是通过形成弥漫于整个组织的学习气氛，充分发挥员工的创造性思维能力而建立起来的一种有机的、高度柔性的、扁平的、人性化的、能持续发展的组织。学习型组织为扁平化的圆锥形组织结构，金字塔式的棱角和等级没有了，管理者与被管理者的界限变得不再清晰，权力分层和等级差别的弱化，使个人或部门在一定程度上有了相对自由的空间，能有效地解决企业内部沟通的问题，因而学习型组织使企业面对市场的变化，不再是机械的和僵化的，而是“动”了起来。不过，随着经济全球化和社会分工的精细化，扁平化组织也会遇到越来越多的问题，在不断地分析问题、解决问题的过程中，学习型组织“学习”的本质对人的要求将越来越高。

以上介绍了不同的组织结构以及优缺点，在管理机制设计中，可以根据系统内参与者的数量、属性、类型等设计不同的组织架构，使系统机制更有效地运行。

第六节　改变参与者进行机制设计的基本流程

上面介绍了改变参与者进行机制设计的基本模式，本节将介绍如何利用上述基本模式来进行机制设计。其基本流程如下。

步骤 1：将参与者进行分类，分析其特点。

找出系统中所有参与者，将参与者按照前面所说的主体、客体和介质的不同类型进行分类，并分析出每个参与者在机制运行中的特点。

分析参与者的特点的环节，重点分析参与者对于目标的动力情况。

步骤 2：分析参与者之间的作用方式与组织架构。

分析参与者之间的作用模式，如果他们之间有组织结构，还需要分析他们的组织结构。这个过程用作图的方式表示出参与者之间的作用方式与组织架构。

步骤 3：分析参与者中可改变的所有可能方式。

根据前两步的分析，通过对照"改变参与者进行机制设计的基本模式"，找出参与者中可改变的所有可能方式。把所有可能性一一列出来。

步骤 4：对所有可能方式进行可行性分析。

对步骤 3 中的可能的方式进行可行性分析，主要分析每种方案能够起到的效果、管理成本、实施的难度等。

步骤 5：选出最佳方案。

根据步骤 4 的分析结果，选出所有方案中的最佳方案，有的时候好几种方案组合起来效果更好，那么就选择其最佳组合方案。

步骤 6：实施并验证最佳方案。

实施选择的最佳方案，通过实施来对方案进行进一步验证。

步骤 7：调整或重新选择方案。

根据步骤 6 的验证结果，如果方案实施效果不理想，可能需要对方案进行调整，甚至是重新回到步骤 1 重新设计新的机制。如果实施效果好，则可以继续运行，如图 3.17 所示。

下面以一个密集人群疏散管理的案例为对象对改变参与者进行机制设计的基本流程进行分析：

在城市密集人群场所，一旦发生突发事件，会引起人群惊慌并四处奔逃，在慌乱之中很容易形成拥挤踩踏事故，造成更大的伤亡。管理者应该设计防止突发事件中人群四处奔逃而产生拥挤踩踏事件的机制。下面以地铁站的突发事件人群疏散为例，将利用改变参与者的方式进行机制设计。机制设计的目标是建立良好的人群疏散机制，让更多人在发生突发事件时更好地逃生。

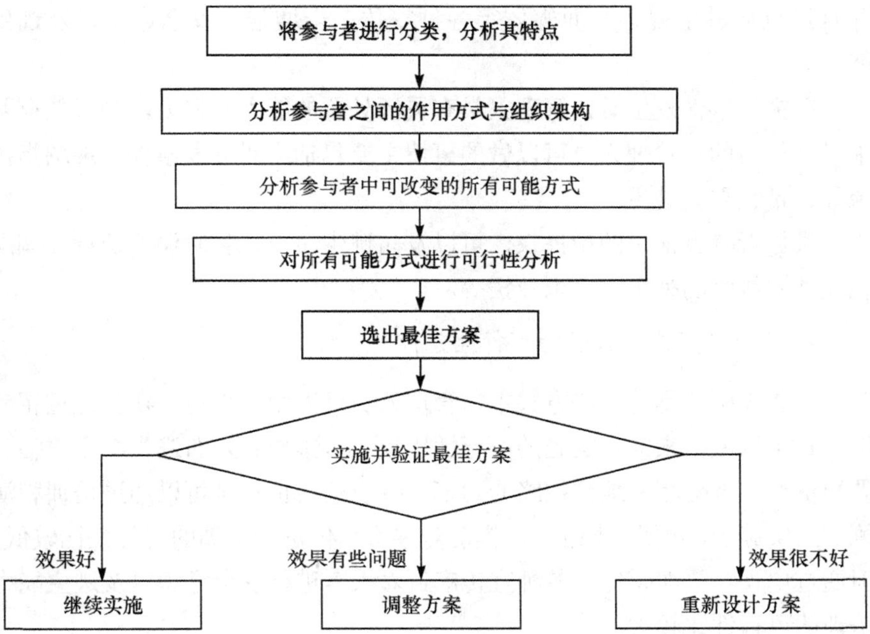

图 3.17　改变参与者进行机制设计的基本流程

1. 参与者分类

参与者分为：乘客（客体）、地铁现场工作人员（执行主体）、地铁领导者（支配主体和设计主体）。

乘客的特点是，他们具有很强的临时性，对于突发事件的情况、逃生路径和逃生方式等认识不够清楚。如果没有人引导，很容易盲目乱跑。

地铁现场工作人员的特点是，他们对于日常管理比较熟悉，对于突发事件的情况，尽管会在培训中涉及，但实际经验不足。

地铁领导者的特点是，他们可以做出决策、调配资源等。

2. 分析参与者之间的作用方式

地铁领导者与地铁现场工作人员是指挥与执行的关系，也可以说是命令与被命令的关系，地铁现场工作人员会听从领导者的指令做事。地铁现场工作人员和乘客是管理与被管理的关系，乘客会按照地铁现场工作人员的引导来行进。

3. 分析参与者中可改变的所有可能方式

乘客群体是不固定的群体，没办法通过提前培训等方式让他们改变，但是他们会听从管理人员的现场引导，因此可以通过引导等改变其行为，并且可以通过电视、平面媒体等各种宣传广告增强其安全意识以及逃生能力。

在突发事件发生时，管理人员有灵活处置的能力与权力，是最能在其中发挥作用的。管理人员可以做的事情主要包括应对突发事件、现场指挥疏导、带领乘客逃生。

领导者具有很高的指挥权，可以发布逃生命令，临时调配资源、调配相关地铁线路的列车、寻求救援等。

4. 对所有可能方式进行可行性分析

步骤 3 中提到的这些方式中，管理人员可以做的事情，在其经过相应培训是可以做出来的，实施的可行性比较大。领导者发布逃生命令，临时调配资源、调配相关地铁线路的列车、寻求救援也都是可以通过培训和演练等来实施的，可操作性强。而提前对乘客群体进行培训的可行性比较低，但通过电视、平面媒体等各种宣传广告对乘客进行安全意识以及逃生能力培训的可行性比较大。

5. 选出最佳方案

从步骤 4 中可以看出最佳方案包括：

1）对管理人员和领导者进行突发事件应急处置的实操性培训和演练。

2）对乘客通过电视、平面媒体等各种宣传广告增强其安全意识以及逃生能力。

6. 实施并验证最佳方案

实践证明步骤 5 的方案效果良好，无须进行下一个步骤的调整。

本章小结

管理机制的设计具有浓重的人为色彩，它的实施过程主要受参与者的影响。本章主要介绍管理机制的参与者，包括设计主体、执行主体和监督主体、客体和介质，并论述了通过改变参与者的属性来达到机制设计的目标，然后对机制执行过程中设计主体和执行主体之间的博弈行为、监督主体和执行主体串谋、监督主体权力滥用以及串谋和权力滥用同时存在的情形进行了建模分析，并提出了防范串谋的一般条件。除此之外，本章还考虑了机制执行的程度和监督主体的反馈同时对设计主体的判断产生影响的情形下，执行主体和监督主体进行串谋的可能性和防范串谋的条件。最后，通过改变参与者分析机制设计的基本模式，提出了相应的设计流程。本章内容为参与者的分析和整个管理机制的设计奠定了理论基础。

第四章　管理机制中的“关系”

第一节　“关系”的概念

“关系”是管理机制设计过程中需要重点考虑的部分，适当的关系模式是管理机制成功运行的关键。因此，对关系模式的概念的全面把握是必要的。对关系模式研究之前，需要对“关系”本身进行研究。本章将从“关系”本身入手，对“关系”的概念、分类、影响因素等进行探索式研究。

“关系”在《辞海》中的中文解释：①事物之间相互作用、相互影响的状态；②人和人或人和事物之间某种性质的联系；③对有关事物的影响或重要性；值得注意的地方；④泛指原因、条件等；⑤表明有某种组织关系的证件；⑥关联；牵涉。

“关系”在牛津在线词典中的解释：名词[大众名词]，（中国）促进企业和其他交易的社会网络系统和有影响力的联系。来源于普通话，字面意思为“连接”(noun[mass noun]:（in China） the system of social networks and influential relationships which facilitate business and other dealings. Origin: Mandarin, literally “connection”)。

新华词典在线中对于“关系”的解释与《辞海》的解释大同小异，具体包括以下几种含义：①事物之间相互作用、相互影响的状态；②人和人或人和事物之间的某种性质的联系；③对有关事物的影响或重要性，值得注意的地方；④泛指原因、条件等；⑤表明有某种组织关系的证件；⑥关联，牵涉。

“关系”在英文中一般可翻译成 relationship, connection , nexus 等。这些英文在词典中的解释分别是：relationship，名词：①联系，关联，人际关系；②亲属关系，姻亲关系。connection，名词：①连接，联络，衔接；②关系，关联；③接驳转运的火车（或船，飞机等）；④亲属，姻亲，社会关系；⑤（业务上的）客户，（可资利用的）熟人；⑥亲属关系，业务往来。nexus，名词：①联结，连锁，联络，关系；②一系列，一组；③核心，中心，交叉点。

综合以上关于“关系”的概念，可以认为管理机制中的“关系”有两层含义：一层含义是指两种事物之间的相互作用；另一层含义是指维系整个管理机制运行的网络结构。

第二节 “关系”的分类

社会思想家很早就关注到社会关系问题，它可以说是一个经典研究课题。马克思认为社会是由相互关联的个人组成的，而人的本质在其现实性上，是一切社会关系的总和。“关系”是一个非常复杂的概念，生活中的亲戚关系、朋友关系、上下级关系、父母关系、师生关系等都属于“关系”研究的范畴，按照不同的规则可以把“关系”分成不同的类别。

1. 按照关系的稳定性的程度划分

按照关系的稳定性的程度可以把关系分为稳定关系、较稳定关系、较不稳定关系和不稳定关系四个类别。其中，稳定关系是指与生俱来的社会关系，它不以人的意志为转移，如父母关系、姐妹关系等；较稳定关系是指一旦确定关系之后，基本上不会发生太大的改变的关系，如婚姻关系、师生关系等；较不稳定关系是指确定关系之后发生改变的可能性较大，如合同关系、满意度较高的客户的关系等；不稳定关系是指极易发生改变的，人们可以由自己的主观喜好发生改变的关系，如必需品维系的客户关系等。

2. 按照方向性划分

按照方向性可以把关系划分为单向关系和双向关系两大类别。虽然关系可以是先天赋予也可以是后天形成，但关系的维系却往往需要后天的努力，其关键在于关系双方或多方的互动性。这是由于关系维系所表现出的互动性使得大多数情况下关系被认为是双向的、相互的，其实不然。在生活中也存在一些单向关系，如对于一个追星的人来说，他所崇拜的明星的生活中的点点滴滴他都清楚，但是明星却对他的生活一无所知。

3. 按照形成关系的原因是否是管理规范的规定分类

按照形成关系的原因是否是管理规范的规定可以把关系分为隐性关系和显性关系两种类别。本书认为显性关系是指管理规范规定的、法定需存在的关系，如领导与下属的关系。隐性关系是与显性关系相对的概念，是管理规范中没有进行规范的关系，但在管理机制运行的过程中这种隐性的关系有的时候可能会比显性关系发挥更大更重要的作用，这从唐太宗在即位之初对官员的权宜任用中可见一斑。唐太宗统治下的唐朝之所以可以达到天下大治的理想局面，得益于唐太宗与魏征这对明君与贤臣背后互为所用的隐性关系。如今我们都知道唐太宗在玄武门之变后并没有对魏征这个原东宫属官赶尽杀绝，这背后的原因除了惜才爱才，其实也是考虑到在控制山东士族势力时魏征不可代替的牵制作用；而魏征也可借这一机会大行“谏议大夫”之责，进言太宗以“亡隋”为鉴，以达到不与高丽开战、减少山东赋役的目的。

4. 按照权力的大小分类

按照权力的大小可以把关系分为上下级关系和平级关系。上下级关系又可以按照是否是隶属关系分为隶属关系、业务指导关系和非隶属非业务指导关系三个类别。在这三个类别关系中，隶属的上下级关系是强的关系，如在企业中，经理和业务员是隶属的上下级关系，如果经理让业务员做一件事情，一般就是命令，业务员必须做，关系强度高。上下级的业务指导关系则相对较强；非隶属、非业务指导的上下级关系则弱。平级关系则可以按照关系的强弱分为法人单位内部的平级关系和法人单位之间的平级关系。例如，某市城管局下属的两个处室之间就是法人单位内部的平级关系，某市城管局下属的某个处室和环保局下属的某个处室之间就是法人单位之间的平级关系。可用表 4.1 来表示。

表 4.1 按照权力的大小对关系的分类

关系		强度
上下级关系	隶属关系	强
	业务指导关系	较强
	非隶属、非业务指导关系	弱
平级关系	法人单位内部的平级关系	较强
	法人单位之间的平级关系	较弱

5. 从职位和权力两个方面对关系进行划分

在对关系进行划分的时候，职位和权力是分不开的。于是可以从职位和权力两个方面对关系进行划分。如图 4.1 所示，有权有职是正确的关系，社会上或工作中大部分存在的也是这种关系；有权无职是实质上的关系，虽然没有职位权力，但是却有着实质上的权力关系，如专家权；无权有职则是虽然拥有职位但是却没有实质上的权力，即形式上的权力，如名誉职位等。

职位＼权力	有	无
有	正确的关系	形式上的关系
无	实质上的关系	其他关系

图 4.1 按照职位和权力对关系的划分

6. 根据关系固定程度划分

根据关系的固定程度的不同可以将关系划分为固定关系和非固定关系。固定关系是指在某种程度上关系较难发生变化，非固定关系是与固定关系相对而言较易发生变化的关系形式。而区分固定关系与非固定关系的最直接有效的判别方法应是：关系是否可以解除。简单地说，只要关系是可以解除的，就可被认作是非固定关系。亲属关系（包括父母兄弟、表兄表姐、堂兄堂妹，甚至“七大姑八大姨”）是固定程度最强的一种关系，即便在当今社会有些母女或父子因为种种矛盾不惜发声明声称断绝关系，但这样的断绝只会影响相关方日常的交往频率和程度或者相互的责任与义务，并不能否认其在法律上或者生物学上的血缘关系。除此之外的其他关系都可视作非固定关系。当然，有些关系的固定与非固定是与时空有关的，我们可以把一些关系认为是相对固定关系，即在一定的时空范围内或满足其他条件下的固定关系。相对固定关系的本质在于关系可以解除，但解除需要付出当事人不愿意付出或承受不起的代价，如解约需要支付巨额赔偿金的契约关系。

7. 根据主客体之间的匹配方式划分

根据主客体之间的匹配方式可以将关系划分为一对一的关系形式、一对多的关系形式和多对多的关系形式等。其中，一对一的关系如消费者投诉时的属地原则；一对多的关系形式又可以分为向上一对多、向下一对多、平行一对多三种形式；多对多的关系是指存在多个主体和客体，每个主体可以对应多个客体，同时每个客体也可以对应多个主体，如在学校，老师可以给多个班级的学生上课，每个班级的学生又有多个老师上课。

8. 按照关系的强弱程度划分

马克·格兰诺维特（Granovetter）在《弱关系的力量》（*The strength*

of weak ties）（Granovetter, 1973）中按照关系的强弱把关系划分为强关系和弱关系，他认为在人与人、组织与组织、个人与社会系统中强关系和弱关系发挥着根本不同的作用。他认为，强关系在群体、组织内部的关系维系中起到主要作用；而弱关系则在群体之间、组织之间使人们建立起了纽带关系。图 4.2 可形象地说明强关系和弱关系在组织或群体内部、群体之间或组织之间的关系。

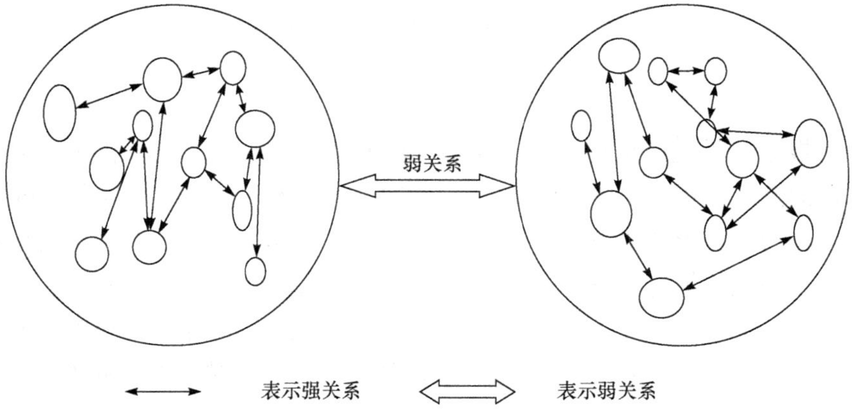

图 4.2　强关系与弱关系的示意图

第三节　“关系”在管理机制设计中的作用

一、确定事物在机制中的地位和角色

为了实现机制设计的目标，在设计过程中要确定关系的类型，然后机制中所有的对象都依照关系赋予的地位和角色运行。如果确定的关系类型与机制设计的目标不匹配，那么机制的运行无论在人力资源方面还是物质资源方面都是一种浪费，最终无法达到之前所设定的目标；但是如果确定的关系类型与机制设计的目标匹配，那么机制中的事物只要按照已确定的关系类型运行并且不发生偏移，就会最终实现目标。

二、影响机制的约束条件发挥应有的作用

机制在按照设计好的关系类型运行的过程中，必定会受到来自内部或是外部的环境的影响。机制中的事物与外界其他事物的关系或是在机制运行过程后形成的关系，在机制运行发生突发事件时，会在一定程度上影响这些约束条件对机制运行产生的作用。例如，某企业在已设计好的关系模

式运行的过程中，由于资金的暂时缺乏，无法正常地运行，如果这家企业的人员与银行的领导层关系密切，那么企业的资金短期周转问题也许就会得到一定程度上的缓解。但是，关系的这种影响作用是具有双向性的，反过来，如果这家企业之前与银行的关系恶劣，那么就可能会出现银行不会帮助该企业解决暂时资金周转的问题。

三、维系机制架构的作用

从机制的整体角度上看，机制中的各个对象都是由关系联系在一起的。按照前面进行的显性关系和隐性关系划分，显性关系维系的是机制中的正式关系的状态，隐性关系维系的是机制中非正式关系和其他关系的状态。如果把关系从某个机制中提出来，那么整个机制就会处于无法运转的状态。

第四节　“关系”的影响因素

从历史的角度来看，人类的历史是一个以各种团体方式共同谋求生存与发展的历史。在维系团体所必需的各种社会关系中，责权利关系是最基本的关系。从系统论的角度也同样验证了这个观点，只是在责权利的基础上同时更多地关注了血缘关系的作用。总结以上这些观点，我们认为在研究各种关系时，可以从“职责权利情”五个方面出发，更好地把握关系的本质，发挥关系的作用。

一、职位、责任、权力、利益和情感的分析

1. 职位

职位对关系的影响主要来源于职位所赋予的社会地位，这种社会地位不仅会在工作的场合影响人们之间的关系，而且在其他非工作场合也会影响关系。因此，本书认为职位是影响关系的一个基本因素，尤其是随着社会的发展，人们对于自我价值的实现更重视，这种作用也会更加明显。

2. 责任

责任关系是组成社会关系中至关重要的部分。个体的生存和发展有赖于其所在的群体和社会，而社会的存在与维系又有赖于特定的生态环境，个体、社会与环境共同构成了一种联系紧密的依存关系。为了维持和稳固这种依存关系，人类社会在漫长的发展历程中形成了种种法律法规、社会

道德、伦理规范用以规定或约束人的言行和思想。责任便是各种法律法规、社会道德、伦理规范的基础。一般情况下，责任在形成过程中同时受先天和后天因素的影响而有所不同。法律责任是最低限，如果触犯法律就应该承担相应的刑事或是民事责任；但是道德约束只是来自于个人的自觉或是舆论的压力，如果违反了道德法则，可能只会自责或是受到来自于舆论的一些压力，并承担其带来的后果；社会道德则是介于法律责任和道德之间的一种责任。

3. 权力

对于权力的分类，组织理论之父韦伯曾经提出，任何组织都必须以某种形式的权力作为基础，否则任何组织都不能完成自己的目标。韦伯认为社会中存在三种权力，分别为传统权力、超凡权力和法定权力。其中，传统权力是指由于遗传而获得权力，现实生活中这种传统权力主要存在于承袭制的一些组织中；超凡权力是指拥有权力的人具有一定的人格魅力，可以使得其他人愿意追随他，从而拥有的权力；法定权力一般是指来自于职位的权力，即有明确的规范界定处于这种职位的人应该拥有怎样的权力。

4. 利益

按照利益相关性的强弱可以把关系分为利益共赢型、利益互斥型和单方存在利益型三种类型。其中，利益共赢型是指在进行一项交易或是处于一套流程中的 A、B 双方，A 在追求或得到自己利益的同时不损害 B 追求或得到利益；利益互斥型是指在进行一项交易或是处于一套流程中的 A、B 双方，A 在追求或得到自己利益的同时使得 B 无法得到其所追求的利益；单方存在利益型是指在进行一项交易或是处于一套流程中的 A、B 双方，A/B 在追求或得到自己利益的同时需要得到 B/A 的合作或是帮助，而 B/A 却在此次活动中得不到任何的利益。

当事物之间存在的关系是利益互斥型时，机制基本上无法顺利运行，除非它们减少利益或是寻求合作，向利益共赢型转变。例如，甲企业和乙企业同时进军某未开发市场，但是该未开发市场较小，不足以支持两个企业，那么只能甲企业或乙企业中的一个企业进入。两个企业同时进入会造成该市场上的机制基本上无法顺利运行，需要甲企业或乙企业达成合作。例如，其中一个企业进入该市场，并由进入该市场的企业给予主动放弃进入该市场的企业一定的利益补偿或是在其他项目上共同合作。

特朗普与希拉里——昔日好友，今日政敌

2016 年特朗普与希拉里竞选美国总统吸引了世界各国各界人士的目光，或预测“谁当选”的可能性大，或分析“谁当选”对美国或其他某个国家更有利，或调侃爆出有关特朗普和希拉里的各种八卦猛料……总之，其关注热度丝毫不输诸如“奥运会”这样的世界级体育盛会。但是，当世界各地的吃瓜群众在电视机前看到特朗普与希拉里在总统竞选现场歇斯底里的画面时，一股感叹穿过人们的内心，曾经，特朗普在希拉里和克林顿婚礼上逗得希拉里发自内心开怀大笑的挚友情，如今早已荡然无存。那么，让这对昔日好友演变为“不友好”今日政敌的原因是什么呢？政治错综复杂，自然不是任谁都能掰扯清楚的，但任谁也都无法否认这背后“利益”作为“罪魁”所做的“贡献”吧。

（改写自新京报微博，https://news.qq.com/a/20160313/007927.htm）

5. 情感

在机制运行过程中，事物之间存在的情感关系在某些时候可能会超出利益和权力的界限。根据徐敏的研究，遇到火灾逃离现场后如果发现朋友没有出来时，回返率达到了 68.1%，当家人没有跟着自己跑出来时，回返率更高，达到了 74.5%（徐敏，2007）。但是，却很少有研究显示人们会为了领导或是自己的利益对手而冒着生命危险重返险地救援。情感还会影响很多决策和行为，这也是很多小企业家倾向于家族企业模式的原因，有了亲情的束缚，关系会更稳固。情感关系的存在，会让人更愿意为与两个人关系相关的事情负责，更具有责任心，利益也会更一致。

二、“职责权利情”的概念性模型——楔形模型的分析

在自然和给定的两个维度上对职位、责任、权力、利益和情感分别进行分析，每个因素都会在一定程度上呈现出某种规律，将这些规律抽象出来，可以用楔形进行形象化的展现和描述。因此，本节将这些因素所呈现出来的不同楔形用一幅图呈现出来，并对其分别刻画，就形成了“职责权利情”的概念性模型——楔形模型。本节将重点介绍该概念模型。

1. “职责权利情”型的楔形模型分析

“职责权利情”五个方面的关系共同之处是：这些关系部分来源于自然形成的关系，如血缘关系；部分来源于人造关系——给定的关系，如由职位决定的上下级关系。可用图 4.3 来表示。

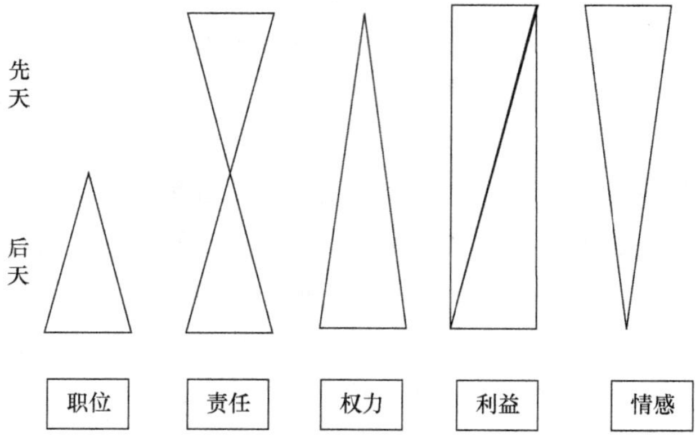

图 4.3 职位、责任、权力、利益、情感在自然和给定两个维度上的示意图

（1）职位——半倒楔形

现在社会生活中，工作是生成关系的重要方式之一。但是这种在工作中生成的关系几乎不受先天因素的影响。一般情况下，一个人只有具有完全民事行为能力以后才可以参加工作，于是，其工作所属的单位（企业或组织）便会赋予工作者一个职位，但这种由于职责占主要成分而带来的关系受后天因素的影响，会占很大的比重。一个组织在其整个生命周期的过程中，也同样受到职责的影响。例如，建设企业的职责是设计并生产出顾客需求的建筑物等。因此，职位是半倒楔形的，如图 4.3 所示。

（2）责任——对楔形

人的责任来源于他在社会分工体系中的地位，而在相当长的历史时期中，社会分工以固定化的形式造成了社会的等级和身份，每一种身份都有与之相联系的责任，个人只有履行这些责任才能与自己的身份相符合。在先天和后天两个维度上，研究责任关系形成的过程，会发现部分责任关系会呈现出以下规律：血缘在形成责任关系中占主要的成分；而随着时间的不断推移，后天也会在某一阶段相对比较集中地生成责任关系，如姻缘关系，而且伴随着姻缘关系的产生会同时带来其他重要的责任关系。这些规律可以用对楔形形象地表示，如图 4.3 所示。

（3）权力—— 倒楔形

自从有了人类，就有了权力现象。罗素（1991）认为：“权力是一个量的概念，假设有两个具有类似的欲望的人，其中一人除实现了另一个人所实现的全部欲望而外，还实现了其他一些欲望，那么，他就比另一个人有更多的权力。”尼采（1991）则对权力主体的个体规定性进行了具有普遍意义的阐释，认为：“每个有生命的有机体都在自己力量允许的范围内尽可能远地蔓延开去，并且征服一切弱小者。”作为权利得以实现和保障的工具，权力亦如权利一样，也是人与生俱来的，是随着人自然成长而不断壮大的。人作为一个有生命的有机体，也是在个人权力允许的范围内尽可能地释放和扩张自己的力量，并进行创造、占有和支配他物。因此，由于权力而形成的关系在生活和工作中会占有一定的比例。本书在对权力产生的关系研究中并不考虑世袭制的权力。虽然是否会拥有权力在某种程度上会受到一些先天因素的影响，但是后天对于人或是组织会产生更大的影响。人们经过后天的不断努力可能会拥有权力，但是由于权力而产生的社会关系也会不断地增多。综上可以看出，权力形成对关系的影响可以用倒楔形形象地刻画，如图 4.3 所示。

（4）利益—— 双楔形

在社会生活中，人们都是趋利避害的。这里所谓的“利”就是利益，指自己认为有用的事物，是满足人们需要目标的物。王伟光教授提出“利益是需要主体以一定的社会关系为中介，以社会实践为手段，使需要主体与需要对象之间矛盾状态得到克服，即需要的满足”。（王伟光，1988）利益可以简略地划分为物质利益和精神利益。人们对于利益的衡量取决于个人的评价准则，是价值观的一种表现。一般而言，人的境界越高越注重精神利益，经济基础越差越注重经济利益，通常随着年龄增长精神利益越加受到重视。在管理学领域，也有专家学者对利益做了研究，但是大部分是将其与责任、权力三者放在一起，研究它们之间的关系，并认为责权利是相互匹配、统一的关系。

利益关系是伴随人们一生的关系，所以对于利益的研究重点不在于其与责任和权力之间的关系，而是阐述其在社会关系中所占的比例和将对人们社会关系产生的影响等。本书从这个角度出发，在先天和后天两个维度上，认为利益对人们的影响是大同小异的，如图 4.3 所示，可以用双楔形形象地说明。

（5）情感—— 楔形

情感关系是指由血缘或是其他相互吸引的人格魅力表现出的相互之

间密切关注、荣辱与共的主观感受形成的相互影响的关系，如亲戚关系、夫妻关系、朋友关系等。在情感关系中，姻缘关系是可以因为感情破裂而随时终止的，朋友之间的关系也可以随时因为意见不合而终止。情感关系中比较稳定的是先天的血缘关系，这是不以人的意志为转移的，并且先天的情感关系比较稳定，对关系的影响力更大。例如，父母在孩子遇到危险的时候，通常会舍命救孩子，而一般朋友很难做到这种程度；家族企业中，哪怕孩子再不争气，也要把企业交给他继承。所以，情感因素大致上是先天因素大于后天的楔形模型。

2. 楔形模型的另一种表示方式及解析

个人或是组织的关系形成可能是这几种因素按不同比重的一个加权。楔形模型是从先天和后天的角度对关系的影响因素进行研究，如果把人的生长过程当作横轴，各个影响因素对关系的影响比重当作纵轴，如图 4.4 所示，就是对楔形模型的另一种图形化的描述，但是这个图形只是一个趋势的示意图，坐标轴的尺度也可能是不同的。

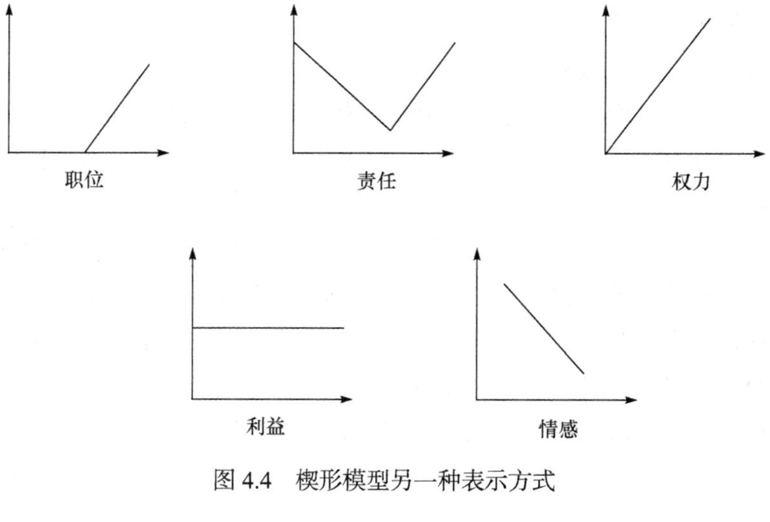

图 4.4 楔形模型另一种表示方式

综上，个人或是组织在不同的阶段会形成不同的关系，而这些关系是在职位、责任、权力、利益和情感等不同的作用下组成的。随着时间的推移，这些因素对于关系的形成所起到的作用也会发生变化，这些变化主要取决于个体不同的性格、心理、教育背景等因素的影响。

三、楔形模型的应用之情感——以家族企业为例

家族企业制度是指财产由家族成员统一占有并经营的企业制度。这是

家族企业的最基本特征。在我国，家族企业从 20 世纪 80 年代起步，现已成为我国经济的重要组成部分。家族企业具有一些特征：①家族企业的产权制度有利于降低代理成本；②家族企业的血缘关系有利于风险共担；③家族企业的利益共享性有利于企业做出最优决策。下面给出一个具体的例子。

湖北省体制改革委员会民营经济研究所会同有关部门从 1995 年开始在全省范围内对私营企业进行了跟踪调查（李德军，2009）。项目组于 1996 年、1998 年、2000 年、2003 年、2005 年、2007 年对目标企业进行了 6 次综合性问卷调查，其间还不定期地进行过专题调查。依照自然人和家族成员合计股权在企业中占有绝对控股地位（股权超过 51%），或虽不绝对控股但为第一大股东，且父子（女）或夫妻，兄弟（姐妹）及近亲在企业中同时占有核心岗位或重要管理岗位的企业即为家族企业的标准，确定了属于家族企业的有 899 个。在跟踪调查的过程中，丢失样本 153 个。另外，1996 年第一次进行综合问卷调查时 34 个企业已经停业。1996 年进行调查时的家族企业的户数为 712 个。经过 12 年的市场搏杀，2007 年进行调查时，712 个企业只剩 82 个，如表 4.2 所示。

表 4.2　样本企业 12 年演变情况一览表

年份	1996	1998	2000	2003	2005	2007
样本数/个	712	546	487	354	206	82

注：项目组于 1996 年、1998 年、2000 年、2003 年、2005 年、2007 年对目标企业进行了 6 次综合性问卷调查，所以仅有 6 年的数据，时间跨度是 12 年

由表 4.2 可以绘制出图 4.5 中的图（a），它和图（b）显示出相同的发展趋势，图（b）展示了随着时间的流逝，家族企业中的情感关系在弱化。众所周知，家族企业有两个重要的问题：一个是企业在不同发展阶段如何处理家族成员与利益之间的关系问题；另一个是传承问题。

对于家族企业发展问题，有专家认为有两个瓶颈：一个是创业阶段完成后向快速发展阶段转换的时点；另一个是生命周期的稳定阶段结束企业转而进入衰退阶段的时点。家族企业在创业阶段一般需要参与创业的家人一起努力参与进来，由于情感关系较强，因此可能不会明确地指出利益的分配等问题；但是创业阶段完成之后，快速发展阶段企业的利润不断增加，就会逐渐出现利润如何分配等一系列的问题，如果处理不当可能就会造成企业无法继续发展甚至倒闭。因此在企业快速发展阶段，不可避免地会面临利益关系和情感关系如何合理安排的问题。实际上，在企业创业阶段和

快速发展阶段就是要重点处理好情感与利益在关系中的权重问题。由于情感关系是家族企业建立的基础，所以家族企业应该让以情感形成的关系所占的比重与其他因素相比占有一定的优势，其次才是利益问题。但是，大部分企业在其发展的过程中可能会使利益所占的比重超过情感关系所占的比重，这样就可能会造成情感关系出现不信任等问题，最终导致整个家族企业无法发展甚至破产。

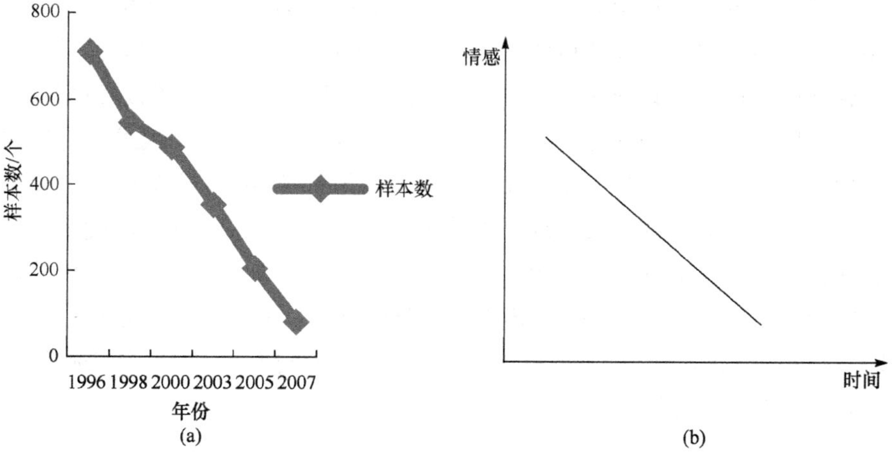

图 4.5 样本企业 12 年演变情况图

美国布鲁克林家族企业学院的研究证实，全球有 70%的家族企业未能传到下一代，88%的企业未能传到第三代，只有 3%的家族企业在第四代及以后还在经营[①]。即便是这样还有少部分家族企业成功地传承到四代以上，除了对接班人能力的培养之外，还要培养他们正确处理职位、责任、权力、利益和情感在关系中所占比重的问题。例如，李锦记一向重视“家”的观念以及“思利及人”的核心价值观，充分说明了该家族企业把情感关系的比重放在了比较重要的位置，因此，该企业能够传承百年而欣欣向荣。

第五节 “关系”的模式设计

模式是指“用图像形式对某一客观现象进行有意简化的描述，试图表明的是任何结构或过程的主要组成部分以及这些部分之间的相互关系”。它也是“科学研究中以图形或程式的方式阐释对象事物的一种方法”。时间的

① 转引自搜狐网《88%的家族企业未能传到第三代，企业该如何打破“富不过三代”的魔咒》，www.sohu.com/a/307117249_708527。

变化或是社会环境的变革都会影响或引起关系模式的变化，因此，一般情况下对于关系模式，专家学者从历史的角度出发进行研究。例如，对于民族关系的研究表明，在民族形成的历史过程中，不同的社会形态里的各种社会主体在处理民族关系上存在着不同的方式，久而久之便形成了不同的民族关系模式。归纳起来主要有三种模式：第一种是主导民族接受少数民族的接受型模式；第二种是主导民族不接受少数民族和外来民族的排斥型模式；第三种是先进发达的主导民族团结少数民族从而实现各民族平等的融合模式。当然，也可以根据民族关系模式的转变分析国家发展的变迁。例如，有学者根据统一多民族国家、主体民族和少数民族共存的结构设定，依据民族意愿的策略选择和认同倾向两个维度，把多民族国家的民族关系分为四种模式：争论型、和谐型、争夺型与互惠型，并结合这四种模式在多民族国家的表现形式和发展趋势上分析多民族国家发展的深刻变迁。也有学者从历史发展的角度对传媒与政府的关系模式进行了研究和总结，根据西方政府在不同历史时期对传媒功能的不同认识，将西方政府与传媒的相互关系概括为三种模式：集权模式、自由模式、责任模式。

综上，本书认为对于关系模式从历史的角度出发进行研究无可厚非，然而如果想要得到关系模式的一般形式，仅从历史的时间角度出发是不够的，还要在对多事物之间的固有模式研究的基础上，总结其中存在的规律。因此，本书将从这个角度入手，对多事物之间的关系模式进行探索。

一、多事物之间的关系模式

随着时间的变化，关系模式会不断地适应环境的变化。然而，这些关系模式的变化，一般都是一些类型的关系模式的重新组合。本书认为，可以将这些关系模式总结为链式、环式、放射式和网络式四大类，下面分别对这些模式进行介绍。

1. 链式

如果多事物之间存在的关系是链式的，如图 4.6 所示为三个事物之间的链式关系，则多事物的链式关系都可以分解为单个或多个三个事物链式关系。如果三个事物是链式关系，那么中间的事物就会成为前后两个事物的信息或资源的传递纽带，两端的事物一旦与中间节点失去联系，将会被孤立。例如，在四川汶川发生地震后的应急救援过程中，山区分散的灾民一般都是通过走出去几个灾民与救援队伍取得联系再来救援其他灾民的方法获得救援。如果把这些看成简单的如灾民—走出去的几个灾民—救援队伍的三事物组成的链式关系结构，那么在这个事件中走出去的灾民或搜救人员就是处于中间节点的事物，一旦走出去的灾民找不到救援队伍，就相当于链式关系断裂，如图 4.6 中的虚线所示，灾民就无法得到救援。

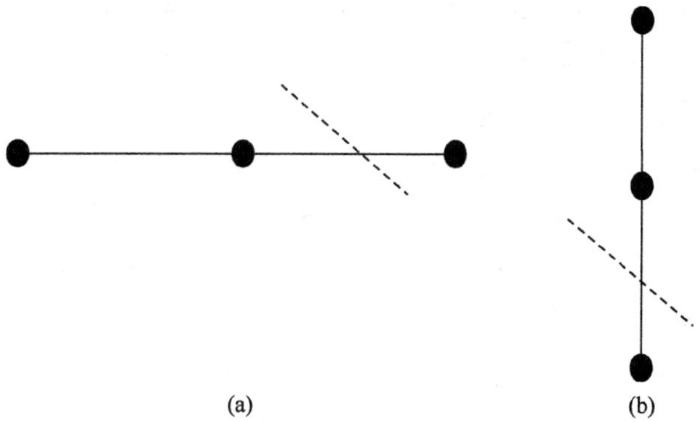

图 4.6　链式关系示意图

但是，链式结构的关系在某些需要保密的管理机制中的运用还是很广泛的。例如，在警察需要有犯罪团伙内部人员提供更确切的消息或是查找犯罪证据的时候，派出去的卧底就与他的上司直接取得联系并且是单线联系，因为这样可以确保卧底的人身安全。从广泛意义上而言，管理中的属级关系也属于链式关系的范畴，例如，假定公司从最高领导到最普通职员各级代表分别为 A_1—A_2…A_n，尽管根据公司赋予各级的职权 A_1 可以直接给 A_3 分配任务，A_3 有事情也可以直接报告 A_2，但在实际的管理中为了避免管理混乱从而提高管理效率，A_1 总是先分配任务给 A_2，A_2 再酌情分配工作给 A_3。相应地，A_3 在汇报工作或其他情况时通常也要先报直接上司，忌讳越级上报。链式关系在管理机制中是一种最直接、最基本的关系模式，下文提到的集中关系模式其实都是以链式关系为基础的。

2. 环式

环式关系进一步细分为单方向的环式关系、局部单方向的环式关系和双方向的环式关系。不妨假设是顺时针的单方向环式关系，如图 4.7 所示，环式关系在某一个环节发生断裂，于是断裂处的两端点事物只能单方向地传递信息、资源等，也就是说，只能从一个端点传向另一个端点，得不到信息的反馈，即事物之间的关系就会转化成链式关系的结构；局部单方向环式关系在一般情况下信息和资源的传递也会是单方向环式，但是如果在某个关系处发生断裂，那么就可能会在双方向的局部形成信息或是资源传递的小环，局部被孤立的事物则会陷入瘫痪，如在某些企业里面，刚进去

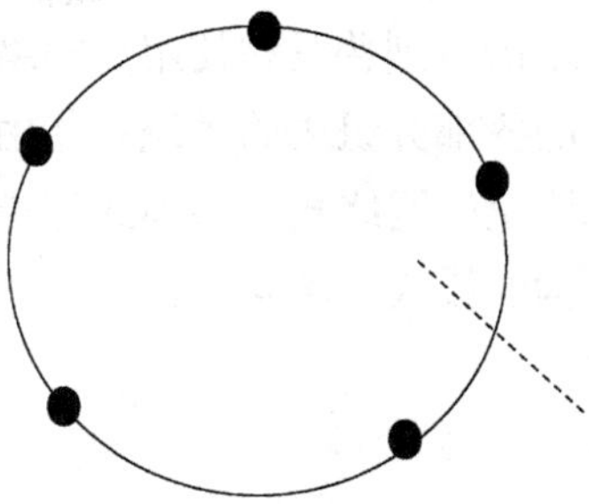

图 4.7 环式关系示意图

的新同事只跟他的上司联系而与同事则无联系，而老同事们之间则往往有联系，那么如果上司在通知一些事情的时候，假设只通知了某些人，新同事恰好没有得到通知，那么新同事就会不知道信息，从而陷入孤立，而老同事们即使不是所有人都会被通知，但是都会知道信息的内容，从而形成局部的环式关系；双向的环式关系即使某个环节出现断裂，剩下各事物之间也会形成一个新的单方向环式关系结构，几乎不会影响各事物之间信息或是资源的传递，不会导致管理机制失效，但可能会导致管理机制发挥作用的效率变低，或者整个管理机制的运行变得迟缓。

在现实生活中，朋友组成的局部关系圈也符合环式关系模式。例如，办公室的一群人一起工作一段时间后，可能就会成为朋友，于是组成一个朋友环，接着朋友的朋友不断地加入这个朋友环中，使得这个环的外延不断地扩大，当这个环的外延大到一定程度时，就会在环的某个地方断开，再形成不同的小环。然后，不断地重复这个过程，达到一个动态的平衡。

3. 放射式

放射式关系模式一般是指在机制运行过程中需要多事物把信息或是资源都集中到中间节点，中间节点再把信息筛选、分配或是传递给上级领导等。这种模式一般出现在秘书式的企业中。例如，公路上发生车祸、铁路上发生动车追尾、家里发生盗窃等突发事件发生的时候，人们都会拨打110，于是这些信息就会集中于110客服中心，然后110客服中心根据不同的状况把信息传递给不同的应对部门。如果把信息汇集到中心的某个部门与中心部门失去联系，那么只会孤立出自己，并不会影响其他部门与中心之间按照关系模式继续运行。另外，各种调度中心，如国家电网调度中心、灾害救援时的物资调度中心、车辆调度中心等，都是典型的放射式关系模式（图 4.8）。

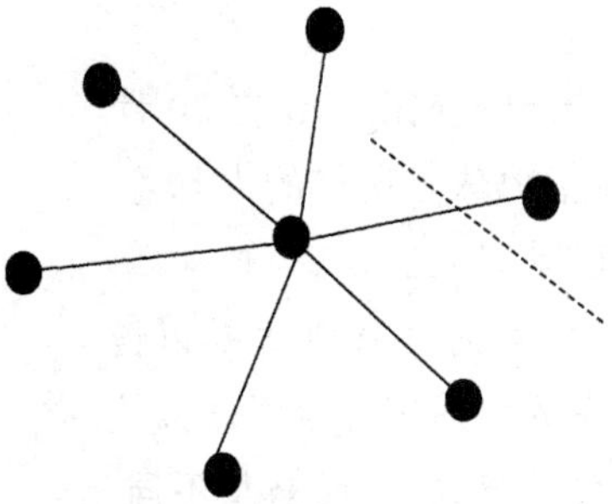

图 4.8 放射式关系示意图

4. 网络式

近些年随着电子计算机等信息技术的发展，与网络相关的一系列相关术语得到普及和使用。网络或网的基本含义是指：①网状物；②相互交织的各部分组成的系统；③由技术器件或设施组成的具有一定功能的系统。这里的网络式关系模式是指人们之间的相互关系相互交织而形成的网状结构的模式（图 4.9）。

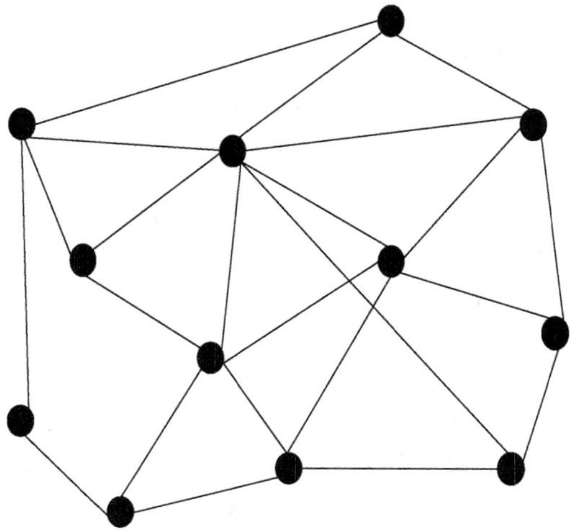

图 4.9　网络式关系示意图

哈佛大学心理学教授斯坦利·米尔格拉姆（Stanley Milgram, 1933—1984）于 1967 年做的一次关于信件传递实验发现任何两个陌生人之间所间隔的人不会超过六个。也就是说，人们生活的整个社会就是一个大的交织的网络，其中的两个人之间没有相互关系并不会影响这个社会机制的顺利运行。

六度人脉理论

六度人脉的概念是由美国心理学家 Stanley Milgram 在 20 世纪 60 年代提出并验证的。六度人脉，即指地球上所有的人都可以通过六层以内的熟人链和其他任何人联系起来。

六度人脉概念反映了世界上人与人之间的关系模式是以链式为基本模式的。那么，如果将这些链中的相同节点合并，就会形成一张关系网（即上文所说的网络式关系模式）。而当从不同的角度观察关系网时，就会呈现出上文所提到的环式、放射式。例如，当人们想了解某个人的交往圈时，以此人为中心与其有直接关系的人为节点就会形成一种放射式的关系模式。

（引自《六度人脉》；李维文，2012）

二、改变关系模式的方式

上文对于我国关系模式的研究进行了梳理，并且总结出了关系的一些基本模式，然而关系的基本模式只是对组成复杂关系模式给出了组成部件，下文将重点介绍对日常生活中或是设计复杂关系模式时，如何通过改变关系的属性来设计关系模式的一些途径或方法。

（一）改变关系的对象

管理机制中的七大元件之一——“关系”不仅指参与者之间的关系，也包括环境与参与者之间的相互关系。因此，改变关系的对象就是改变参与者或是环境规制达到设计关系模式的目的。而关系模式则是由上述基本模式组合而成的。

1. 直接更替对象

关系的模式中包括六类参与对象相互间的关系，这六类对象包括主体、客体和介质、时间规制、空间规制、动力及约束机制。在进行关系模式设计的过程中，可以通过直接更替对象达到设计目的，而更替对象又可以分为直接更替相同类型的对象和更替不同类型的对象两种方式。例如，在关系的模式中，某两个对象之间的关系是主体与主体之间的关系，但是这种关系不能达到管理机制设计的目标，需要将原来的关系改为主体与客体的关系，那么在这个过程中就相当于更替了不同类型的对象，而如果主体与主体的关系形式能够达到管理机制设计的目标，只是对象本身不适合该关系形式，那么可以直接更替相同类型的对象，更替之后仍然是主体与主体之间的关系形式。

2. 改变对象数量

对象的改变也会使关系发生变化，主要包括减少和增加两种方法。

1）减少原来对象：某些情况下，可能会因为参与的对象过多引起关系模式发生改变，从而使管理机制的运行不顺畅或发生改变，导致目标无法实现，这时就需要通过减少对象来改变发生扭曲的关系模式。如图 4.10 所示，A 代表三鹿集团“三聚氰胺事件”，B 代表商务部，C 代表农业部，D 代表卫生部，E 代表其他相关部门。B、C、D 和 E 都是因为要解决“三聚氰胺事件”而参与进来的，但是要想从根本上解决“三聚氰胺事件”所引发的问题，并不是简单地责成卫生部协调解决此事，而应该将各个相关部门通过一个综合的协调部门（如应急办公室）解决，而这个综合的协调部门则在一定程度上减少了关系模式中的对象，从而高效率完成目标。

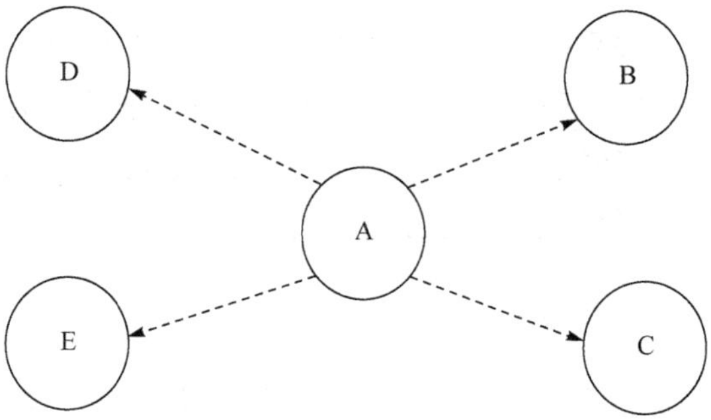

图 4.10 改变关系对象的模式示意图

2）增加新的对象：如企业的招聘机制，企业可以向不同的组织发出招聘邀请，A 代表企业，B、C、D 和 E 则分别代表不同的人才组织。企业在外部招聘时，A 可以向 B 发出招聘邀请，如果没有招聘到合适的人才，那么 A 也可以向 C、D 或是 E 等发出招聘邀请，从而达到招聘合适人才的目标。

（二）改变关系类型的模式

关系的类型中有主体与主体、主体与客体、客体与客体、主体与介质、客体与介质之间的关系，也存在主体与时间、客体与空间等关系形式，这些关系类型都可以通过时间规制、空间规制、能量规制的影响发生改变，从而达到改变关系类型的目的。

1. 改变时间规制

管理机制的运行都是有时间限制的，于是对象之间的关系形式最终也会发生改变。最常见的随着时间的改变关系类型发生改变的是世界格局的变化，随着时间的推移，各国之间的关系会产生变化。

2. 改变空间规制

在不同地点运行的管理机制一般会有不同的运行结果，这种差异可能会由不同地域的环境所决定，因此，在进行关系模式设计的过程中，可以通过改变空间规制达到影响或是改变关系模式的目的，从而达到管理机制设计的目标。例如，位于非省会城市的某企业，由于地域原因，无法享受到政府部分的优惠政策，那么该企业可以通过将企业的一些业务或是部门搬到省会，从而更有利地利用省会的一些优势。

3. 改变能量规制

无论是自发的机制还是助发的机制，它们都会在一定的约束条件下运行，并且这些运行都需要动力。能量不同，机制运行的效率和结果可能也会不同。例如，博弈中的囚徒困境，各参与者都是在他们各自的动力和约束的条件下选择占优策略，从而会出现一种俱损的情况，但是一旦改变其中的某些条件，如参与者不是竞争对手而是亲人或是挚友，也许在囚徒困境的条件下也会出现双赢的局面。

（三）改变关系程度的模式

在一定时间内，人们可以同时联系的他人是存在上限的，这也是组织层级发展的原因之一，而联系其实是关系的另一种说法。对影响关系的因素进行细微的调整，可能会使得人与人之间的关系发生较大的改变。假设个人关系的上限值为一个定值，职位、责任、权力、利益和情感是组成这个定值的分数额，那么在进行关系模式设计的过程中，首先需要考虑在影响既定对象中，关系的这五种属性的优先排序，然后针对这五种属性的排序进行必要的调整，以便达到设计目标。例如，企业在合作谈判中，如果单从利益的角度考虑，有的时候很难达成协议，往往可以通过增加感情的投入达成最终的协议。

在设计过程中，首先要对参与者之间的“职责权利情”的属性进行分析，分析哪些是可以改变的，哪些是难以改变的。针对可以改变且对参与者影响较大的属性进行设计，从而更加高效地达到设计目标。因为在关系模式设计的过程中，所需要的“职责权利情”所占比重是不同的，因此需要设计主体通过分析调查得到。

本章小结

日常生活中，人们经常面对和处理各种各样的关系，但是关系往往很难用语言进行准确的描述。在管理学的机制设计中，关系是机制设计的重要组成部分，决定了机制设计的基本方向。只有对机制中的各种关系进行深入、深刻的分析，才能设计出合理科学的机制。对各种关系进行清晰、系统地分析，在复杂的系统中梳理出各部分的关系，对机制设计具有重要的理论意义和实践意义。本章从职、责、权、利、情五个方面对关系进行了探讨，并提出楔形模型及关系设计模式，以及如何改变关系，对关系进行了系统性分析，为关系研究提供了基本理论框架。

第五章　管理机制中的能量规制设计

现代管理学之父彼得·德鲁克曾说，任何一个组织都需要两种人——一种是官僚主义者，一种是疯子。官僚主义者保证了组织按照某种秩序运行，我们称之为“企鹅”；而疯子试图用新方法、新观念挑战秩序，我们称之为“孔雀”。“企鹅”代表一种企业文化和思维方式，通常不愿突破组织固有的模式和秩序，如一种“约束力”深植于管理系统当中，使组织在瞬息万变的局势中保持一定的稳定性。与此同时，我们也需要“孔雀”为组织提供新思路和创造力，获得高效益，像蕴藏在管理系统中的一股“动力”，时刻准备着为组织发力。二者相互依存、相互促进、协同合作，推动组织的高效运行。（哈德利和施密特，2008）

我们知道，管理要解决的问题90%是共通的，在每类管理问题上我们都需要一套系统完整的管理机制来指导和规范管理活动和参与者的行为。管理机制的设计就是为了实现组织的功能而对系统的结构和运行提出要求，包括关系模式设计、时间规制设计、空间规制设计以及动力与约束规制设计等。正是因为组织中往往存在如管理大师彼得·德鲁克所述的“企鹅”和“孔雀”两种角色，一个组织才会在循规蹈矩、稳中求进的同时又插上奋飞的翅膀，也就是在有约束的同时兼具动力驱动。动力如发动机一般有规律地推动组织向前发展，增添组织活力；约束像法律一样在保护参与者利益的同时又在规范和限制他们的行为，让组织在稳扎稳打中不断前进，给管理活动营造出一个和谐高效的内部环境。丹麦首都哥本哈根市郊的皇冠假日酒店首席执行官艾伦·阿格霍尔姆就是一个拥有奇思妙想的“孔雀”，2010年年初他通过发起“骑车发电赢午餐”活动让更多的顾客有了到访酒店的巨大动力，同时设立了给客人的汗水“明码标价”这样一项标新立异的规则，该活动启动之后，得到了大量顾客的认可，不仅使酒店获评“斯凯尔国际生态旅游奖”，而且也为顾客带去了更好的体验和更大的效益，实现双赢。因此，一项管理活动的有效运作需要动力和约束的协同与配合，充分地设计和利用好两个规制是管理机制顺利运行的保障。

第一节　管理机制的环境概述

机制是管理之源，不同的环境会形成各种各样的机制，不同的机制又会造就不同的管理效果。环境这个易被忽略的因素在机制的设计当中起着举足轻重的作用。

在经济领域，机制设计理论是这样一种理论框架，它是在信息不对称和信息分散的情况下，帮助人们以定量分析的手段，设计或识别一种机制来保证用最低的成本达到既定社会目标，即资源配置帕累托最优的实现。经济机制设计理论是在博弈和社会选择这样一个大背景下逐步展开研究的，而管理领域的活动不像经济活动那样具有自由选择和决策分散化等特点，而是常常带有强制的意味，在对管理机制进行研究时就需要优先考虑其运行环境，包括外部环境和内部环境。外部环境是指外部的条件对于系统运行的影响，进而影响管理机制顺利运行的因素，主要包括时间规制和空间规制两大环境变量。内部环境是指管理机制参与者从内部出发形成的、进而阻碍或是有利于管理机制运行的因素，主要包括动力与约束规制。管理机制环境三要素相互影响、相互转化、相互促进，共同决定机制运行的环境，影响参与者的决策和最终目标的实现。

在管理机制设计过程中，分析环境变量的变化对机制的设计有着重要作用，一方面主体和客体的行为一般不会使环境变量发生较大的改变，另一方面，某些环境变量的改变可以驱使主客体的行为发生定向改变。环境的改变与机制的设计有着密不可分的联系，也时刻影响着管理活动的践行效率。另外，在人类管理活动中，尤其是应急管理更加注重效率和结果，管理机制也会因为资源、时间、空间等的有限性对其设计提出更高的要求。因此，如何根据管理目标和管理活动运行的环境特点设计合理的机制，并确保其良好运行是管理机制设计中的关键问题。

一、管理机制的外部环境

在中国古代，早有“四方上下曰宇，往古来今曰宙”之说，这里的“宇”和“宙”就是空间和时间的概念，是最早的时空定义。哲学上，空间和时间的依存关系表达着事物的演化秩序。而在管理中，时间和空间是机制设计中的两个相对独立的外部环境因素，对管理机制的设计与运行都有着重要的影响。

时间规制是对机制作用的环境从时间角度的描述，可以从时间点、时间长度、时间周期及其组合方式等不同的角度来对时间进行研究。由于时间是客观存在的，人们不能改变时间，但是可以通过设计时间规制，改变使用时间的方式，提升时间价值。一个合理的时间规制设计能够以较低的成本实现管理机制设计的目标，并提高实现目标的效率。

在管理机制设计中，空间规制的利用和设计对整个机制的有效运行起着非常重要的作用。与时间规制不同，空间因素包括位置和可用空间两类，不仅可以通过改变空间位置使机制发生变化，而且也可以通过改变运用的方式使机制发生变化。从宏观的国家层面来说，对空间合理规划的设计是经济增长、城乡区域协调、增强可持续发展能力以及提高国际竞争力的战略考虑。从微观的层面来讲，空间规制的设计是个人高效达到目标的有力保障。例如，不同城市的城市规划不同，城市所体现出来的作用不同，城市的运行方式也不同。“孟母三迁”所讲述的就是孟子的母亲通过对外部环境中空间规制的设计，为年幼的孟子营造了良好的教育环境。

二、管理机制的内部环境

管理机制的内部环境主要是指动力与约束规制。对于管理机制的参与者而言，只有他们是有目标、有需求的，动力与约束规制才能发挥它们应有的作用。从广义上来理解，动力与约束规制可以理解为机制的激励因素，包括正激励和负激励两个方面的含义。任何一个激励制度的设计必须将激励主体与客体的目标相结合，只有在主客体目标相一致，也就是经济学上阐述的激励相容的情况下，才能有效实现机制的目标。动力约束结合在一起可以这样理解，它表示动力约束主体根据管理机制的目标和参与者的行为规律，通过各种方式的动力规制去激发参与者，使得参与者具备一般内在的要求和动力，主动产生积极性和创造性，与此同时利用不同形式的约束规制来规范参与者的行为，促使管理活动朝着动力主体所期望的目标前进的过程。动力与约束不仅会直接作用于个人，而且会间接地影响周围的个体与群体，使机制内逐渐形成一种优良的环境和风范，更富有生机。

动力规制是指管理机制设计的过程或目标，是参与者想要实现目标的一部分或者是能够满足需求，主要包括正向的精神激励和物质激励两部分。约束规制与动力规制相对应，但并非完全对立。它主要是指一种为了达到管理目标而主动设置出来的作用积极正面的限制或者规则，对管理机制的运行有着强大的促进效应。动力与约束有着不同的功能，两者既相辅相成，又缺一不可。对于管理活动的参与者而言，首先要有动力，没有动力客体就没有积极性，那么一切管理活动的推动就无从谈起。同时，每个客体要对他产生的后果负责任，也就是说，他的行动要受到约束。在实际的管理工作中，要具体情况具体分析，在偏重动力或者偏重约束之间适当地做出选择，找到平衡。只有把二者很好地结合起来，才能调动客体的积极性，并与主体利益一致，实现激励相容。

在管理机制设计理论中，动力与约束规制、时间规制及空间规制三者相互支持又相互制约，任何一种规制形成短板都有可能影响机制目标的实现。这三大环境要素间还可以相互转换，形成优势互补，协同增效，从多个角度确保管理机制目标的实现。

鱼 竿 和 鱼

有两个饥饿的人得到了一位长者的恩赐：一根鱼竿和一篓鲜活硕大的鱼。其中一个人要了一篓鱼，另一个人要了一根鱼竿，之后他们分道扬镳了。得到鱼的人原地就用干柴搭起篝火煮起了鱼，他狼吞虎咽，很快，连鱼带汤就被他吃了个精光，之后再也没有找到食物，不久他便饿死在空空的鱼篓旁。另一个人则提着鱼竿继续忍饥挨饿，一步步艰难地向海边走去，可当他已经看到不远处那片蔚蓝色的海洋时，他也用完了浑身最后一点力气，只能带着无尽的遗憾撒手人寰。

（引自 http://www.ruiwen.com/wenxue/yuyan/40481.html）

这则寓言其实是为了警醒世人要同时重视长远利益和眼前利益，以及要分工协作，不能只顾埋头单干。如果两人对待长者的馈赠能更加理性，结局定不至于如此让人唏嘘。管理机制设计中动力与约束规制、时间规制及空间规制三者之间的关系，正如鱼和鱼竿的使用一样，应该相互配合。但是在求生之路上，应怎样更合理、更科学地发挥其作用呢？这就是下面要讲述的内容。

第二节 动 力 规 制

自古以来，动力就是一切力量的源泉，人们常常把动力分为两类，包括机械做功类和管理促进类。一切社会活动都是由人参与的活动，因此，要提高社会活动运行的效率，就必须认真研究调动人们积极性的动力规制问题。同时，动力规制的设计必须具有一定的激励作用，再优秀的激励机制对缺乏需求的人来说都是没有效果的。

在两个人分馅饼的问题上，人们最终能够接受的规则是一个人切，另外一个人选择。这就是说一个有效的制度必须是具备激励功能的制度，拍卖这种经济活动之所以要求应当有两个或两个以上的竞买人，就是要体现这种制度的激励功能，因为多个竞买人的参与或存在（即使他不报价），对竞买人的报价行为都将具有激励作用。

规制可从时间、空间和能量三个纬度进行分析。事实上，这也是对机制所处环境的描述，因此也将时间规制、空间规制及能量规制统称为环境变量。

一、动力规制的内涵

力是物理学中的基本概念之一，是使物体获得加速度或形变的外因。在动力学中它等于物体的质量与加速度的乘积。动力即一切力量的来源，主要分为机械类和管理类。在机械学中，动力是指使机械做功的各种作用力，如水力、风力、电力、热力等；在管理学中，动力就是参与者之间为达到组织目标而产生的促动作用，是对工作、项目、进程、目标实现过程等的前进和发展起促进作用的力量。

物理学中的力包含三个基本要素：大小、方向和作用点，除此之外，力的作用方式也会影响力的效果。在此，将影响力的作用效果的因素称为制动因子。相应地，管理学范畴内定义的动力，同样有大小、方向、作用点以及作用方式这些制动因子，动力通过改变制动因子对动力效果施加影响。

由此，动力规制可以定义为在一定的环境下，参与者为了达到机制目标，而相互作用产生的正向促动行为。

二、动力规制的类型

从动力的内涵可知不同的制动因子会产生不同的动力，从而表现出不同的行为方式。基于动力的内涵，从不同的视角，可以将动力分为以下几类。

1. 按照施加动力的大小，可以将动力分为强动力和弱动力

对于管理活动而言，不同的动力规制会有不同程度的表现，即有强弱之分，它们对于客体起到的作用也不完全相同。一个情景下，将客体所能接受的最大动力值称为动力临界值，超过动力临界值时，动力便会转为压力作用于客体。当动力力度不高于动力临界值的时候称之为弱动力，反之，

当动力力度超过动力临界值时称之为强动力。把动力分为强动力和弱动力有利于把握动力本身对机制的影响程度。

2. 按照动力的驱动方向，可以将动力分为正向动力和负向动力

动力规制是一种刺激行为主体做出反应的设计过程。正向动力是指动力所驱使的机制目标和作用对象的利益诉求达成一致，此时动力规制的实施可以调动作用对象的积极性，个人目标和组织目标也会达成激励相容。相反，负向动力是指动力作用于对象的方式和行为主体的利益诉求不符，驱动方向与机制所期望的方向不一致，此时则会导致动力失效。海尔的“6S大脚印”在中国属于正向动力，而由于文化差异在美国被当成了负向动力，但智慧的管理者会很快将其重新转化为正向动力。

海尔的“6S 大脚印”

影片《首席执行官》讲述了海尔在其掌舵人凌敏（原型为海尔集团 CEO 张瑞敏）的带领下，由一个濒临破产的小冰箱厂一步步发展壮大为举世闻名的大型跨国企业的故事。其中提到了海尔的“6S 大脚印”方法，影片中这种方法是通过让出现差错的员工站在设置于生产车间的大脚印上，反省过失、吸取教训以及寻求帮助的一种手段。这种方式对产品质量和生产效率的提高以及企业文化的沉淀都大有裨益，但 1999 年在美国南卡罗来纳州的工厂却出现了负面影响。由于文化不同，当地一名叫海瑞的员工在没有完成任务还出了两台不合格产品后，拒绝站“6S 大脚印”，声称这是对其人格的侮辱，总之就是“你可以扣我钱，但不能丢我人”。凌敏得知后，转换方式，让优秀员工站在上面，使这种惩罚机制变成了一种奖励机制，“6S 大脚印”的激励作用仍然有效，问题迎刃而解。

（根据电影《首席执行官》与文稿《海尔的企业文化》改写，文稿参见 https://max.book118.com/html/2018/0622/5022013014001244.shtm）

3. 根据动力施加的作用点，可以将动力分为拉动力和推动力

为了达成特定的机制目标，参与者的选取需要有多样化、层次化、专业化、个性化等特征。拉动力是指对于那些目标明确、行动积极、极具带动力的参与者施予的导向力，拉动力需要引导个体行为与组织目标相一致。

推动力是指作用于那些目标模糊、行动消极的参与者的强势推力，以保证其不拖后腿。

4. 按照动力的作用方式，可以将动力分为内在动力和外在动力、直接动力和间接动力、有形动力和无形动力

1）按照动力的来源，可以将动力分为内在动力和外在动力。

动力的来源有两个：一是由外在因素激发的外在动力；二是参与者出于对自己的要求和追求而内生的内在动力。

外在动力是组织管理中最早认识和最常使用的激励方式，如物质奖励，主要以现金、绩效提成和股权等形式调动组织成员积极性，激发成员的外在动力。内在动力用以满足人的高层次的需要，工作本身的乐趣，自身的价值观、认同感、成就感等均属于内在动力的范畴。

2）按照动力的形成方式，可以将动力分为直接动力和间接动力。

直接动力作用于主客体后产生的动力作用结果具有因果关系，动力作用可以直接由主体授予客体。间接动力则不具明显的因果关系，需要通过介质的作用，改变主客体之间的作用模式，来完成动力的作用形式，如图 5.1 所示。

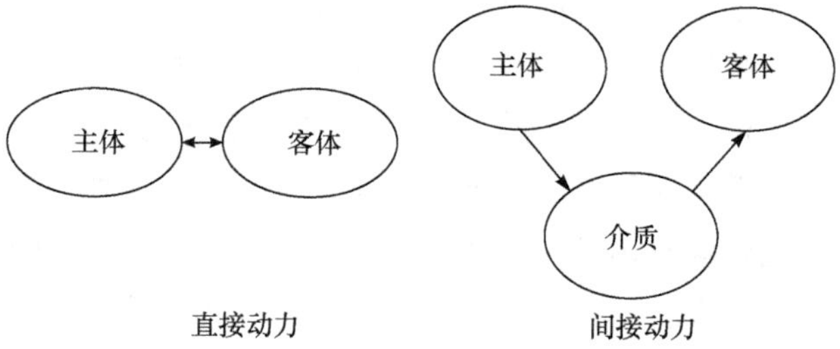

图 5.1 直接动力与间接动力

3）按照动力的存在形态，可以将动力分为有形动力和无形动力。

从动力形成的层级关系来看，动力形成于上下级间的授予和同级间的相互作用。上级设计不同的动力机制，以激发下级动力，这样被制度化或者只是默认于心的组织文化所形成的动力属有形动力。而偶然或时常，形成于同级之间人事关系的相互摩擦，出于组织中社会人关系所带给自身和对方的压力，属于无形动力。

三、动力规制的内在规律

研究动力的内在规律，可以使人们以最低的经济成本获取动力所达成

目标的最大利益。

1. 动力的影响因素

实际管理中的动力规制的设计需要借助参与者关系来实现。“职、责、权、利、情”是关系的五大构成要素，同样，这五大要素也可以影响动力规制。其中，“职、责、权、利”是外在动力的影响因子，而“情”则属内在动力范畴。

1）职。简单地讲，职位是指组织内的某个员工执行一定职务的位置。在同一时间内，组织人员数量和职位数量相当。从职位驱动动力的视角来看动力规制，“在其位，谋其职”是参与者动力产生的原因。

2）责。“责”与“职”密切相关，组织内各成员的职位决定了他们的任务目标，自然形成了责任，责任是个人对组织的承诺，是对组织目标的分担。由于责任包括应尽的义务和应承担的过失两方面内涵，并且责任应该使用量化的指标，至少要有明确的界定，所以对于责任，尤其是追责来说，体现在动力规制中更偏向于强约束性。因此，在职位和责任必然并存的情况下，会对参与者主体产生不同形式的动力。

3）权。权力本身就是作为个人或组织的目标存在，这是因为“权力”作为影响力的度量尺度，代表所能支配资源的内容与多寡。更进一步来说，权力作为一种宰制与被宰制关系的表述，是在反对情况下仍能实现自己意志的能力。为了借助权力而实现自己的意志，个人或组织便会产生获取和掌控权力的动力。

4）利。利益的追求包括物质生活和精神生活两方面。由马斯洛需求理论来看利益诉求：首先，人们追求物质利益。其次，人们追求社会地位。然后，除了金钱、地位的现实追求之外，人们追求面对未来的能量储备，包括知识、经验、技能、背景等。最后，声誉也是一种利益追求。一般而言，人的境界越高越注重精神利益，经济基础越差越注重经济利益，随着年龄增长精神利益越加受到重视。人们对利益的追求来源于人的本性，对个人利益的追求是个人活动的前提和最基本的动力。管理最深层次的要求就是要协调处理各方利益，以充分激发参与主体的动力，来达成组织目标。

5）情。“情”是内在动力的主要内涵，一方面由个人的价值观、兴趣爱好、自我要求所激发，另一方面由人际关系、人际情感所激发。首先，从马斯洛需求层次来说，情感动力来源于自我实现的需要，这主要体现为认同感、自信心、成就感。其次，人际关系、忠诚度、人与人间的情感纽带以及代表人物的影响力也都属于“情感类”动力。情感动力会产生更稳定、持久、积极的行为方式，在管理中经济成本最低却极为难得。

2. 动力的特点

1）动力是非强制性的，是由参与者内生或被激发后主动萌生的。

与约束规制不同，动力的内生或激发都是外界环境作用于对象后，受力对象主动产出的，即使压力施加于客体对象，所转化出的动力也是客体主动，人们不可能做到强制对象产生动力。

2）内在动力的激发可以有效降低管理成本。

对于内在动力的研究，开始于对这样一个组织——字幕组的好奇。

字幕组的特殊性在于其组成成员极少有专业翻译，而是来自各行各业。当然，更多的则是遍布全球的在校学生。他们只能用业余时间来翻译，但许多人在字幕上花的时间，甚至超过了工作和学习时间。翻译一集电视剧，要来回观看七八遍。有人翻译一次坐下就是八小时，中途不吃不睡。而在新一季热门剧开播时，多数字幕组成员会强烈要求组长把重要角色的戏份分给自己。

他们为什么对一份完全没有收入的工作这么投入？这些组织中为什么鲜有专业翻译人士？为什么一群志同道合的小伙伴投奔组织后，共同兴趣会激发出这么大的动力、效率与力量？如果他们有了固定收入，热情和积极性会不会更高呢？

通过对字幕组成员参与字幕翻译工作的研究，可以发现内在动力的激发、参与者由内而生的愿望，使其在忽略职位、责任、权力、利益等支持的情况下，更积极地投身于对工作、项目、组织目标的达成，从而大大降低了管理成本。内在动力是个人需要与组织环境的契合，在较大程度上受个人属性的支配，组织能够提供的激励只是一般性的，如人尽其才的人事制度、充分授权的工作机制、民主参与的决策机制、平等和谐的组织文化等。“知之者不如好之者，好之者不如乐之者。”如果各项工作都由“乐之者”担任，基本的内在动力就具备了。所以，选择合适的人投入工作岗位是激发内在动力的重要前提。

3）一些情况下，外在动力会破坏内在动力的激发。

“因利而聚必因利而散。”我们认为当受试对象对任务本身感兴趣时，提供奖励作为动力便是多余的。这就是著名的“德西效应”：当学生尚没有形成自发的内在学习动机时，教师从外界给以激励刺激，以推动学生的学习活动，这种奖励是必要和有效的。但是，如果学习活动本身已经使学生感到很有兴趣，此时再给学生奖励不仅显得多此一举，还有可能适得其反。

一味地奖励会使学生把奖励看成学习的目的，进而导致学习目标的转移，只专注于当前的名次和奖赏物。也就是说，外在动力和内在动力有一定的主次关系，在面对不同的激励目标时，要考虑外在动力和内在动力的强弱对比。当组织成员内在动力不足时，合理的外在激励可以为其提供一个清晰明确的目标，促使成员的个人目标和组织目标趋于一致，在成员目标达成、利益实现的基础上实现组织利益。此时的外在动力是必要和有效的。但如若组织成员已经具备较强的内在动力，则应慎用外在激励手段，因为奖励并不总是能达到预期效果。在应急管理中，常见的奖励失效的例子就是“争功效应”的存在。由于外在激励的强势介入，应急救援人员的内在动力弱化。

4）动力会随着外界环境的变化而变化，具有阶段性特征。

从马斯洛五层需求理论来说，动力规制的设计需要考虑客体在不同阶段的不同需求，针对客体的不同需求层次，设计出相匹配的阶段性动力规制。

5）动力的施予需要因人而异，同一动力形式对不同的人会产生不同的效果。

组织内部一个机制中的多位参与者分别被赋予不同的职责，会有不同的角色定位和行为特征。根据不同的角色特征，要适应其不同层次的需求，实现激励相配才能有效调动成员的积极性。

同级组织中差异性较明显的两类人，在此称作“鲶鱼成员”和“短板成员”，“鲶鱼成员”是指那些对组织环境起到“鲶鱼效应”的成员，他们乐观、积极、有活力，具有很强的感染力和影响力。对这类成员的动力施加要偏重妥善鼓励引导，使其在组织中起到“头羊”的作用。而“短板成员”是组织中贡献较弱、积极性较低、行为懈怠且目标不明确的成员，对这类成员则应施予比较强势的推动力，大多使用高压政策，使其不拖后腿。

6）动力的施予需要适度。

动力的施予要防止“揠苗助长”。动力的分类中提到，按照施加动力的大小，动力可分为强动力和弱动力。如若动力的施加超出了动力临界值，则动力可能会过犹不及转化为压力，对动力作用对象产生负向激励，反而降低管理效率，增加管理成本。

四、动力规制的设计模式

在对动力的含义、类型、特点进行分析的基础上，对于不同的情景，可以确定相应的动力规制的设计模式。动力规制的设计模式应该从创造动力和调整动力两个方面考虑。

1. 创造动力

动力规制的设计，首先应该分析参与客体是否具有内在动力以及其内在动力与机制目标是否相容。在客体内在动力不足或客体目标与机制目标不相容的情况下，则需要挖掘其与机制目标相一致的内在动力。而当内在动力无法有效完成机制目标时，动力规制须从“职、责、权、利、情”入手，创造激发参与者的外在动力。若参与者本身具备内在或外在动力，只是不足以高效地实现目标，此时应根据参与者动力现状，对其进行调整。

2. 调整动力

1）改变动力的大小。

动力大小的改变，包括动力由大变小和由小变大。

由大变小的动力规制模式是指通过减少驱动力来达到管理目标。当经济运行过热、有通货膨胀风险时，中国人民银行会采取货币紧缩政策，通过提高存贷款利率，鼓励人们把资金存进银行，降低人们将资金投入市场的驱动力。这就是一种由大变小的动力规制模式。

由小变大的动力规制模式是指通过增大驱动力以达到管理目标的规制模式。2014 年国务院接连出台多项政策支持小微企业发展，通过减少行政审批手续，加大减税力度和融资支持等措施，为小微企业的生存发展提供了强大助力。由小变大的动力规制模式不能盲目使用，当增加驱动力的投入时，要注意投入的时间、人力、物力、财力成本与预期增加效益的比例，避免做无用功。

2）改变动力的方向。

动力方向的改变是指通过路线轨迹的变动使客体的位移发生变化、转轨，以达到机制设计的目标。动力方向的改变需要把握形势、选对路线，否则客体会偏离正常的轨道，导致管理失效或目标难以达成。党的十一届三中全会实现了思想路线的拨乱反正，将以阶级斗争为纲的路线转到以经济建设为中心，实现了我国历史上的伟大转折。

丰田从建企以来一直秉承着安全至上的理念，曾靠长期的质量和技术优势坐上过全球汽车业界的头把交椅。然而，1998 年丰田开始推行“多用途汽车”计划，将安全至上、质量优先的理念转变为以数量和速度为重，在极度控制成本的同时也降低了产品质量，最终因质量问题多次在全球召回数目众多的汽车，使品牌形象遭到广泛质疑。

3）改变动力的作用点。

动力作用点的改变就是指改变作用于客体的位置、顺序等以达成管理目标。首位奖励制和末位淘汰制就是动力作用点改变的规制表现。首位奖励制是在绩效考核中根据各岗位员工的考核结果对得分靠前的员工进行奖励的制度，它作用于客体的前端，能起到拉动力的作用；末位淘汰制是对得分靠后的员工进行淘汰的制度，它作用于客体的末端，能产生推动客体进步的推动力。

五、动力规制的设计方法

在整个管理活动中，动力起着关键性的作用。不同的情景下需要不同的动力规制，对应不同的动力规制设计模式，最终需要一套系统的动力规制设计方法来完善管理机制的设计，并有效地应用于管理活动。基于上文对动力规制的含义、类型、特点及其设计模式进行的分析和归纳，笔者提出了管理机制设计中动力规制设计的一般流程及思路，如图 5.2 所示，具体步骤如下。

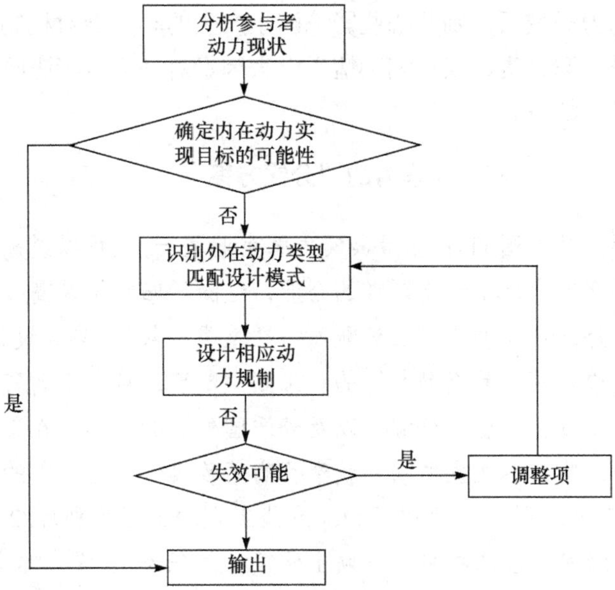

图 5.2　动力规制的设计方法

1. 分析参与者现状

进行动力规制设计，首先要确定动力规制涉及的参与者有哪些，确定参与者及人数，并分析其属性和角色特征。分析参与者现状是进行动力规制设计的第一步，只有确定了设计对象，对设计流程进行定性，才能进行接下来的设计。“知彼知己，百战不殆。”围魏救赵、泾阳之战、孟良崮战役等著名战役中，胜者最终赢得战争正是源自“知彼知己”，也就是建立在对战争参与者现状的掌握和分析之上。

2. 确定依靠内在动力实现机制目标的可能性

在管理学的动力规制设计中，进行效用最大化分析是要分析如何以最小的成本最有效地激发客体动力以实现机制目标。前文提出，内在动力的激发可以有效降低管理成本，所以在确定参与者现状后，应对参与者的内在动力状况加以确定和描述，确定其内在动力是否存在，描述其内在动力是否“不足”或“不容”。若动力作用的客体具备与机制目标相一致的内在动力，则动力规制设计会直接产出目标实现方式。若存在动力“不足”或“不容”，则需要进行到步骤3。

3. 识别可实现的外在动力类型，寻求外在动力的激发方式

当客体内在动力缺失、不足或者与机制目标不一致时，就应当考虑现有情境下可以实现的外在动力激发方式，以通过外在形式激发客体动力。确定可用动力类型后，判断哪些影响因子产生的动力会对机制目标造成影响，尤其是“职、责、权、利、情”五大因素对动力目标影响，确定对参与者动力激发的方式。

华为的“分钱方案”

华为是中国IT行业最具实力的企业之一，也可以说是少数能在如今全球市场中逆市飘红的企业，这除了归功于其高效的公司管理之外，还有便是员工薪酬——“懂得分钱”，华为设计了一套“定岗定薪，易岗易薪”的员工薪酬制度，将员工薪酬分为四部分：工资、奖金、分红，以及外派国外时的补助。在工资和奖金方面，华为在成立之初，就奉行高薪政策，普通员工的薪金被分为22个级别，13级以下为流水线工人的工资级别，22级以上为总裁级别。应届本科生、硕士研究生入职为13级，博士研究生为14级，每级工资差距大概在4000元，13级在9000～13 000元，14级为13 000～17 000元，15级为17 000～21 000元，以此类推。高薪政策作为一种外在动力，激发员工们的干劲。在分红

方面，尽管华为由任正非创办，但他仅持有1.4%的股份，其他98.6%的股份均由员工持有。这种集体持股的政策将外部制度逐渐转化为针对每一位员工的内部激励，培养了员工的“主人翁”意识。员工分享到了公司发展的利益，无疑会同公司同舟共济。

（引自《华为的“分钱”哲学》；卞志汉，2017）

4. 设计相应的动力规制

根据步骤3所确定的动力类别和性质的不同，匹配相应的设计模式，找到初步的可行性方案。前文将动力规制的设计模式分为创造动力和调整动力，主要分为改变动力的大小、改变动力的方向和改变动力的作用点这三种类别，这一步就应对它们进行逐个分析，判断并剔除不利于机制目标实现的因素，分析需要哪种设计模式来应对，并将该模式投入运行。这一步是整个方法设计中的关键一步，快速准确地识别出动力状态和相应的动力规制设计模式可以简化整个方法的设计流程，提高管理机制运行效率。

5. 分析动力激发方案的失效可能，判断调整项的必要性

步骤4中所确定的设计模式在实践中是否存在失效的可能。失效指的是已有的设计模式不再完全适应管理活动实际情况的需要，或者产生了明显的“副作用”，需要选择适当的调整项来修正动力规制设计模式。调整项主要考虑主体和客体，因为主体与客体的稳定性一般比较高，难以改变。如果机制在运行过程中，失效的可能被验证是小概率事件，则可以直接确定动力规制的设计模式；如果失效的可能具有明显的不确定性，则此时需要根据“职、责、权、利、情”的分析对设计模式进行适当调整，再返回至步骤3。

6. 输出动力规制的设计模式

经过步骤5的分析和反馈之后，就可以确定动力规制的设计模式，进而完善管理机制的设计，促进管理目标的实现。

第三节　约束规制

人类社会任何一种组织要持久地存在并进行活动，都须遵循一定的规则，受一定的约束，不可能是绝对自由、绝对无约束。无规矩不成方圆，

无制度则无国家。脱轨的列车，不但无缘自由，反而会导致灾难。我们要正视约束的存在，它不是限制参与者的自由，而是规范参与者的行为，为我们创造更加和谐的社会环境和更加美满的幸福生活。

一、约束规制的内涵

在古汉语中，约束是这样解释的：将丝缠绕成一束的动作称为“约”，缠绕好的丝称为“束”。它不仅强调约束的目的，还强调约束的行为。在现当代“约束”首先是一个逻辑学的术语。所谓某个名词短语受到“约束”，是指它与先于它的另外一个名词短语指同一客体；与其相对的是“自由”，是指它与先于它的名词短语不指同一客体。约束在不同的领域还有不同的含义，如物理学上把对非自由体的某些位移起限制作用的周围物体称为约束；在结构化查询语言中将约束划分为五种类型，包括主键约束、唯一约束、检查约束、默认约束和外键约束；在金融创新领域，西尔伯的约束诱致理论认为金融业回避或摆脱其所受的内外部制约是金融创新的根本原因；另外，Eliyahu Goldratt 提出并于 1984 年发表在他的著作 The Goal 中的约束理论（theory of constraints，TOC）指出，每个系统，无论运转优劣，都有至少一个约束限制其产能。罗振璧等（2003）给出了约束在 TOC 中的具体含义，界定约束是相对于系统的目标，实际限制其达到更高性能或业绩的任何事物。它与传统的“约束”概念是有区别的，通常讲的“约束”是指可能限制系统的条件与事物，而 TOC 中的约束是指对系统性能或业绩的实际限制。综上所述，约束被赋予的意义可以概括为制约、控制、瓶颈、束缚等，始终充当着“反面”角色。

在管理活动当中，参与者在适当的时候遵从一定的规则比他们始终自由存在于管理活动中更有利于管理目标的达成，尤其是在应急管理中。100 名众志成城的救灾人员和 100 名略有同情心的无聊看客起到的作用一定大不相同，因为前者是一个有着共同目标的集体，而后者相互间只是独立的个体，且没有明确的目标和方向。如果有一种内在的约束力和关系定义，则后者在突发事件面前可能又是另外一个样子，如由 100 名看客变成了 100 名志愿者，最终的效果一定是不同的。所以在管理机制设计理论中，要以管理目标为导向，通过设计一系列理性化规则对现有资源进行优化配置，以促使管理活动朝着期望方向发展，提高管理机制运行效率。这就是我们要研究的约束规制，它是一种为了达到管理目标而主动设计出来的积极正面的限制，可以是一系列规则、限定，也可以具体体现为资源的重新布局、时间或空间上的某种特殊规定、人际关系的适当调整、事务流程的合理转换或者对于参与者行为的某种导引等。约束规制本身没有正负向之分，只有当事件本身与其产生冲突时，约束表现为负向规制；当事件本身与其共鸣对应时，约束表现为正向规制。也就是给出了一个区间，区间之内是正向，区间之外是负向。

约束规制像机制一样有主观与客观之分，客观约束规制不掺杂人的作用，是自然形成的一种规则，如雨天影响出行、运动不能无限延续是由于机体能量有限；主观约束规制是由主体参与制定的或指导政策制定者完成的一套设计规则，可简可繁。例如，一个公司的打卡装置对员工行为的约束；应急机制中关于可度量的事件分类启动机制要根据事件之间的与、或关系，来选择是单信号启动机制、多信号启动机制，还是全信号启动机制，各种条件下对应的约束规制也不相同。对于参与者，只要他们是有目标、有需求的，约束规制就会发挥应有的作用。由于客观约束规制无法设计，只能顺势发现，本书提到的约束规制一般指主观约束规制。

二、约束规制的类型

分类是研究问题的一种有效方式，有助于研究者多角度、多层次地了解研究对象。对突发事件进行分类，可以明确责任主体，方便对专业性、技术性强的突发事件的处置。对管理机制设计中的约束规制分类可以从一种事物的不同角度去挖掘它的内在本质，掌握不同规制特征的差异性，为进一步研究其设计模式、方法等奠定基础。本节依据不同的分类方式，将约束规制的类型进行总结和分析。

1. 按照约束的来源，分为自约束和他约束

对于社会系统而言，约束包括三个要素：约束主体、约束客体和约束条件。分析三要素的不同组合和联系，根据约束的来源，可将约束分为自约束和他约束。当约束的主体与客体相同的时候，就可称之为自约束，又称内部约束（表 5.1）。它是指参与者对于自身的一种内在约束，不受周围环境的影响，只遵循自身约定俗成或刻意设置的规则，自约束实际上就是自制、自控、自律，是客体对于自身行为决策的自我控制，《大学》中“先修身而后求能”，“为政不在言多，须息息从省身克己而出”等至理名言所体现的就是要注重克己与修身。相反地，当约束的主体与客体不同时，称之为他约束，他约束是指参与者在周围环境的规定下参与管理活动，又称外部约束，如条例的公布、时间的约定、空间的划分等。如果把参与者视为一个元素，那么在元素内加以约束属于自约束，元素外的约束就属于他

约束，二者既是对立关系又是互补关系，需要根据管理活动的具体情况来选择自约束、他约束，或是二者的有效结合。刘国亮（2003）在对公司治理过程的研究中就指出该过程通常是沿着两个路径展开的：一是从公司内部治理结构的角度研究公司的治理过程；二是从外部约束的角度研究公司的治理过程。由此看来，自约束和他约束的有效结合可以给企业管理带来更大的效益。

表 5.1 自约束与他约束的区别

项目	自约束	他约束
本质	内在约束	外在约束
特点	自由性、可控性、偶然性	制度性、不可控性、必然性
适用场景	小范围的管理活动居多	大型管理活动居多
限定条件	无明显他约束的时候，自约束起作用	当他约束与自约束同时存在时，前者的影响力度往往大于后者
对机制的影响程度	较弱，通常不起决定性作用	较强，通常不能违背
实例	法定假期，部分员工为赚得三倍工资，自愿加班	公司业务繁重时，老板要求员工无偿加班

自约束具备自由性、可控性和偶然性，集体的自约束往往形式力度不一，通常不会对整个机制的运行产生较大的影响，尤其是个人的自约束对机制的影响更是微乎其微。而他约束受外界影响较大，一般具有制度性、不可控性和必然性，在管理机制的运行当中起着一定的指导作用。仅仅依靠引导参与者加强其自身的自我约束能力和自我约束意识是远远不够的，同时还要制定人性化的法律法规、管理规章制度等，合理地施加外部约束。所以，外部约束是必要的，但是外部约束告诉我们更多的是“不可为”和“可以怎样”，更多的是一种限制性。参与者要努力把外在的法律、纪律和制度等内化为自己的思想、行为准则，即把外部约束转化为内部约束。在约束规制创建中，外在约束与自我约束应当两者兼顾、相互配合、相互促进，来进一步提高管理效率。

2. 按照约束的形成方式，分为直接约束和间接约束

每一种约束的存在都具备一定的形成方式，它可以来源于直接因果关系，或间接因果关系，这决定了每种约束的本质特征。相应地，直接约束是指主体与客体之间具备直接的因果关系，二者相互作用实现管理目标。

灾后救援物资的发放就是一种典型的直接因果关系，在约束规制上体现的是资源的扩充，这一点在后文约束规制设计中会详细讨论。间接约束是当主体与客体之间不具备直接因果关系时所产生的一种约束。在 2014 年 11 月亚洲太平洋经济合作组织（Asia-Pacific Economic Cooperation，APEC）会议期间，为减少北京地区客流量，其他若干省份采取旅游门票免费的相应策略，而不是直接禁止外来旅游者入京，显然，明令禁止的策略力度要强于外省门票免费的策略力度。一般来说，直接约束要稍强于间接约束带来的效应，二者的区分判断并不是依据是否有介质的存在，而是依据主体与客体之间产生关系的类型。通常在时间、空间和层次上间隔距离越大、中间环节越多的对象之间，约束越带有间接性，反之就越具有直接性。

3. 按照约束的程度，分为强约束和弱约束

对于管理活动而言，不同的约束规制会有不同程度的表现，即有强弱之分，它们对客体起到的作用也不完全相同。约束的强弱是完全依据约束对于管理活动中客体的作用力度来划分的，把约束分为强约束和弱约束有利于把握约束本身对机制的影响程度。强约束一般在组织中起导向作用，而弱约束通常在组织中起辅助作用。客体所能接受的最大约束值称为临界约束值，当约束力度不高于临界约束值的时候称之为弱约束；反之，当约束力度超过该临界约束值的时候称之为强约束。

最常见的强约束包括法律、规章制度、灌输教育等，它们一般是用一种客观的标准来约束参与者的行为，能够避免因个人思想的变化和利益需求而造成约束标准的变化。这些强约束的存在，既可以在制度上给予客体支持和保障，同时又通过相应的制度来约束他们可能出现的不利于正常管理活动的行为和举动。强约束一般具有强制性和不可逆性，国家对不同所有者都可以行使征税权而不受财产所有权归属的限制，国家与纳税人的税收关系具有强制性特征。强约束的强制性，并不意味着管理主体可以随心所欲地支配客体，而是在一定的价值合理性范围之内，通过强制力保障管理效力，维护社会、集体甚至个人的利益。这就是说，强制性约束的价值主要体现在对那些非合作者的约束上。

而弱约束具有可变性，有较大的施展空间，其形式也更加灵活多样，如与灌输教育相对应的树立学习榜样，在正式组织存在的同时也有非正式组织的立足之地，还有在法律强制规定的同时倡导某种价值取向和伦理道德等。道德的约束能够发挥良好的作用，不仅仅要依靠参与者自身的道德素质和道德水平，同时良好的整体环境也对道德约束产生作用做出了不可

磨灭的贡献。从“破窗效应”中可以得到启示，环境对人具有强烈的暗示性和诱导性：环境好，人的行为表现也会文明得体；环境差，文明的举动就会受到影响。对于管理客体中的人而言，弱约束起作用的最佳状态是将其内化为客体的品质和精神。强约束与弱约束均具有指导性，但是约束不是越多越好，也不是越强越好，而是依据现实情况采取相应恰当的约束规则，保障管理活动的顺利进行。

俗话说“软硬兼施”，管理者在制定约束规制的时候可以将强约束与弱约束进行有效结合，从多方面提升管理机制的运行效率。在突发事件的应急管理中，不可避免地会出现一些不合公共利益的行为，我们的社会也设计了一整套控制系统或工具对自身加以控制和监督，如专门的纪检部门、司法部门等。这种强约束，虽然具有很强的制约力，但它只能在有限的范围内、特定的条件下发挥作用。因而，社会的自我监督的弱约束就显得十分必要。在这个意义上，大众传媒在应急管理中可以担当社会不良行为监督者的角色。因而当强约束和弱约束有效结合起来使用的时候常常会收到意想不到的效果。

4. 按照约束的存在形态，分为有形约束和无形约束

在有形世界的背后，存在着一个更为丰富的无形世界。管理机制中的约束规制也有有形和无形之分，所谓“有形的”是指肉眼看得见的、形象的、表层的、直接的、眼前的、物质的等，所谓“无形的”是指肉眼看不见的、抽象的、深层的、间接的、长远的、精神的等。我们常常在公园里看到诸如“芳草萋萋，踏之何忍”这样保护绿植的标示，一行字确实可以起到明显的提示作用，可是真正约束人们行为的是其内在的道德感。我们观察事物和分析问题的角度不能只局限在于有形的世界，还要关注有形背后无限广阔的无形世界。水本无形，但因容器而变得千姿百态，具备化为各种形状的可能。

在企业中，核心员工是最有价值的资产之一，于是就诞生了一系列防止企业核心员工流失的约束规制，包括有形约束和无形约束两类，有形约束直接制约核心员工的流动，即一旦离职发生，他们将不得不承担由此产生的一切损失和费用，主要包括股票期权的支付与竞业禁止协议的签订；无形约束则主要指由于离开原任职单位所带来的人际关系或是社会交往的损失，在经济学中称之为“沉没成本”。何辉（2006）曾经指出企业从物质和人际两个方面来对核心员工的行为加以约束，核心人员在做出离职决策时就要同时考虑其负担的费用和原有的社交积累。不同的约束规制对客体

会产生不同的管理效果，有形的约束常常使客体更注重即时利益，而无形的约束往往使客体趋向长远的发展，不能绝对地判断出一种约束的好坏，重要的是需要首先明确管理目标，再根据不同的目标设计选择不同的约束规制，从而提高管理机制的运行效率。

2004 年的印尼大地震，引发了巨大海啸，死亡 20 万人，东南亚损失惨重。2008 年中国汶川发生里氏 8.0 级特大地震，死伤近 10 万人。家的坍塌只是受难者一时的伤痛，亲人的逝去却是永久的伤疤，心灵上无形的伤害比外在的损失更沉重。对于类似突发事件的应急终止标志一般从灾害本身、资源配置、公众反应这三个方面来选定，其中灾害本身和资源配置属于有形约束，公众反应是一种无形的约束，若公众恐慌程度不断增高，那么代表着公众的反应越来越不乐观，以致不能终止应急状态。

三、约束规制的设计模式

在管理机制设计理论中，约束规制是为了达到管理目标而主动设置出来的作用积极正面的限制，它属于三大环境变量之一，目的是对主客体产生正面或负面的影响，使其行为发生定向改变。约束也是管理的一项重要辅助条件，不同的对象面临不同的约束，会产生不同的管理效果。依据约束形态的不同，约束有有形与无形之分，具体地，有形约束包括人力、物力、资源的约束和空间约束，无形约束包括时间约束、事务流程约束和参与者关系约束。根据约束存在形态的不同、机制要达到的目标不同，需要有不同的约束规制设计模式来进行深入分析与探讨，从而更加有效地保障管理机制的顺利运行。在对约束含义、类型等分析的基础上，可以确定不同的约束规制的设计模式。

1. 改变资源配置

资源是人类赖以生存和发展的基础，是经济和社会可持续发展的保证。现在资源短缺和资源的严重浪费、低效使用并存。资源短缺会影响经济效益和管理效益，资源充足又容易导致资源的无辜消耗，过犹不及。对于资源本身来说，它具有流动性和非均衡性，这在突发事件来临时表现得尤为明显，在进行突发事件处置时，往往要在很短的时间内，迅速地将存放在各个地区的各种应急资源运送到指定地点，否则突发事件的快速演变会给社会与公众等造成更大的影响和损失，使得原有的应急资源配置不能很好地应对突发事件演变后的新情况，达不到预想的应急管理效果。当然，在资源配置过程中我们很难达到帕累托最优，但是可以通过不断地管理决策进行帕累托优化。

拍卖是一种最早的资源配置方式之一，通过维克瑞拍卖、英国式拍卖、荷兰式拍卖或一级价格密封投标拍卖等形式进行资源的优化配置，尤其是维克瑞拍卖可以达到帕累托优化，实现经济机制设计的目标。企业管理活动的过程，实际上也是追求帕累托最优的过程。企业总是处在一种资源约束的条件下运营，而企业管理就是要将企业拥有的有限资源最优化配置，从而发挥最大的效果。而现在的全面预算管理就是一种使有限资源在企业内部优化配置的一种管理机制，它使企业所拥有的各项资源达到最优配置和最佳组合。同样，一个企业若没有预算则将在经济体系中自由地做着无规则的“布朗运动”。所以，全面预算管理就是对于改变资源配置这种约束设计模式的一个很好应用。

从国家资源层面来讲，须利用战时资源，实行平战结合，将国防资源整合到应急管理体系之中，做到“平时应急，战时应战”，实现应急与应战的一体化，使当今世界各国充分利用国家资源。

（1）扩充资源

扩充资源的约束规制设计模式是指通过增加资源量来达到管理目标，当现有资源量距离管理目标的达成甚远时，不得不逐渐增加资源的数量，甚至超过管理活动所需要的资源量，以最大的可能性趋近管理目标。过多的资源量虽然能够满足需求，但会造成资源闲置和浪费，同时会增加管理成本，不利于管理效益的最优化。我们不可能也没有必要向每个资源急需处提供无穷多的资源来应对资源短缺，所以要在考虑成本约束的情况下对资源进行合理的扩充，使得有限的资源充分发挥作用。在扩充资源的时候要首先明确资源总量，再对资源进行合理的增加，避免造成不必要的浪费。我们常常在大街网、智联招聘、应届生求职网等各大招聘网站上看到如山如海的招聘信息，人力资源的扩充对于企业的发展十分重要。但是我们也会清楚地看到招聘人数的限制，如果一味地招聘，只会造成组织结构臃肿，降低企业管理效率，同时还浪费人力资源，平添企业管理成本。汶川地震时，灾区对救灾物资极度需求，尤其是对于帐篷、食物、饮用水等生命线物资的需求度最高，解决这样的问题最有效的方式就是有针对性地扩张资源，增加各类救灾物资的供给，避免地震及其次生灾害带来更大的伤亡和损失。这种设计模式比较适合资源显著短缺的情况，在适当增加所需资源的同时，能够明显趋近或者达成管理目标，提高管理效率。

（2）限制资源

限制资源是指为了实现主体的特定目标，将资源或者某种权限限制甚至缩减为一定状态的一种约束规制设计模式。一家公司老板为了激励员工按时上班，有时会采取这样一种方式，将停车位的数目减少为低于员工车辆的数目，员工为了方便停车，只能赶在别人前面到达公司，从而减小迟到率。这种约束规制设计模式不仅充分有效地利用了有限的资源，还通过设置一定的权限（先来后到）来约束诸如员工、顾客等参与者的行为。当天猫超市节假日促销的时候，商家会在部分促销商品旁标注诸如“每人仅限一件”的小字标示，顾客只能在购买权限里行使消费权，商家在保证销售量的同时也合理地控制了销售成本。当然，还有一些策略既限制了资源，又设定了权限，小米的饥饿营销就是这样一种典型的双向约束规制设计模式，每次产品发布销售时，只提供给消费者一定量的产品，并且小米的粉丝必须在其官网注册才能在指定时间内拥有抢购权，营造出一种供不应求的状态，从而高效地实现管理目标。

（3）资源共享

狭义的资源共享是指基于网络的资源共享，而广义的资源共享还包括基于实体的共享。总的来说，资源共享涉及数据信息、知识、平台、客户、服务器、应用程序、大型设备、文献期刊等，是现在信息社会充分利用资源的有效方式。在一个管理系统中，当采用扩充资源或限制资源的模式都不能实现机制目标，或者要付出过高的成本才能达成目标时，可以考虑资源共享模式，将双方或者多方的资源进行有效整合，实现共赢。在现代航空旅游业中存在一种自 20 世纪 70 年代在美国市场诞生以来一直盛行的运营策略，称为代码共享，它是指由一家航空公司营销，而由另一家航空公司进行运营的航班模式。这种无缝衔接的方式在保证成本的前提下有效地整合并优化了航空公司的资源，一体化的转机服务使得两家公司与顾客三方共赢。另外在一些机场，达成战略合作的两个航空公司更注重乘客的体验，实现了运送旅客和行李的设备共享，极大地提高了乘客的满意度。

三种改变资源配置方式的区别如表 5.2 所示。

表 5.2　三种改变资源配置方式的区别

项目	扩充资源	限制资源	资源共享
性质	由 A 变 AA	由 AA 变 A	将 A_1 与 A_2 整合为 A_{12}
特点	延迟性	简单易行	资源复用
限定条件	生产技术，运输成本	特定目的的有效性	资源兼容性，谈判结果
适用情况	资源匮乏	特定目的需要	控制成本，协同增效

在上述三种资源配置的模式中常常会涉及资源的调度，这就不可避免地要注意成本与费用的问题，尤其是在日常管理活动中，合理的资源调度是提高机制效率的前提。当发生不可预见的自然灾害或者其他事故灾难等突发事件时，考虑到资源的限制、费用和应急的成本，不能无限制向应急中心和应急点配置资源，应急管理人员需要对应急资源进行优化配置与合理调度，制定应急资源的调度方案，保证应急资源尽可能地在第一时间抵达灾区，使得有限的应急资源充分发挥其作用，进而提高应急效果。这样一方面避免造成资源的浪费，另一方面节约了应急管理的成本。考虑到应急资源的特殊性和应急事件的特征，优化配置资源显得非常重要，而且优化配置又是比较复杂的。下面这则小故事当然是虚构的，更显现出投机主义者“空手套白狼”的心机，但其中也确实蕴含着深刻的管理学思维，那就是优化资源配置。优秀的管理机制设计方案能够将众多优质资源进行合理配置，达到“1+1>2”的目的。

农村小伙、洛克菲勒的女婿和世界银行副总裁

一个老头在乡下和儿子相依为命。一天有人找到他，说：“尊敬的老人家，我想把你的小儿子带到城里去工作。”老头气愤地说：“不行，绝对不行，滚吧！”这个人说：“如果我在城里给你儿子找个对象，可以吗？”老头摇摇头：“不行，快滚吧！”这个人又说：“如果我给你儿子找的对象，也就是你未来的儿媳妇是洛克菲勒的女儿呢？”老头被打动了。几天后这个人找到了美国石油大王洛克菲勒，对他说：“尊敬的洛克菲勒先生，我想给你的女儿找个对象？”洛克菲勒说：“快滚吧！”这个人又说：“如果我给你女儿找的对象，也就是你未来的女婿是世界银行的副总裁，可以吗？”洛克菲勒同意了。又过了几天，这个人找到了世界银行总裁，对他说：“尊敬的总裁先生，你应该马上任命一个副总裁！”总裁先生头说：“不可能，这里这么多副总裁，我为什么还要任命一个副总裁呢，而且必须马上？”这个人说：“如果你任命的这个副总裁是洛克菲勒的女婿，可以吗？”总裁先生当然同意了。

（引自搜狐财经. https://www.sohu.com/a/206113632_100063734）

2. 调配空间布局

根据空间属性的不同、机制要达到目标的不同，可以有不同的设计模式。团队根据空间的八种属性、两种类别以及机制设计的三种不同目标，从多个角度调配空间布局，设计出了空间规制的六种设计模式，分别是空间大小的改变、空间位置的改变、空间形状的改变、空间内部结构的改变、空间状态的改变和空间功能的改变，空间约束规制设计的具体流程与方法会在第七章第二节详细介绍。

六种空间规制的设计模式既相互独立又相互联系，根据管理目标的导向和实际空间的需求，可以选择其中一种或几种模式来进行空间规制设计。早在20世纪70年代北京地铁建设初期，专家们就考虑到了地铁内部的空间设计，通过对空间形状、功能等方面的考量给出了多个站点的设计方案，为北京地铁建设打下了良好的基础。

空间是与时间相对的一种物质客观存在形式，宇宙空间、网络空间、思想空间、数字空间、物理空间等都属于空间的范畴。空间的合理布局不仅能够提升视觉美感，还能提高管理效果。在不移动作品的前提下，位于西班牙马德里市的雷纳·索菲亚博物馆通过改变空间布局和灯光，使毕加索名作《格尔尼卡》呈现出了一幅新的面容，也为博物馆自身注入了生机。日本电报电话公司网络技术实验室的齐藤浩史（Hiroshi Saito）根据空间几何计算认为，调整网络设备的空间布局确实可能增强互联网相关设施的抗地震能力。对于室内面积一定的小户型，尤其是功能性的厨房，合理有效的布局可以改变空间局限，达到物尽其用的效果。

3. 选择时间模式

管理机制设计理论观点认为：时间不管在整个理论体系中还是在管理实践中均具有独特地位。因为时间对每一个个体都是一样的，无须花费金钱去购买，只需要巧妙地利用和开发，但是要恰当合理地运用好有限的时间却不容易。“黄金72小时”是救援界的一大共识，而对于突发事件的最佳心理干预时间也是在事件发生后的24～72小时。我们之前专门对管理机制七元组中的时间规制进行了深入研究，下面从时间的特征出发，将时间分为时间点（时间起点、时间终点和黄金分割时间点）、时间长度和时间周期三类，并据此提出了时间规制的四种设计模式，即时间点设计模式、时间长度设计模式、时间周期设计模式及组合模式。

（1）时间点设计模式

时间点设计模式包括时间点固定模式和时间点变动模式，像学校的作息时间就会随着季节的不同而略有改变。其中，时间点固定模式包括时间起点固定模式、时间终点固定模式和时间中间点固定模式，时间点变动模式包括时间起点变动模式、时间终点变动模式和时间中间点变动模式。“笨鸟先飞”体现的就是时间点提前模式。

（2）时间长度设计模式

时间长度设计模式包括时间长度固定模式和时间长度变动模式，典型的例子有弹性工作制等。

（3）时间周期设计模式

时间周期设计模式分为时间周期固定和时间周期不固定两种模式，如质检人员对生产车间的产品进行的两周一次的抽查就属于时间周期固定的模式，而突发事件的全生命周期就属于时间周期不固定的模式。

（4）组合模式

组合模式包括单个模式内部子模式之间的组合与不同模式之间的组合两种情况，可针对具体情况采取不同的子模式组合。

选择时间模式是指在已有的多种时间设计模式中选择一种或多种模式，它不仅可以运用于时间规制设计，还可以用于约束规制设计，这样就能从多个角度完善环境规制的设计，实现管理机制设计的最终目标。在像北京这样的大城市里，一些快递公司的员工会“故意”滞留在地铁中，利用便利的地铁运送快件。自 2014 年 12 月 28 日起，北京地铁自动售检票系统由单一票制切换为计程票制，还采用了时间长度固定模式，规定旅客刷卡进站后，必须在 4 小时内出站，否则要补交三元（最低票价）才可出站。这一系列措施在满足政府需求的同时也在一定程度上遏制了这些快递员的“蹭车”行为，释放出更多可利用的公共资源。

选择合理的时间设计能够以较低的成本和较高的效率实现目标。有时，对时间长度或者时间点稍加约束，就能收到很好的管理效果。例如，饭店为了提高其翻台率，尤其是对于网上预约自助餐活动，在保证顾客享受廉价快捷服务的同时往往对其有消费时间长度的限制，如某项自助餐的有效时间长度是两个小时，这样就避免了顾客消费拖延和持久聊天等现象，提高了管理效率。当代企业的竞争也是一种基于时间的竞争，在许多无形成本和效益中，时间估值是一个重要方面，因为许多项目的成本和效益都体现在时间的节约或增加方面。联邦快递是第一个（1998 年）买下中美之间航线权的快递公司，时间上的制胜使得两年后它敢于实行“亚洲一日达”和“北美一日达”的策略，迅速走上了在华的成功之路。

4. 更改事务流程

流程，就是让工作按照一定的方向有规律有节奏地进行。它的产生是人类历史上特别是工业史上的一大创举。因为流程的产生，工作效率大为提高，特别是对生产性企业而言，流程不可或缺。流程的产生本就是为了简单、简化，若流程使得人人忙于流程的完整性而忽略工作本身，那这样的流程宁可不要。当一个电子系统上线后，一些汇总工作完全可以通过电子系统完成，那么人工制作的汇总就没有存在的价值，完全可以废弃。

洗手间的正确使用流程

2008 年，一支由某局领导带队的调研组赶赴一家日企考察学习。领导在生产车间参观时想要如厕，日企的负责人便指示部下引导他去车间内部的卫生间。卫生间很高档，便池是自动冲洗的，水龙头是自动出水的，就连门也是自动开关的。这些设备给领导留下了很深的印象，准备之后将其当成主要收获做重点宣讲。如厕后，他走近自动门，但门并没有打开，领导手动开门无果后，掏出电话打给秘书，通过询问日企负责人，领导发现了一张有中文对照的《如厕流程》，按照上面的要求，如厕后要先洗手，接着打洗手液，冲掉洗手液后烘干，最后站在门口的“脚印”上。领导按部就班，但是门依然纹丝不动，他有点窝火，大声叱问是不是门坏了，日企负责人赶忙解释说，流程上还有一个标准说明，上书：“冲洗：5 秒，用洗手液搓洗：10 秒，烘干：15 秒……”。

（摘编自百度文库，https://wenku.baidu.com/view/cfef48b3ba1aa8114431d9ff.html）

其实上述关于流程管理的故事中，日企车间内厕所自动化设备的存在和流程的设置都有其必要性，增加洗手、打洗手液和烘干的流程是为了卫生自不必说，对于流程时间的严格把控更是为了使这些设备不沦为摆设，而减少手动开门的流程则是为了节约时间以及让电脑程序对流程做最后的考核。可以说，仅仅是上卫生间这一件小事，也是企业在总结经验教训的过程中，不断对流程进行改进而得到的。改变事务流程包括增加流程、简化流程和调整流程三种约束规制设计模式。

（1）增加流程

当现有流程不能有效地约束参与者的行为时，可将流程合理复杂化。为了保证北京天安门广场区域的秩序和安全，在各个关口要道设立安检，包括火车和高铁进站前的安检都是为了同样的目的。为使比赛中第一个出场者的利益和比赛的公平性得到更好的保障，可以在比赛流程中增加一个环节，让一号选手有两次评委打分的机会，然后将两次得分的加权平均作为该选手的最终成绩。

（2）简化流程

当现有流程会明显增加参与者的成本（包括时间、金钱等）时，在不影响管理目标实现的同时可以适当简化流程，如简化行政审批程序。而在应急管理中最通常的也是选择简化流程，因为突发事件发生时，时间因素显得尤为重要，争分夺秒可能就多了一线生机，如应急贷款流程和条件的简化。在突发事件的萌芽、发生、发展和演化过程中，不同的外界环境对事件的发展可能起到阻碍或推动的作用，路径的选择取决于不同阶段约束的控制，如跨国救灾时出入境的流程也会适当简化。重大突发事件发生时，系统往往会因此丧失基本的功能，因而容易导致缺乏自救能力，这时外部力量救援就显得特别重要。同时，储备系统也易出现问题，所需应急物资绝大部分会来源于系统外部。例如，在汶川大地震中，受灾地区丧失自我保障能力，所需物资几乎全部从全国各地筹集调拨。

（3）调整流程

当增加流程和简化流程都不能达成机制目标时，我们考虑调整事务流程。英国剑桥大学历史系教授昆廷·斯金纳在《自由主义之前的自由》一书中提到了一个经济学领域非常著名的故事，两个姑娘分馅饼，怎样分配才最公平？在考虑了诸多办法之后确定了一个最佳选择，就是让一位姑娘切馅饼，另外一位姑娘先来选择切开的馅饼。也就是采取一种“你来切，我来选；或者我来切，你来选”的方案。这样一种流程的确定是非常明智和公平的，这也说明一个有效的机制应当是具有激励功能的机制。

在一般管理活动中，适当增加或者简化流程有利于管理活动的高效、有序进行。不同的系统要求、不同的环境，甚至不同的国情，都会有截然不同的流程安排。在电视行业，中国电视媒体固有的运作模式和审编机制，确实无法像美国那样边拍边播并按照市场的反馈意见对剧情和人物进行调整。长期以来，我们都是策划剧本，国家广播电影电视管理部门审查，与电视台商讨预购，筹备拍摄，成片审核。这样的流程显得过于严谨，但也不失为一种合理有效的管理方式。不过，在管理上不但要防止流程中的时间和资源浪费，更要防止一些在日常工作中因为懒惰或者过于呆板而渐渐形成的非主流工作流程。

5. 转换元组关系

在管理机制设计中，关系主要规定主体、客体和介质之间的关系类型、作用方式和适应环境。关系类型可能是指导型、强制型、合作型、竞争型等。在一定的环境当中，适当地改变主体、客体、介质三者之间的关系，可以有效地使管理活动沿着期望的路径发展。例如，亚太经济合作组织（APEC）志愿者就是由会议无关者的身份转化而来的，身份的转变使得志愿者对 APEC 会议多了一份责任，同时也促进了这项大型管理活动的有效进行。

远 交 近 攻

东周末年，周王室已相当羸弱，名存实亡。各诸侯国都心存称霸之念，王者们的理想也不再是“问鼎”那么简单，而是气吞九州，成为一代“人皇”。因此，东周列国之间形成了一种以多对多、显隐不明、争斗不断、强弱较为均衡的复杂关系形式。秦昭襄王也在即位后使秦国继续参与到这场乱斗之中，直到一位化名为“张禄”的魏国人走进他的视野，整个战略大局才明朗起来。他不仅提醒秦王加强王权，废宣太后（即芈月）和驱逐外戚，而且更在“战国”这张大棋盘上为秦谋局定位。这位“张禄”正是战国时著名的谋略家范雎，他在分析了各诸侯国的情况后，向秦昭襄王提出了“远交近攻”的战略思路。《战国策》中记载了他的进言：“王不如远交近攻，得寸则王之寸，得尺亦王之尺。”通俗易懂且实用可行，可谓“重剑无锋，大巧不工”。秦国自此定下了近攻三晋（即赵、魏、韩），远交齐楚的外交策略。这种外交手段对秦的战略扩展大有裨益，它通过“远交”使秦齐、秦楚之间形成了一种显性的稳定关系，方便了秦对三晋的“近攻”。

管理机制设计的过程中，关系将起到非常重要的作用，这种作用包括三种：确定事物在机制中的地位和角色；影响机制的约束条件发挥应有的作用；维系机制架构的作用。其中，在约束规制设计方面的作用尤为明显。机制在按照设计的关系模式运行的过程中，必定受到来自内部或外部环境的影响。机制中的事物与外界其他事物的关系或是其在机制运行过程中形成的关系，在机制运行过程中发生突发事件时，会在一定程度上影响这些约束条件对机制运行产生的作用。当 2012 年 6 月 29 日新疆劫机事件发生时，乘客能和劫机歹徒拼命，是因为每个人不再是独立的个体，而是和整个机舱里其他人的命运息息相关，生存这样一个共同的目标，促使他们行为一致。

因此，在制定约束规制的时候需考虑周全，谨慎实施。另外，还要注意约束在设计时的成本，在考虑交易费用理论的同时进行合理的成本效益分析，可以避免走弯路，有助于管理目标的实现。约束规制设计模式如图 5.3 所示。

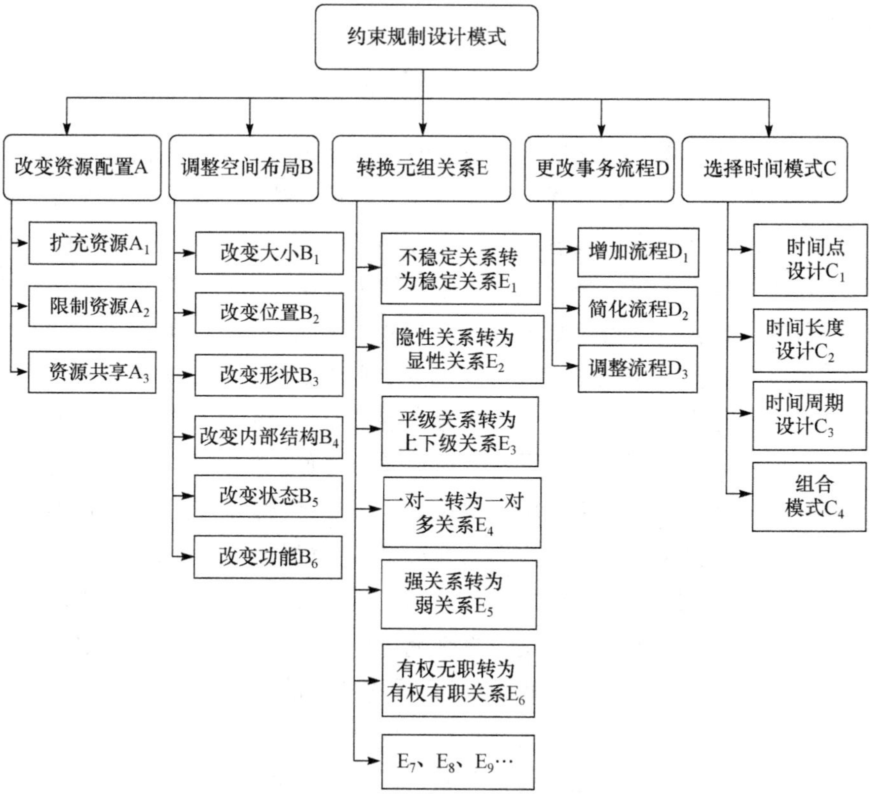

图 5.3 约束规制设计模式

每一种约束设计模式既是相互独立的，又是相互关联的，可以将以上几种设计模式结合起来使用，使约束规制发挥更大的功效。关系在管理机制中发挥自身作用的同时还能够为人们提供共享资源，获得不同的观念，塑造认同感。如果你的朋友来自不同的地区，你就会通过与他接触而习得当地的文化和风俗习惯，你的观念、视野甚至世界观都可能发生变化。有的约束规制利用资源与流程设计相结合，来达到管理目标。小米的饥饿营销故意使资源紧缺以达到顾客疯抢的销售状态，就属于改变资源设置的方式。同时要想第一时间买到性价比高的小米新机，消费者就需要在小米官网注册并时刻关注小米新机的发布信息和销售节点，这又属于改变营销流程的方式。还有的约束规制通过时间和流程的结合来提高管理机制的运行效率，乘客为了安全及时地坐上地铁，需要注意地铁在每个站点的停靠时间，并且乘客进出站通过闸机都要刷卡，这个设计是为了更精确地统计乘客乘车的起终点和更精确地掌握客流的时间和空间分布规律。统计好各个车站各个线路的客流量，以及换乘习惯，就可以为轨道运营管理提供数据。有了这些数据，就可以根据时段来调整发车间隔使得轨道交通更好地发挥作用。

在能量规制方面，约束不同于动力，增加了有效动力的管理活动一般会具有一定的正外部性，促进动力规制的顺利实施；相反，约束的运用往往会带来一定的负外部性，它对约束规制的实施能够产生抑制作用，由于信息的不对称性，这种抑制作用会相对较弱，但是在制定约束规制的时候仍要考虑周全，谨慎实施。另外，还要注意约束在设计时的成本，在考虑交易费用理论的同时进行合理的成本效益分析，可以避免走弯路，有助于管理目标的实现。

四、约束规制的设计方法

在整个管理活动当中，约束的存在与否起着非常关键的作用。不同的阶段需要不同的约束规制，对应不同的约束规制设计模式，但是最终需要一套系统的约束规制设计方法来完善管理机制的设计，并有效地应用于管理实践。基于上文对约束规制的含义、类型及其设计模式进行的分析和归纳，笔者提出管理机制设计中约束规制设计的一般流程及思路，如图 5.4 所示，具体步骤如下。

1. 分析管理系统现状

进行一种方法的设计，首先要对系统中的各个要素有所了解和把握。分析管理系统中的现状主要考虑管理机制七元组，即<主体、客体、介质、关系、时间、空间、动力与约束>，具体包括：

1）主体（subject）：判断主体是设计主体、使用主体，还是监督主体，不同的主体地位所利用和支配的资源不同且有限。

2）客体（object）：客体是指在机制中承受主体所施加作用的参与者，一般来说包括具备自由选择权利的人或受主体意志操控的事物、事件。有时还需要确定客体是属于确定人群，还是未确定人群。

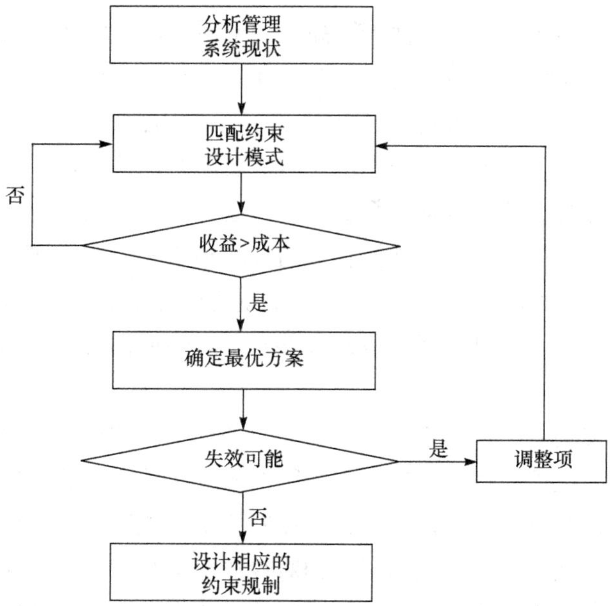

图 5.4　约束规制设计的一般流程

3）介质（medium）：介质可以是人、物、环境，也可以不存在。

4）关系（relationship）：关系是机制中比较柔性的组成部分，主要规定主体、客体和介质之间的关系类型、作用方式和适应环境，关系类型可能是指导型、强制型、合作型、竞争型等。

5）时间（time）：有时间点、时间长度、时间周期以及时间组合四种时间类型。

6）空间（space）：空间有大小、位置、维数、形状、结构、状态、用途、存在形式等多种属性。

7）动力与约束（impetus and restraint）：动力是一种驱动力，容易判断它的合理性和有效性，约束则根据前文所述各种不同的类别来具体分析，也就是要根据具体的管理案例设计出一系列的规则。

准确识别管理系统中的七元组有助于管理者的决策实施，促进管理活动的有序进行。

2. 识别对目标产生影响的约束，匹配相应的设计模式

判断哪些元组产生的约束会对机制目标造成影响，根据约束的类别和性质不同，匹配相应的设计模式，即找到初步的可行方案。前文已将约束规制的设计模式分为改变资源配置、调整空间布局、选择时间模式、更改事务流程和转换元组关系五种形式，对它们进行逐个分析，判断不利于机

制目标实现的因素，将其提取出来，分析需要哪种设计模式来应对，确定一种或几种可行方案。从识别到匹配的过程就是一个从识错到纠错的过程，随着决策者逐渐了解、学习和掌握整个管理机制的核心理念，这个过程就会显得越发简单和清晰。这一步是整个方法设计中的关键一步，快速准确地识别出约束状态和相应的约束规制设计模式可以简化整个方法的设计流程，提高管理机制运行效率。

3. 分析每种可行方案的成本和收益，确定约束规制设计模式

收益大于成本的预期是人们行为的基本出发点，因而是人类社会的首要理性原则，也是经济学上理性人假设的一个典型表现形式。考虑具体行为在经济价值上的得失，以便对投入与产出关系有一个尽可能科学的估计。在经济学中，分析人的行为所使用的原则，是效用最大化，而非利润最大化。在管理学中，一般也是遵循效用最大化的原则，分析效用最大化的关键是分析如何利用有限的时间和资源获得最大的满足感。一个企业参与校企合作的积极性，主要取决于劳动力密集型用工模式和高级型用工模式两种模式下该企业的收益成本之比，如果后者相对于前者给企业带来的收益超过成本上的额外支出，那么企业将会有意愿参与校企合作。对于诸如此类的管理问题都需要进行成本与收益核算，成本主要涉及引入新约束规制时的成本和旧规制或无类似规制时的成本，收益则注重对该约束规制实施后的效果分析，即规制的运行结果能够实现管理机制目标的程度。当可行方案的实施成本低于它所带来的收益时，我们把它确定为约束规制设计模式。

4. 分析约束规制设计模式的失效可能，判断调整项的必要性

判断步骤 3 中所确定的选择方案在付诸实践的时候是否有失效的可能。失效指的是已有的一个或多个设计模式不再完全适应管理活动发展的需要，或者由外力作用而引发系统不再具备原有的功能或系统的有效性明显降低，以至于结果偏离既定目标的现象。这时就需要选择适当的调整项来修正约束规制设计模式。调整项主要涉及资源、空间、时间、流程和关系五个方面，锁定其中一个或多个因素，再从它们对应的 A_1 到 A_3 或 B_1 到 B_6 或 C_1 到 C_4 或 D_1 到 D_2 或 E_1、E_2、E_3 等各个细分因素中提取更具时效性的设计模式来替换原有的设计模式，提高约束规制的运作效率，这里涉及新规制的启动问题。机制在实际运行过程中，如果失效的可能是小概率事件，即机制运行良好，则可以直接确定约束规制的设计模式；如果失效

的可能具有明显的不确定性，则此时应该根据需要从资源、空间、时间、流程和关系五个角度进行分析，对设计模式进行适当调整，再返回至步骤 2。另外，调整项的选择与否可能会涉及经验式决策、专家意见等方式的运用。

5. 输出约束规制的设计模式

经过步骤 4 的分析和反馈之后，就可以确定约束规制的设计模式，进而完善管理机制的设计，促进管理目标的实现。

第四节 面向应急资源管理的约束规制设计与应用

应急资源管理是应急管理的重要内容，因为任何应急响应都需要以资源作支撑，特别是对于重大突发事件，由于其消耗的资源数量和种类繁多，高效的应急资源管理，尤其是应急资源分配有着更为重要的意义。而应急资源是指用于或计划用于突发事件等相关活动的各类资源，不仅包括在突发事件应对活动中使用的资源，还包括计划使用而没有使用的资源。根据资源的存在形式，可以把应急资源分为物资和人力资源两类，其中物资又包括财力资源和物力资源。

应急资源的分配是应急资源管理的重要内容，也是应急资源调度的基础。但是从诸多突发事件中可以看出应急资源的分配还存在一些问题，包括资源分配缺乏整体性、平均分配现象比较严重、应急资源使用效果不理想等。具体来看，还有应急人力资源管理不具备稳定性，组织松散，人员复杂，管理混乱，应急组织对人力缺乏必要的约束力，特别是对于非专职人员，约束力更弱，应急人力资源供给与需求不匹配，有时专业技术人员短缺，如专业地震灾害救援人员、专业消防人员等。一系列问题的暴露使得一套合理巧妙的约束规制设计显得尤为重要。

在应急资源管理系统中，首先确定应急资源分配机制的七元组。

1）资源分配主体有财政部门和民政部门（分配财政资源）、募集者（分配捐赠资源）、金融部门或地方政府（分配金融资源）以及各类援建单位（分配援建资源）。

2）客体主要是各种应急资源，包括人员、帐篷、食物、水等。

3）在应急资源分配机制中不存在相应的介质。

4）时间涉及应急资源管理的全生命周期。

5）空间是灾区。

6）关系包括管理层对突发事件以及救灾人员的统筹指导关系，救灾人员与灾区灾民之间的救援关系，灾民与灾民之间的互助关系，事件与事件之间的耦合关系等。

7）在应急资源分配中，动力是促进救灾人员高效有序地执行救援活动，包括方法措施、奖励奖赏、认同感与成就感，国家为了维护社会安定有动力对应急资源进行合理的分配，灾区之间人员为了救援效率有动力去相互合作、相互支援等；约束则指一切促进应急资源分配顺利进行的合理空间规划、时间模式、事务流程、资源配置方式和各种关系，也是本书接下来的研究重点。动力在这里的作用要弱于约束。

分析上述七元组中存在的各种问题，识别不利于目标实现的具体因素，如图 5.5 所示。

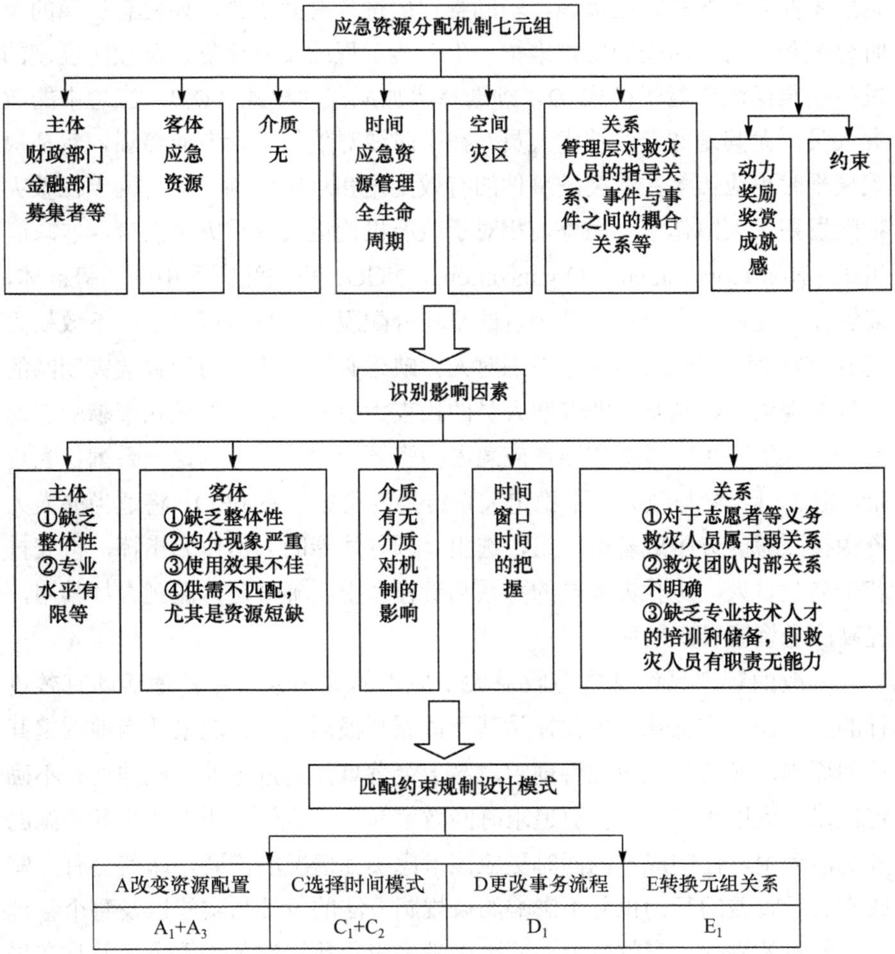

图 5.5　应急资源管理中的约束规制设计

从图 5.5 可以看出，在分析了应急资源分配机制七元组之后，识别出了影响管理活动高效进行的因素，结合分析结果，再根据 5.3 节约束规制的五种设计模式，匹配出四类有效的约束规制设计模式，分别是改变资源配置（A）、选择时间模式（C）、更改事务流程（D）和转换元组关系（E）。在应急资源分配中，对于模式 A，应选择扩充资源（A_1）的模式对急需资源地区进行及时供给，以及资源共享（A_3）的模式根据各区域的实际受灾情况来选择资源供给量，避免一味地均分，在 2008 年汶川大地震时灾区被分为极重灾区和重灾区，像四川省汶川县、北川县等极重灾区的应急资源需求量显然要高于四川省理县、甘肃省文县等重灾区。对于模式 C，应该选择时间点设计模式（C_1）和时间长度设计模式（C_2），要求专业技术人员对突发事件的发生、发展、蔓延、终止有一个较为准确的估计，在次生灾害发生前做好各种防范措施，辅助管理层进行有效决策，如应急资源的及时分配和供给、治安的妥善维护、生命线工程的及时修复以及预防瘟疫的发生甚至泛滥。对于模式 D，须选择增加流程的模式（D_1），应急中的救灾人员，尤其是非专业技术人员，在平时要对他们进行专业培训，包括决策层平时也应该多注意突发事件的有效处理和总结问题，这有助于在救灾期间发挥更大的作用。另外，相对于政府机构更关注重灾区而言，非政府组织（Non-Governmental Organizations，NGO）更关注灾区中的弱势群体，能够在一定程度上避免救助物资的平均分配现象，政府可以适当下放权力给 NGO。对于模式 E，应急组织对人力缺乏必要的约束力导致救灾期间的无秩序现象，特别是对非专职人员的约束力更弱，如一些无私奉献的志愿者“好心办坏事”，这就需要在应急人力资源管理体系中制定一系列行为规范，把志愿者参与救灾的不稳定关系转换为稳定关系（E_1），将适当的人力资源按照职能分配成若干小组，选出有领导才能的人员作为指挥，再安排若干名负责人，对救灾人员的关系和责任做出明确规定，做到人尽其用，提高应急资源管理效率。

一般的管理系统是本着收益大于成本的原则来指导管理活动有效进行的，而在非常态管理中往往是基于该原则根据实际状况来适当地调整其管理原则，尤其是在应急管理中，鉴于突发事件的危害性、延伸性、不确定性以及难以预见性，会更追求时间效率和生命价值。所以在应急资源的分配活动中，控制成本的同时更应该考虑实际情况的需要，即使会有一些成本大于收益的行为也并不影响约束规制方法的设计与实施以及整个管理机制的有效进行。在收益上，要至少满足应急救援的基本需求，并且在采用了上述约束规制设计模式之后，应急物资的分配相比之前明显更有效率，提高了救援效率，避免造成更大的损失；而成本包括资源调度和各种培训成本，虽然与之前相比提高了管理成本，但救援效率的提高使得各种资源达到了更高程度的利用，在总体管理成本上减少了与未采用上述约束规制设计模式时的差距，所以满足收益大于成本。于是选择模式 A、C、D、E。

在应急管理中资源常常处于一种短缺的状态，合理的增加资源是有效的救援方式；对于时间点和时间长度，突发事件发生突变的可能性很小，专业的时间规制一般不会引起负面效应；增加培训流程是一种合理有效的决策，能在较大程度上提高救灾人员的执行效率；另外有志于义务救灾的人员不会对理性的关系定义和责任划分产生反感情绪。综合分析，匹配的六种约束规制设计模式 A_1、A_3、C_1、C_2、D_1 和 E_1 均具备可行性，一般情况下不会产生失效的情况如图 5.6 所示。

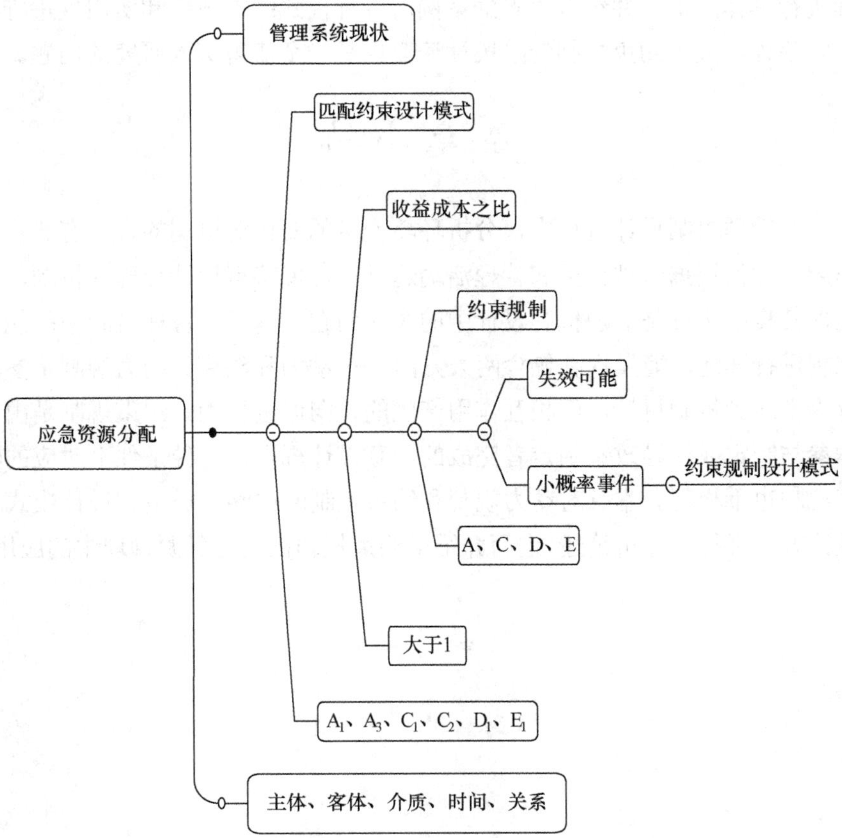

图 5.6　应急资源分配中的约束规制设计

经过检验的决策实施不仅可以识别出本次管理活动中成功和失败的地方，还能为以后类似的情况提供一个合理有效的参考方案，不断提升管理机制的运行效率。另外，构建一个基于“情景-应对”的突发事件应急管理体系也是应急管理研究的重要科学目标。关于上述几个应急资源分配的约束设计模式，在实际运行时需要时刻关注事态的动向，防止约束规制的阶段性演变，及时调整策略。中国地震局记录到四川雅安地震余震共 1097 次，一些地区因为不同程度余震的发生由原来的重灾区变为极重灾区，相应地，该地区的应急物资需求量也逐渐增加。

约束规制研究是管理机制设计从理论向实践落地的又一次尝试和展现，通过约束规制的研究，为实践者提供了一种实用的解决管理问题的思考方式，具有一定的理论和实践价值。期望在解决具体管理问题时，能够为管理者提供一种从约束规制的不同视角去考虑采取措施或进行改进的思路和具体方法。后续的研究中，我们将会对各种模式的适用条件和使用过程进行具体分析，并结合更多的案例对各种模式的有效性和实用性进行检验。另外，关于约束规制的阶段性演变也是一个值得深入研究的问题。

本章小结

在管理机制设计过程中，分析环境变量的变化对机制的设计有着重要作用。如何根据管理目标和管理活动运行的环境特点设计合理的机制，并确保其良好运行是管理机制设计中的关键问题。本章对管理机制中的能量规制进行详述，能量规制包含两大方面——动力和约束。动力规制是参与者为了达到机制目标，而相互作用产生的正向促进行为。约束规制是由主体参与制定或指导政策制定者完成的一套设计规则，各种条件下对应的约束规制也不相同。本章对动力规制和约束规制的内涵、类型、设计模式和设计方法进行了分析论述，进而介绍了约束规制在应急资源管理中的应用。

第六章　管理机制中的时间规制设计

管理活动中，时间是一个重要的要素。例如，在项目管理的九大知识体系中，时间管理是最早被关注的；现代企业竞争也是“快鱼吃慢鱼”的时间竞争；甚至有学者认为，时间也是生产力。近年来，信息通信技术的飞速发展和虚拟团队、虚拟组织等新型组织结构和工作模式的出现，对时间规制的设计提出了新的要求。因此在管理机制设计中，时间因素需要被纳入管理机制设计理论的重点研究范围之内。本章着重研究管理机制设计理论中时间规制的分类、设计模式及应用等问题。

项 目 管 理

项目管理九大体系内容：

一、项目综合管理：项目计划制订、项目计划执行、总体变更控制。

二、项目范围管理：项目内容的制定和控制。

三、项目时间管理：定义活动、活动安排、活动工期设计、进度计划制定、进度计划控制。

四、项目成本管理：谋划、跟踪、财务数据分析。

五、项目风险管理：客户风险、技术风险、业务管理风险、项目管理风险、个人风险、项目环境风险、流程风险。

六、项目人力资源的管理：通过组织计划、人员获取、团队建设，达到高效利用人力资源。

七、项目沟通管理：沟通计划编制、信息发布、绩效报告、管理收尾。

八、项目质量管理：项目本身质量管理、产品或服务的质量管理。

九、项目采购管理：采购计划编制、编制询价计划、询价、供应商选择、合同管理、合同收尾。

（引自《项目管理方法论》；汪小金，2011）

在时间规制早期研究中较有影响力的是汤普森（Edward Palmer Thompson），他在其经典文献《时间、工作规制和工业资本主义》（*Time, work-discipline and industrial capitalism*）中提出，资本主义制造系统应利用时钟时间这种刚性的时间规制来管理工人（佟新，2012）。这一观点对此后很长一段时期的管理思想和实践产生了极大的影响，如泰勒的工时定额研究、亨利·福特（Henry Ford）采取的大规模生产系统、工人打卡上下班等都是“时间取向”的严格时间规制的典型例子。

然而，随着社会的进步和技术的发展，时钟时间本身固有的一些缺陷，如结构上同质、线性、单一等，致使以其为基础的管理方式的局限性日益突出。于是出现了“社会时间”的概念，该概念认为时间在本质上具有多方面、多样性以及非均匀性等特点。国外许多学者在“社会时间”方面都进行了大量的研究，但对其具体内涵的界定不同学者之间有差异。

其中，格林尼（Paul Glennie）和斯瑞福特（Nigel Thrift）非常强调时间的多元性，认为它是一个多维性的概念，具体可以把时间分为三个维度：标准化、规律性和协调性。标准化是指人们的时-空路径在何种程度上被规定为相互之间保持统一；规律性是指人们的时-空路径在何种程度上包含着重复的例行程序；协调性是指人们的时-空路径在何种程度上被规定为可以顺利地彼此连接。汤普森关于时间规制的概念体现了标准化、规律性和协调性的一种特殊的高度结合。但格林尼和斯瑞福特认为这些要素的多重组合是可能的。例如，福特制工厂的规章就同时包含了高度的标准化、规律性和协调性。在其他高效运作的工业系统中，也容易发现这一现象。与福特制生产系统相比，柔性生产系统具有更高程度的协调性，但在标准化和规律性上就略显逊色。在虚拟的环境中，这几个维度以及它们之间的结合变得更加复杂，与标准化相比，多样性和不规则形通常被优先考虑。

总之，当今时代，信息和通信技术的快速发展使许多时间（或空间）的制约条件发生了变化。新的工作模式和新的组织形式，如远程工作、虚拟团队、虚拟组织等都需要企业在时间方面进行再造。对企业而言，设计新型的、多元的、灵活的时间规制模式已经迫在眉睫。本章从时间的分类出发，提出了较为全面的时间规制设计模式。

第一节　时间规制的基本特点

一直以来，时间都是宗教、哲学及科学领域的研究主题之一，但学者们至今还未找到一个关于时间的统一定义，使其既可以满足一致性且没有循环，同时又适用于各领域。根据《牛津词典》的解释，时间是衡量事件持续的期间以及事件之间间隔长短（时间段）的工具。很显然，这一概念是从时间段的角度来考虑的，但管理机制中的时间规制有其独特的特点，其考虑的不仅有时间段，还有时间点（时长）、时域、时序、截止期、周期、节奏，这些不同类型的时间规制都可以对管理机制的设计和运行进行调节。时间作为环境的基本属性之一，与空间、能量相互影响，产生交互作用，共同制约着管理机制的运行。

一、时间的分类

关于时间的分类或维度，学者们进行了很多研究。例如，Zerubavel（1981）将社会组织中的时间分为四个维度，分别是有序的结构（sequential structure）、持续时间长度（duration）、时间的位置点（temporal location）和再发生的频率（rate of recurrence）。Schriber（1986）及 Schriber 和 Gutek（1987）提出了时间的 11 个维度，并检验了它们在组织中的存在性。11 个维度分别是：时间长度（allocation）、时间的位置点（scheduling）、时序（sequencing）、截止日期（deadline）、准时性（punctuality）、速度（pace）、缓冲时间（temporal buffers）、自主时间（autonomy）、组织内时间界限（intraorganizational time boundaries）等。Lee 和 Liebenau（2000）为了探讨信息技术如何影响组织工作的时间，综合了上述学者对时间维度的分类，将时间分为六个维度，如表 6.1 所示。

表 6.1　业务流程时间方式的六个维度

维度	解释
时长	完成一项任务或某种活动所花费的时间
时域	活动或任务发生时所在时间连续轴上特定点的位置
时序	活动或任务发生的次序
截止期	工作完成时的规定时间
周期	工作重复完成的有规律的时间段
节奏	工作忙碌强度的交替间隔

这里借鉴上述几位学者的研究，将管理机制设计理论中的时间分为时间点（时间起点、时间终点和黄金分割时间点）、时间长度和时间周期三类。时间点指的是活动或任务发生的时刻；时间长度指的是某项活动或任务持续的时间；时间周期指的是活动或任务持续期间有规律的重复发生的时间段。

二、时间规制对其他元件的影响

作为环境因素的基本属性，时间必然对主体、客体、介质、空间和能量等其他元件产生影响，管理机制的设计思想也要根据这些影响而进行改变，以达到天时、地利、人和的统一。

1. 时间对主体的影响

主体作为机制中占主导地位的参与方，随着机制的实施以及时间的推移，其本身所涉及的职位、责任、权力、利益、情感等都会发生变化，进而可能对主体的行为有所制约。例如，第一次世界大战、第二次世界大战、冷战时期等一些特定的历史时期，各主权国家的经济、社会等的发展都受到巨大的影响，世界的政治格局因而发生改变。我国在鸦片战争前后、中华人民共和国成立前后、改革开放前后等一些特定的历史时期内推行的制度、政策等都不同。企业在成立初期、发展阶段等所实行的管理手段也是不同的。同时，时间作为一种成本，也是管理机制设计时必须要考虑的因素，如企业的招聘会集中在某个特定的时间段内（如高校学生毕业前夕），就是为了减少时间对其工作效果造成的不利影响。值得指出的是，主体一方面受到时间的制约，另一方面也可以通过改变时长、时域、时序、截止期、周期、节奏中的一个或多个来调整机制运行的方式和效果，如大多数的企业工作时间为每日 8 小时，就是考虑到了时长较大的工作强度不利于工作效率的提高，生产车间也会通过调整生产周期来提高员工的劳动积极性。

2. 时间对客体的影响

在机制中，主体直接或间接地作用于客体，因此时间对主体行为造成的影响将不可避免地传递给客体。时间本身不仅对客体造成制约，由于时间对于主体来说也是一种成本，所以主体也会通过时间对客体进行约束。例如，公司对员工的考勤时间，迟到或早退就会对员工实行惩罚措施。时间也可以用来激励客体实现机制目标，如公司对取得较好工作成果的员工会有带薪休假的奖励，这时时间本身就是激励。

3. 时间对介质的影响

介质作为主体对客体作用的承载工具，也会随时间的推移而变化。例如，人与人之间的交流方式从传统的书信到现在的电话、网络等，沟通的载体发生了质的改变，这不是时间这个单一因素带来的变化，但时间作为其中的一个重要组成部分确实对其造成了影响。在一些特定领域，如重大突发事件的应急管理中，由于时间的严格限制，介质的作用就十分突出，古代的战争信息传达以烽烟等为信号，而现在则以卫星、遥感等先进通信设备为主，信息传递的介质发生了根本性的改变。

4. 时间对空间的影响

时间和空间是环境的基本属性，二者共同决定着环境的基本特征。由于时间和空间根本属性的差异，时间对空间也会产生影响。例如，在历史发展的不同阶段，世界的布局不同，各国的空间范围也都在发生着变化。随着时间的推移，人们可利用的空间规模不断扩大。例如，远古时代人们的活动范围仅限于地球，而现在则可以延伸到太空。再如，伴随着信息技术发展起来的网络虚拟空间，在 20 世纪之前是不可想象的。由此可见，时间对空间的范围、存在形式等都有影响。

5. 时间对能量的影响

管理机制中的能量一般有两种体现形式：一种是驱动力；另一种是资源约束。当能量作为驱动力时，在一定的范围内，随着时间的推移，能量会累积，会对主体、客体、介质造成积极的影响，从而促进机制目标的实现；当能量作为资源约束时，其会随着时间而消耗，对参与者的制约程度会增强。时间本身也可以作为一种驱动或约束手段，通过时间资源的分配，以达到激励或制约的目的，促使目标实现。

地震救援应急物资的时间要求

在地震应急处置的不同环节，对物资的需求层次不同，物资需求的紧迫程度也就有轻重缓急之分，特别是当应急资源有限、应急运输能力受约束时，需要确定应急物资的需求紧迫程度。结合应急处置对物资的需求将时间维度的情景划分为黄金救援期（地震灾害发生后的 72 小时之内的时间区段）、灾民安置期和快速恢复期，不同的时间维度对资源的需求层次不同。从时间维度对物资需求情景进行划分，需要考虑不同应急处置业务对资源的核心需求，如在地震初期，应急救援设备是第一需求层次，而黄金救援期结束后，就到了临时过渡期，即灾民安置期，此时生活必需品成了第一需求层次。

（引自《基于“情景–应对”的地震灾区多层次物资需求建模分析》；陈璐等，2013）

三、时间规制与空间规制、能量规制之间的关系

时间规制、空间规制及能量规制三者之间总结起来有三种关系（图 6.1）：

1. 相互支持的关系

实现机制目标，需要时间、空间和能量三者相互匹配、相互支持，形成协调一致的关系。任何一种成为短板，都可能影响目标的实现。例如，基于时间的竞争优势需要高效的时间，但高效的时间需要企业高质量的作业流程的支持，更需要企业高质量的产品的支持。地震发生时，要想在第一时间进行救援以减少损失，需要有大量的人力和物力作保障，并且能就近调动这些人力和物力。

2. 相互转化的关系

有时为实现目标，需要三者相互转化，如以时间换空间、以能量换时间等。例如，为了节省时间，乘客由乘火车改为乘飞机（以能量换时间）；弹性工作时间是给员工的一种福利，替代企业发放奖金等福利（以时间换能量）；为满足顾客需求，企业增加资金建设零售店和售后服务店（以能量换空间）。

3. 协同增效的关系

为了实现机制的目标，可以适当地安排时间、空间和能量三者的关系，产生 1+1+1>3 的效果，更好地实现原目标，或者实现一些原目标之外的目标。

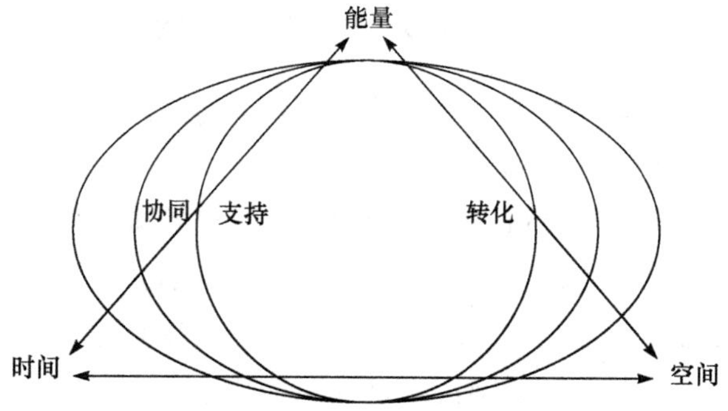

图 6.1 时间规制、空间规制、能量规制三者之间的关系

第二节 时间规制的设计模式及设计流程

管理机制的设计模式有基本模式、间接模式、规制设计模式及理想模

式，这些模式是从机制的各个组件考虑的，规制的设计则可以考虑不同组件本身的属性和特点，本节主要介绍时间规制设计的基本模式，并基于此提出管理机制中时间规制设计的一般流程。

一、设计模式

根据上述分析，时间可以分为时长、时域、时序、截止期、周期、节奏等类型。相对应的，时间规制的设计模式也可以从这些方面来考虑。以下简要介绍时间点、时间长度、时间周期及其组合设计模式。

（一）时间点设计模式

时间点设计模式指从时间点的角度考虑怎样更好地完成任务的问题。为机制目标要更好地实现，有时需要时间点固定，有时需要时间点变动，由此时间点设计模式分为点固定模式和点变动模式。两大模式又有一些细分的子模式。

1. 时间点固定模式

时间点固定模式指为更好地实现目标，事先将活动或任务完成过程中的几个重要时间点确定，作为机制中的相关主体执行任务或活动的时间参照点或奖惩的参照点。这种模式适用于计划导向的管理方法，一般用于事件的计划阶段，因为在计划阶段根据任务情况确定一些关键时间节点对提高工作效率以及目标的按计划时间完成至关重要。而重要时间点的确定需要对活动或任务完成所需要的时间进行合理的估算和预计，可以采用专家评估时间或模拟估算时间等方法估算任务完成需要的时间。时间点固定模式又可以具体分为三个子模式，包括起点固定模式、终点固定模式和中间点固定模式。

（1）时间起点固定模式

这种模式在管理活动中最为常见。它是计划开始的逻辑起点，是所有活动都必有的一个点。从图 6.2 虚拟时间轴来看，活动从这个时间起点开始，然后向t_2，t_3，t_4，…推动。时间起点对一个项目或任务来说，是一个关键性的开端，这一时间点设置的好与坏，对以后事件的进程和发展有极大的影响。因此，时间起点的选择和固定很重要，这种模式最为常见也最为重要。

图 6.2　时间起点固定模式

（2）时间终点固定模式

这种模式在管理活动中也比较常见，即所谓的“有始有终”。但现实情况中，存在很多“有始无终”的现象，如很多应急过程没有明显的终止标志，从而出现了灾情的反复、资源的浪费和救灾组织不撤销等问题。因而，在时间轴上选择合适的时间点确立为事件的时间终点模式对很多事件也很重要。应该合理科学地设置时间终点t_n，防止时间继续向t_{n+1}，t_{n+2}，t_{n+3}，…延伸，造成资源的浪费或者延误其他事件等不良后果（图 6.3）。

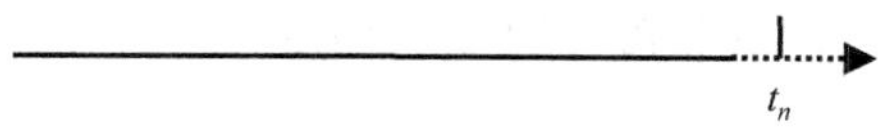

图 6.3　时间终点固定模式

（3）时间中间点固定模式

有些事件从开始到结束，可能要经历很长的时间，为了有效控制整个运行过程，及时纠正偏差，需要在这期间固定几个重要的时间点，以便在这些点上考核之前做成的一些工作或收获的一些阶段性成果。例如，项目管理中的里程碑方法，它设置项目实施过程中的关键目标时间，考核阶段成果，是保证项目成功实施的重要的因素（图 6.4）。

图 6.4　时间中间点固定模式

另外，在事件运行过程中，合理地选取一些关键时间点，在关键时间点上投入资源或采取某项措施，可能会收到事倍功半的效果。例如，选取事件发生过程中的“黄金分割时间点”。从春秋时期齐鲁长勺之战中就可以看出这一点。齐鲁长勺之战中，整个战役的时间段为齐军一鼓—齐军二鼓—齐军三鼓—鲁军击鼓反攻—鲁军追击获胜—战役结束。其中，第三阶段是交战双方力量发生强弱转移的“黄金分割时间点”，鲁军在此时间节点上弃守转攻，最终结果是本来弱势的鲁军却打败了强势的齐军。

齐鲁长勺之战

周庄王十四年初，齐国军队进攻鲁国。鲁人曹刿去见鲁庄公，询问其作战的理由。鲁庄公以平时用度与臣下分享及祭祀时不滥设祭品为理由，均未被曹刿接纳。鲁庄公随后称自己在司法方面尽量做到合情、公平，曹刿便认为鲁“可以一战”，并获鲁庄公批准随行督战。

同年齐军仗着兵强马壮，侵入鲁境。鲁庄公暂时避开齐军锋芒，撤退到有利于反攻的地方——长勺（今莱芜苗山镇）。由于干时战争的胜利，鲍叔牙以下将士都轻视鲁军，认为不堪一击，于是发起声势汹涌的攻击。鲁庄公见齐军攻击鲁军阵地，就要擂鼓下达应战的命令。曹刿劝阻说：齐兵势锐，我军出击正合敌人心愿，胜利没有把握，“宜静以待”，不能出击。庄公遂令鲁军固守阵地，只令弓弩手射击，以稳住阵势。齐军没有厮杀到对手，又冲不进鲁军阵地，反而受到鲁军弓弩猛射而无法前进，只得向后撤退。经过稍事休整，鲍叔牙又下令发动第二次攻击，曹刿劝庄公仍然不要出击，继续固守阵地。齐军攻势虽猛，但仍攻不进阵内，士气不免疲惫，再退回到原阵地。

齐军两次进攻，鲁军都没有应战，鲍叔牙和齐军将领都认为鲁军怯于应战，决定再次发动进攻。于是齐军声势浩大的第三次进攻，迅即出现于鲁军面前。曹刿看到这次齐军来势虽猛，但势头没有上两次大，认为出击时机已到，立即向庄公提出反击齐军的建议。庄公亲自擂起战鼓，发出攻击命令，随后鲁军获得了决定性的胜利。

鲁军战胜，庄公传令追击。曹刿认为齐乃大国，兵力一向强大，不容易判定是否真正失败，很可能另有埋伏，阻止庄公下达追击令。他登轼而望，见齐军旗鼓杂乱，兵器倒曳，又下车观察到齐军战车的车辙十分混乱，判定齐军是真正溃败，才向庄公提出大胆追击的建议。庄公令下，鲁军猛打猛追，给齐军以沉重打击，俘获大量甲兵和辎重，把齐军赶出国境，并射杀齐桓公子公子雍，洗涤干时之战所蒙受的耻辱，国势为之一振。

（改写自《左传·庄公十年》中《曹刿论战》）

2. 时间点变动模式

时间起点变动模式指在整个机制按原来的设计和计划运行过程中，想要更快更高效地实现机制目标，或者机制某个组件突然发生变化，或者机制外部环境中的某些要素发生变动，要求机制适时地发生变化以与环境重新协调一致时，可以尝试从时间点方面进行改变，以解决其他要素变动引起的问题。

（1）时间起点变动模式

时间起点变动模式指从改变时间起点视角考虑去实现新目标。这种模式可分为时间起点提前模式和时间起点推后模式。

时间起点提前模式在虚拟时间轴上的表示是起点由 t_1 提早到 t_0（图 6.5），往往是由于机制目标需要提前完成或者需要机制目标最大化。其他案例也有很多，如大型信息系统项目的实施开始时间提前，可以使相关人员及早接触项目及相关知识，保证项目的顺利实施；某企业的某款创新产品提前投放市场，可以更快更好地占领市场，增加收益；等等。总之，时间起点提前模式对整个目标的实现很关键，可能起点时间稍微提前一点点，就可以使整个目标实现时间长度大大缩短或者目标结果大大超过预期。

时间起点推后模式是时间起点变动的另一种重要模式。一般来说，起点时间推后给人的印象可能没有时间提前好，如“笨鸟先飞”“凡事预则立”等都表明大家比较提倡提前做准备，而很少提倡推后的。其实，有时候将时间起点推后也能取得好的效果，“所谓来得早不如来得巧”，如果能正确地把握好时间点，推后可能比提前效果还好。例如，某市在傍晚快要下班的时间突然遭遇了一场大雨，大雨一直不停造成了下班时间交通堵塞，为了解决这个问题，可以让机关和事业单位职工推后下班，以达到缓解交通堵塞的情况；企业推出新产品的时间也可以推后，以能在前一种新产品上获得更大利润等，这些都是很好的例子。

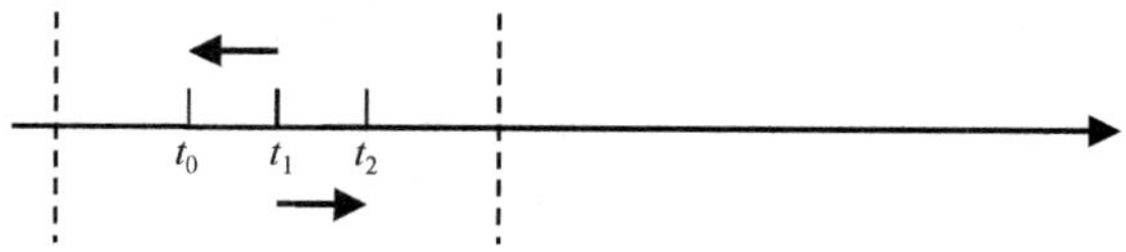

图 6.5 时间起点提前或推后

驾校的时间安排

一些驾校为了使自己的餐厅增加早餐时间段的盈利，特意将市内班车发车时间提早，使得学员在发车前的市内吃早餐太早或者那个时间点卖早餐的很少，到了驾校后又正好是大家平常吃早餐的时间点，这样就可以实现新的机制目标。对于午餐的时间点的控制也采用了同样的机制：课程结束时间为 11 点 15 分，而回城的班车时间是 12 点 15 分，中间有一个小时的空档被留了出来，由于回城不方便，大多数学员都会选择在驾校的食堂就餐。这两者都是利用了时间点控制的设计模式来达到“让学员在驾校就餐”的目的。

在现实情况中，由于时间或资源有限，时间起点无限制地提前或推后而最终大大改善了机制目标的很少，因此设置合理的提前或推后的起点变动范围可以保证更好地实现目标，如关键计划路径方法中的确定项目最早开始时间和最晚开始时间，使时间起点在一个可变的范围内波动，既保证了起点时间的柔性，又使它具有刚性，以便取得预期效果。

（2）时间终点变动模式

时间终点变动模式指从改变时间终点的视角考虑去实现新目标。这种模式也可分为时间终点提前模式和时间终点推后模式。

时间终点提前模式在虚拟时间轴上的表示是终点由 t_n 提早到 t_{n-1}（图 6.6），一种是时间起点提前或者任务活动完成速度比较快等使得时间终点自然提前，另一种是机制目标需要提前完成使得需要时间终点提前。

时间终点推后模式的表示是终点由 t_n 推迟到 t_{n+1}（图 6.6），也可以分为两种：一种是任务工期拉长等导致的“被迫”推后；一种是“主动”推后。这里的时间终点推后模式主要指为更好地满足目标要求主动推后终点。

同样，实践中大部分时间终点也不能无限制地提前或推后，需要确定提前或推后的变动范围，确定最早结束时间和最晚结束时间，使时间终点在一个可变的范围内波动。

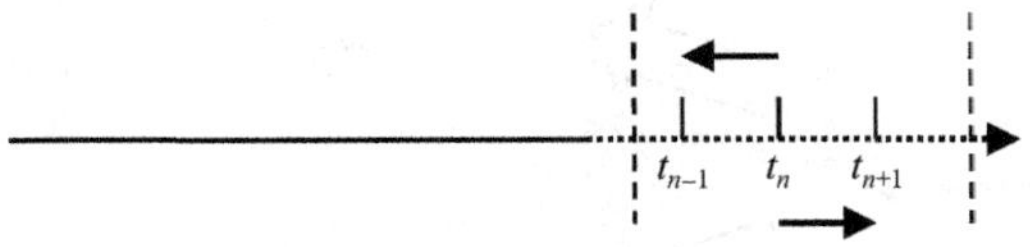

图 6.6　时间终点提前或推后

（3）中间点变动模式

中间点变动模式也可以分为中间点提前模式、中间点推后模式、有限制的中间点提前或推后模式等。一方面是起点或终点变动时相应地调整中间时间点；另一方面是变动时间点，以取得更好的效果。

中间点提前模式的表达是时间从 t_n 提前到 t_{n-1}，推后模式则是从 t_n 推后到 t_{n+1}（图 6.7）。例如，可以根据情况对里程碑中预设的检查点进行提前或推后，以更好地改进目标。但是与起点变动和终点变动一样，中间点的变动也需要一个限制范围，使中间点的变动保持适度的灵活性。

（二）时间长度设计模式

时间长度模式的设计针对的是上述时间分类中的时间长度。时间长度模式主要分为时间长度固定模式和时间长度变动模式。在时间长度变动模式中，又分为缩短时间长度和延长时间长度两种模式。时间长度随机变化的模式会在以后进行深入研究。

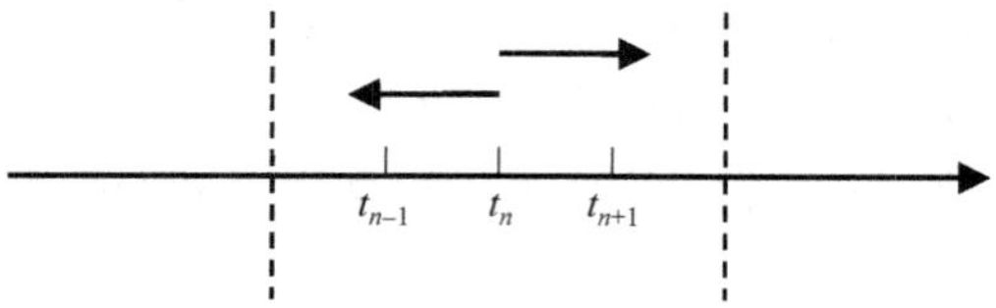

图 6.7 时间中间点提前或推后

1. 时间长度固定模式

时间长度固定模式也是管理中计划过程的一个重要部分，对将要实施的活动或任务所需时间进行估算，并将具体时间长度固定，作为任务或活动实施过程中的参照，以便更好地准备和配置资源，还可以作为管理控制的标准。

2. 时间长度变动模式

时间长度（或跨度）变动模式指在整个机制按原来的设计和计划运行过程中，为更好地实现机制目标，灵活、弹性地将时间长度缩短或延长的模式。基本可分为时间长度缩短模式和时间长度延长的模式（图 6.8）。

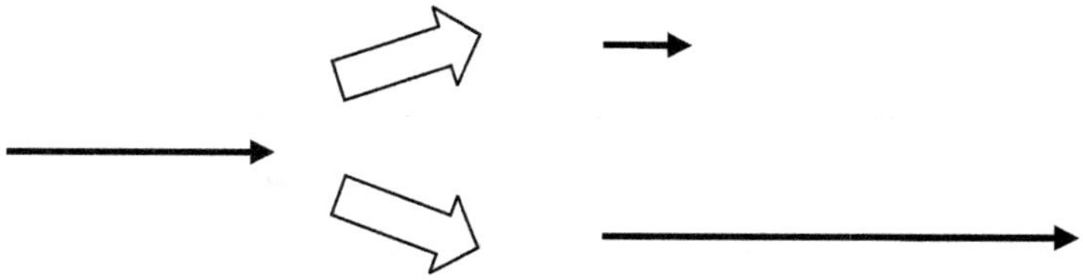

图 6.8 时间长度缩短或延长

时间长度（或跨度）缩短模式在现代世界各国企业的工时管理中用的很多，如近几十年来，德国企业员工的工作总时间明显缩短，我国企业工时也正在向标准化和灵活化的双重趋势演进。主要是由于一些新技术（如信息通信技术）的应用和发展，员工工作效率大大提高，工作时间的灵活性可以自由掌握，很多企业实行不定时工时制、弹性工时制和家中上班制等工时管理制度。时间长度（或跨度）延长模式对于某些行业的企业在某些特殊情况下也能发挥很大的作用，如企业某个项目所需的资源发生紧缺，可以延长时间长度以保证项目保质保量地完成。

（三）时间周期设计模式

时间周期设计模式分为时间周期固定和时间周期不固定模式。周期固定模式指有规律地重复某些活动或任务的模式，如质检人员对生产车间的产品进行固定的一周一次抽查；对事件进行监控的系统按设定好的周期有规律地输出检查数据等。这种模式一般适用于程序性的明确的事件或活动。周期不固定模式则可以分为缩短时间周期、延长时间周期（图 6.9）和随机时间周期三种模式。例如，在节假日的忙季，为了缓解员工劳动强度过大的情况，餐饮等服务型企业员工由平时的两班制转变为三班制；工商质检人员对各类在售产品不定时地进行抽检等都属于时间周期不固定模式。

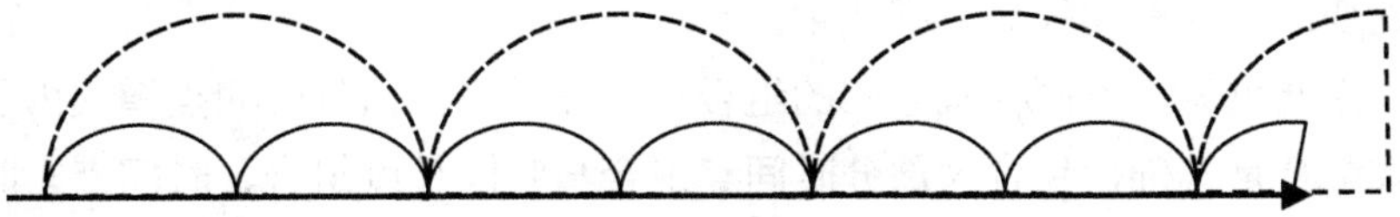

图 6.9　延长时间周期模式

（四）组合模式

组合模式指的是上面提出的几种模式中，同一模式内不同子模式的组合，或不同模式之间的子模式之间的组合。这里简单列举几种。

1. 单个模式内部子模式之间的组合

这个模式主要存在于时间点设计模式中。因为时间点模式分为点固定模式和点变动模式。点固定模式分为起点固定模式、终点固定模式和中间点固定模式；点变动模式分为时间起点变动模式（提前和延后）、时间终点变动模式（提前和延后）及时间中间点变动模式（提前和延后）。因此，这些子模式中的两两变动共有 8 种大的组合模式：①起点固定、终点固定模式；②起点固定、终点变动（提前和推后）模式；③起点固定、中间点变动（提前和推后）模式；④终点固定，起点变动（提前和推后）模式；⑤终点固定、中间点变动（提前和推后）模式；⑥中间点固定，起点变动（提前和推后）模式；⑦中间点固定，终点变动（提前和推后）模式；⑧起点变动（提前和推后）、终点变动（提前和推后）模式。

2. 不同模式之间的组合

不同模式之间的组合指时间点与时间长度的组合、时刻与时间周期的组合及时间长度与时间周期的组合模式。这样的组合模式就比较多，如时间点模式与时间长度模式的子模式之间的组合，包括：时间点固定、时长固定模式，时间点固定、时长变动模式，时间点变动、时长固定模式，时间点固定、时长变动模式。其中，时间点固定、时长变动模式中又可以分为以下 6 小类：①起点固定、时长固定模式，包含在上述起点固定、终点固定模式中；②起点固定、时长变动模式（缩短和延长），包含在上述起点固定、终点变动（提前和推后）模式中；③终点固定、时长固定模式，包含在上述起点固定、终点固定模式中；④终点固定、时长变动模式（缩短和延长），包含在上述终点固定，起点变动（提前和推后）模式中；⑤中间点固定、时长固定模式，包含在上述起点固定、终点固定模式中；⑥中间点固定、时长变动模式（缩短和延长），包含在上述起点变动（提前和推后）、终点变动（提前和推后）模式中。

由此可见，不同模式之间的组合模式非常多，而且时间点模式内的子模式组合是基础，包含大部分时间点组合与时间长度组合、时间点与时间周期组合之间的大部分模式，在时间规制设计中，应针对具体情况，采取不同的子模式组合，在此对各组合模式不一一列出，只是提供这样一种思路，在具体问题解决过程中还要具体细分。

二、设计流程

根据管理机制设计目标的不同，采用的时间类型也不同，如一些企业对员工的考核是按累积时间计算，即在固定的时间段内做够足够的工时（如一周内工作 40 个小时）即可，而有些公司则要求员工工作日按时上下班打卡，这两种分别对应时间长度和时间点，因此在机制设计之前，就有必要首先分析机制设计的目标，据此对可用的时间类型进行判断，从而选择合适的机制设计模式，并在实践中不断根据机制运行结果调整，这样才能充分发挥时间规制对机制目标的促进作用，在降低成本的同时，达到机制的预定目标。由此，可以得出针对时间规制设计的一般流程，如图 6.10 所示。

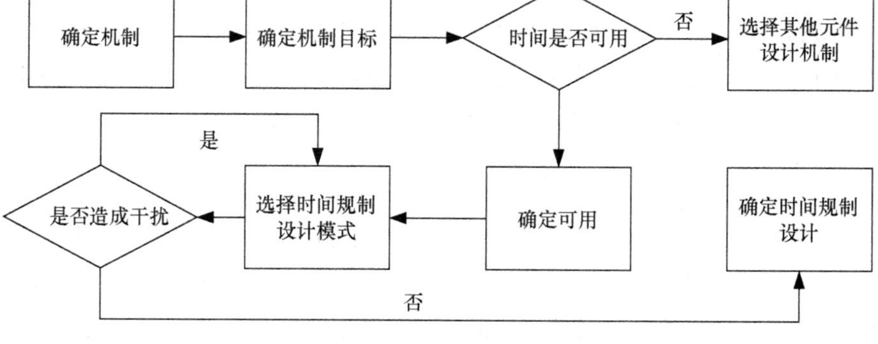

图 6.10 时间规制设计的一般流程

第三节　面向管理机制的时间规制设计应用

通过分析我国近年来应急管理机制建设与运行的实践经验发现，应急管理机制包括十大部分，分别是监控与启动机制、处置与协调机制、运行与评价机制、监督与奖惩机制、终止与补偿机制，大致顺序和相互关系如图 6.11 所示。本节从上文给出的时间规制设计模式出发，分析这十大部分在整个应急管理机制中的作用。

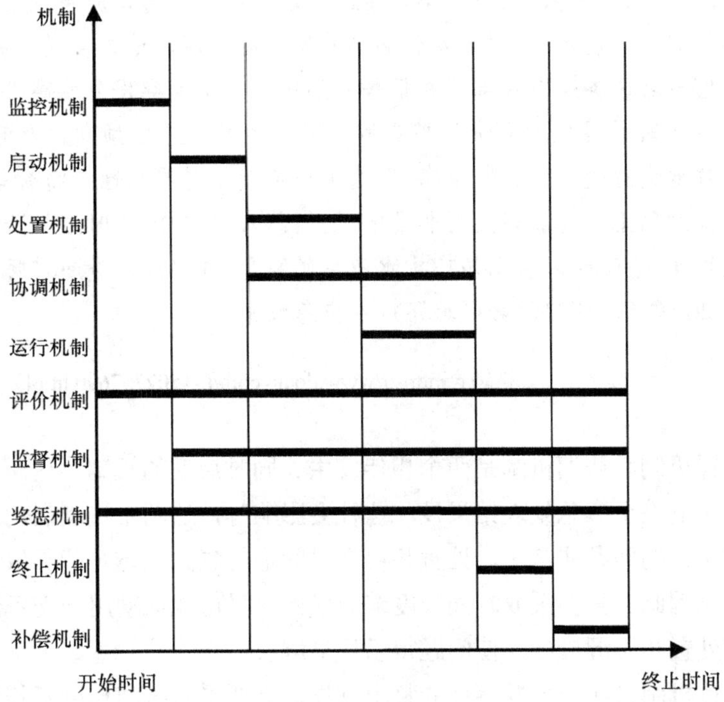

图 6.11　十大应急机制先后顺序及时间跨度图

监控机制处在整个应急管理过程的最开始，是在灾害发生之前，对风险事件进行持续的监视和预警的一种机制。监控机制的内容包括及早发现风险源、对风险进行初步评估并且进行风险预警，使得相关人员和部门能及早发现风险，识别危害程度，进而及早采取措施，把风险扼杀在萌芽中，防止风险的蔓延和扩大。提高监控机制的作用可以从时间点模式进行更好地改进。具体地，可以采取时间点提前模式，在一些容易发生风险或有潜在风险的地方尽早设立监控机制，以便更早地发现风险源并及时控制和预防。

启动机制是指当监控的风险事件没能被提前解除或得到有效控制，风险事件的相关指标参数超过给定阈值，或者其影响范围或程度超过设定条件时，启动相应预案或举措的一种机制。启动机制过早或过晚开启都可能不经济。因此，可采用时间起点固定模式，将事件分为可直接量化事件和不可直接量化事件，并尽量严格根据不同事件提前设置的启动条件对事件进行判断，只有当达到启动条件时，才可启动相关预案。

应 急 预 案

在出现突发事件的情况下，当实际的灾害情况满足预案中给出的启动条件时，应急预案才可以启动。国家的总体应急预案中对于启动的规定是："突发公共事件发生后，事发地的省级人民政府或者国务院有关部门在报告特别重大、重大突发公共事件信息的同时，要根据职责和规定的权限启动相关应急预案，及时、有效地进行处置，控制事态。"这个规定就相对原则性，而有些具体的预案可能会规定得非常细致。例如，"在 24 小时内的降水超过 45 毫米时，启动城市排水应急预案"，或"降水量超过每小时 20 毫米，即启动城区道路排水应急预案"。

（摘编自 https://www.docin.com/p-1502757690.html）

处置机制和协调机制是两个相伴发生、同时启动的机制。这两个机制结果会影响整个应急处理结果及一些社会影响等，这两个机制启动时需要处理和协调的问题非常多，处置和协调时间拖得越久，越可能导致一些负面效应。因此，需要采取时间长度缩短模式，尽可能地动用一切资源采取果断的处置和协调措施，使问题得以尽早解决。

评价机制贯穿于突发事件的整个过程，需要采用时间长度延长模式，从监控机制的作用起点开始到补偿机制结束都需要评价机制的跟踪和作用。另外，还可采用时间中间点固定模式，在整个过程中设置几个关键的评价时间点，进行人员的"可挽救性"、环境的"可恢复性"及灾害的"可减缓性"等评价。时间长度（跨度）延长模式和时间中间点固定模式同样也适用于监督机制和奖惩机制。以往我国应对突发事件仅仅注重结果监督，为更好地处理应急事件，需要加大监督的时间跨度，对整个应急事件全过程进行监督，并采用中间点固定模式，设置几个关键的监督时间点进行重点监督，更好地发挥监督机制的作用。奖惩机制也贯穿整个突发事件过程，也需要采取时间跨度加大模式对整个参与应急事件的人员进行奖励，采取时间中间点固定模式来对重要时间点上做出巨大贡献的人员进行奖励。

终止机制中设立明显的终止标志和明确的终止时间点对整个应急过程来说必不可少，设置得好可以给整个应急过程画上一个圆满的句号，设置得不好则会引发许多本不会发生的问题，使之前阶段的努力大打折扣。因此，应采取时间终点固定模式，从灾害本身、资源配置和公众反应三方面固定一个有效的终止时间点，把这个时间点作为终止应急过程的最佳时机，发出终止通知，终止整个应急事件。

本章小结

本章首先介绍了时间要素在管理活动中的重要性，由此引出了时间规制设计是管理机制设计必不可少的组成部分：总结归纳了目前已有的关于时间规制的研究，并分析了不同学者对时间规制理解上的差异；论述了当今信息化时代设计新型多元化的时间规制的必要性；阐明了管理机制设计理论中时间的分类，时间对理论体系中其他元件的影响；阐述了时间规制、空间规制、能量规制三者之间相互支持、相互协同、相互转化的关系；讨论了时间规制设计的基本模式，在此基础上，提出了管理机制中时间规制设计的一般流程；最后，具体介绍和分析了时间规制在管理机制所涉及的十大方面中的应用。

第七章　管理机制中的空间规制设计

作为管理机制的一个基本构成元件，空间是机制环境描述的一个重要方面，从一定程度上决定了机制的基本性质。因此，空间可以作为空间规制中的定量因素，通过对机制的作用空间加以调节以达到机制目标。这种调节有时是限制性的，有时会引申出其他空间或时间的改变。

关于空间，大多数研究在地理方面，法国历史学家布罗代尔（1994）在《法兰西的特性：空间和历史》从地理学的角度对空间的变化（省、城市、乡村）与法国历史进程的相互作用进行了研究；现代地理学家大卫·哈维（Harvey，1990）在《后现代的条件》等书中阐述了城市空间的变化。也有很多学者从地理空间的角度对空间分异、空间结构、空间效应等方面进行了研究。建筑中景观设计的研究则集中在空间位置、空间分布、空间形态、空间关联等方面。管理领域涉及的空间研究多集中在城市管理和交通管理等方面。有关城市管理的研究包括对城市的空间结构、空间布局、功能性空间分布，近些年来也有部分城市通过划分城市空间引入网格化管理模式，以提高城市管理的效率。除了城市物质形态单位的空间单位管理研究，还有一些研究考虑了人员行动空间，如在我国古代的宫殿等特定的空间范围内，不同阶层的人员的行动空间不同；监狱的管理也是通过限制犯人的行动空间以达到目的的。交通管理的研究主要包括对航线、铁路干线、高速公路等交通空间的可达性分析、各交通网对相应空间经济发展的影响等，也有研究着眼于城市交通中实际空间的利用率，如交通高峰期某些城市实施的“潮汐车道”是对空间充分利用的典范。

潮 汐 车 道

“潮汐车道”就是可变车道，是指根据早晚交通流量不同情况，对有条件的道路，试点开辟某一车道不同时段内的行驶方向的变化。

交警可根据现场交通情况，通过手持遥控器，控制可变导向行驶车道标志随时调整车道行驶方向；若路口有明显通行特征，在没有突发事件的情况下，交警还可以提前进入程序输入固定标志转换的时间，由它自动变换。此外，控制中心还可以通过仪器监控路口路况，适时使用远程控制手段对标志牌进行控制；实现计算机联网的路口信号机还能通过自动识别系统进行辨别并自动调控。

西方很多国家采用了一种可变车道，将隔离带变为通过遥控器控制的可移动隔离带，这样可以根据交通流量不同情况，通过变换车道的方式组织交通。

（引自《朝阳路潮汐车道运行效果评价》；王敏等，2015）

空间的研究是由地理空间逐渐延伸到管理领域的，但是相关研究多集中在某一个点上，没有以空间属性、类型分析为基础，根据管理机制所在空间的特性设计合理的空间规制模式来提高效率，进而达到目标的研究。本章在对空间属性和基本类型分析的基础上，讨论了空间规制与其他组件的关系，研究了管理机制设计中空间规制的基本设计模式，并提出了管理机制设计中空间规制设计的一般流程。

第一节 空间的基本特点

空间是管理机制中一个基本的环境因素，机制的设计需要充分考虑空间的基本属性，空间也会影响机制中的其他元件作用的发挥，因而就有必要考察空间对其他元件的影响。此外，时间作为与之对应的另外一维的环境因素，二者之间相互转化、相互制约，能量规制是管理机制中的资源约束，三者共同决定机制的运行。因而，本节首先对空间的属性和基本类型进行归纳，然后分析了空间对其他元件的影响，并考察了空间规制与时间规制、能量规制之间的关系。

一、空间的属性

空间的属性包括位置、大小、维数、形状、结构、状态、用途、存在形式，具体如下。

1. 位置

位置是指空间所在的地理坐标或地点，一般是根据方向、距离确定空间的位置，如是室内还是室外。它是空间的根本属性，对空间的其他属性如大小、形状、用途等都会产生影响，有时甚至对管理机制的实施起决定性作用，如北京天安门广场的管理，相关部门十分重视，就是因为其所处的位置十分特殊；而同一事件在不同地点也会有不同的应对措施，发生在山区与市区的地震，其应急管理就会存在较大的差异。位置的特殊性也会引起管理机制的失效，如旅游景点饭难吃的问题，就是由其所处位置所引起的。

2. 大小

大小是指空间所涵盖的地理范围，是空间的基本属性，对于人为规定的空间，其大小一般会受位置所限。空间大小的差异也会引起管理机制的实施效果的变化，如对于高楼层大火的救援，可以使用直升机等大型救援工具，但是对于较小空间的救援，就要发挥智能机器人的作用了。

3. 维数

维数是空间的基本几何形态，指空间是作为一个点、线、面或立体而存在的，可以是一维、二维、三维或多维的。在不同的场合，考虑空间的维数是不同的。例如，在考虑交通网络时，就把每条道路当成一条线，也就是一维的，而在数字地球上，就要考虑道路的宽度、长度、道路旁边的建筑物、道路上的车流和人流，此时，道路就是一个三维的立体空间。

4. 形状

形状是指空间的几何形态，一维的可以是直线、曲线，二维的可以是圆形、三角形、长方形、正方形、椭圆形等，三维的则包括球体、椭球体、长方体、正方体、椎体、柱体等，可用其尺寸、体积、表面积等几何参数来描述。形状也是空间的基本属性，其不同于“大小”之处在于，根据不同的标准，某个固定空间的形状可以是一维的线，可以是二维的面，也可以是三维的体。

5. 结构

结构是指空间内部各组成成分的搭配和比例，如一个城市的空间结构包括道路、桥梁、楼、塔等，而一座山的空间结构就包括山脚、山腰、山顶。一些空间会因其功能的不同，结构存在差异，如医院的住院楼和公司的写字楼的内部结构就不完全一样。

6. 状态

状态是指空间是静态的还是动态的，是一成不变的还是会随着时间、环境等的变化而变化，静态的空间可以是一座山、一栋楼等，动态的空间中比较典型的就是为解决城市交通问题而实行的“潮汐车道”，即在不同的时间内变化某些车道上的行车方向或行车种类。

7. 用途

用途是指空间的功能，主要针对人为构建或划分的空间，如一栋楼是教学楼还是政府的办公楼，某些确定的空间会按其用途的不同来确定空间的位置、大小、结构和状态。有些空间因是自然形成的，不会有特定的用途，如江河湖泊、山川、峡谷等自然空间。

8. 存在形式

虚拟/实体是指空间的存在形式，这个属性是伴随着现代信息技术的发展而产生的。通常人们所说的空间都是指实体空间，但是网上商城、论坛等则是以虚拟空间的形式存在的，公共管理中的许多管理信息系统也是以数字平台存在的虚拟空间。

虚 拟 空 间

随着信息技术的发展，互联网对人们的行为模式产生了巨大的影响，人们购物、学习、工作等的范围不再局限于商场、学校和办公室，网上商城、云空间等网络上的虚拟空间成了人们现代社会生活的重要内容。人们活动的空间范围大大地被拓展了，受其影响，越来越多的企业通过虚拟空间完成业务，在节约成本的基础上也提高了效率。

空间属性的分析是进行空间规制设计的基础，只有对管理机制实施的空间属性进行全面的分析，才能设计出合理可行的机制。空间属性的分析对于突发事件的应急响应十分关键，如 2008 年发生的汶川地震和 2001 年发生的昆仑山地震，因其空间特点的不同而采取了不同的应急管理措施。对于汶川地震，其发生地人口密集，就要尽全国之力进行救援，而对于昆仑山地震，由于发生地人口稀少，仅造成地质结构的改变，并没有明显的人员财产损失，因此几乎没有媒体关注。

二、空间的基本类型

根据空间形成的方式不同，可以将其分成自然形成的空间和人为划分的空间。

自然形成的空间主要是指具有不同地理特征的区域，如平原、盆地、高原、山脉、河流、湖泊、江海等具有典型地理特征的空间，这也是人们从事生产生活活动的基本环境，一般情况下无法进行人为改造，但是可以从局部根据人们的目的进行改造，如荷兰在工业化初期的“围海造田”，我国广东汕头20世纪60年代中期改造海滩为田地的“牛田洋”等。

对于自然形成的空间，在设计相应的空间规制时更多的是根据该类空间的特性选择与其相匹配的机制，而很少选择改变其属性来达到相应的目标，如对于不同地形特点的防灾措施就需要因地制宜，靠海的地区需要防范台风的袭击，地质灾害频发的地区要考虑地震、山体滑坡、泥石流等的防范措施。对于自然形成的空间，其属性并不是完全不可改变的，在一些特定的情况下，可以通过非常手段改变自然状态的空间。一些较强的地震发生后往往会因为山体滑坡等形成堰塞湖，如果遇到强余震、暴雨，可能会发生溃坝，对下游百姓的生命财产造成威胁。同时，由于堰塞湖水位不断上升，也会对上游造成淹没的危险。这时，往往需要以人工挖掘、爆破、拦截等方式来引流，逐步降低水位，以免造成大的洪灾。这种情况就可以说是对自然形成的空间的属性进行改造，以达到排除危险的目的。

人为划分的空间包括各个国家的疆域、每个国家的更小行政单元（如省、县、乡、村）等，以及功能性空间。这种类型的空间不仅界定了空间相应主体的权力空间，还明确了空间的功能。各个国家只能在各自的领土范围内行使主权，省、县、乡、村的行政权力适用范围也是如此。功能性空间主要指车站、化工厂、军事区域、经济技术开发区等具有特定功能的区域，北京的中关村软件园、北京西站、天安门广场即典型的功能性空间。

对于人为划分的空间，其主观目的性很强，可改造的余地也较大，因此在设计相应的机制时可以改变某些属性以达到机制设计的目标，或者是与时间、能量相配合，以达到最佳效果，如对城市功能区的划分等。

空间的分类是空间规制设计中必不可少的一个环节，空间类型的确定，对于突发事件的应急处置具有重要的价值。例如，地震灾害发生在不同的地区，其对应急资源的需求调配有显著差别。山地和平原地区其物资供应的难易程度差别很大；城市和乡村都各有其自身特点，城市的人口密度大，建筑物结构复杂、城市系统性比较强，这就增加了救援的难度，对物资的专业化配备提出了挑战；而乡村交通不便，并且脆弱性人口相对较多，这就给物资的调度增加了难度。

三、空间对其他元件的影响

空间规制是管理机制环境描述的重要方面，空间、时间和能量并列作为环境因素，必然会影响管理机制的运行。空间规制对主体、客体、介质、时间规制和能量规制都会产生影响。

1. 空间规制对主体的影响

常见的突发事件中，应急处置的主体会随着其所处空间位置的改变而改变。一般情况下，应急管理的主体为对应的领导阶层，而非突发事件中的参与人本身，如矿难的处置主体一般为该集团的应急管理小组或是对应的政府组织。但是在客机遇到突发情况时，处置主体则为机组乘务人员或乘客，当遇到不利天气条件时，主要依靠机长来应对；而当遇到劫机事件时，则需要全体乘客和机组乘务人员共同应对。因此，空间条件的改变对主体有很大影响。

2. 空间规制对客体的影响

对于处于不同地理条件的区域，开发和使用的方式不同，相应的机制设计也会有差别，即空间条件对客体也会产生影响。应急管理中，对于处于不同位置的营救对象，其救援策略也会不同，如对于发生在高层楼的火灾，处在高楼层的人员需要空中救援，而处于低楼层的人员可通过安全通道获得救援。

3. 空间规制对介质的影响

对于不同地理条件中发生的突发事件，救援的方式和工具不同，即空间对救援的介质产生影响。山区发生地震时，一般情况下要通过直升机等空中救援工具进行救援；平原发生地震时，除了空中救援，也可以通过多种地面救援工具进行人员营救；发生海啸时，主要的救援方式则为依靠交通工具紧急撤离。不仅如此，开放空间与密闭空间的救援方式和工具也不同，电梯发生故障时，救援方式除了自救外，需要通过电梯的警铃（电梯电源充足的情况下）、故障自平层、断电自平层、远程救援等方式进行救援。因此，空间对介质也会产生影响。

4. 空间规制对时间规制的影响

有些公司为了防止员工迟到，设计的免费停车位少于实际的员工数，迟到的员工就需要去收费的停车场停车。空间不仅会对时间产生影响，空间与时间互相作用也会对机制目标的实现产生影响，如 20 世纪 90 年代初国家对经济特区的划分就对机制的目标（经济发展）的实现产生了巨大的促进作用。

5. 空间规制对能量（驱动力与资源）规制的影响

发放地震救援物资时，经常会出现哄抢现象，主要的原因就是发放物资时的秩序维持受空间条件影响很难控制。在人员密度较大的公共场所，都会设置护栏防止秩序的混乱，但是在救援物资发放现场，由于是临时场地，缺乏护栏等防护措施，灾民又急需基本的生活保障物资，因此空间条件的限制使得正常秩序下发放救援物资十分困难。应急管理中，救援物资的储备与运送十分重要，但是救援物资在正常情况下是要占用空间的，因此如何设计应急物资储备站的大小和位置就是应急管理的一个关键，即空间条件对应急资源也有着重要影响。空间可以直接影响机制的运行，也可以通过影响时间和能量来影响机制的运行。

四、空间规制与时间规制、能量规制之间的关系

空间规制与时间规制、能量规制作为管理机制作用的环境条件，对管理机制的运行有着重要影响，不仅如此，空间、时间和能量也互相影响，三者的交互作用共同决定着管理机制实施的效果。三者之间具有如下关系（图 7.1）。

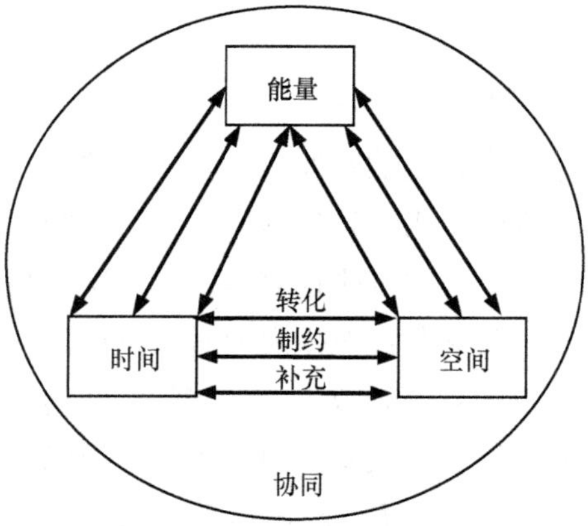

图 7.1　空间规制、时间规制与能量规制之间的关系

1）相互补充：机制目标的实现需要空间、时间和能量三者相互匹配、相互支持。三者对管理机制的影响满足“木桶原理”，机制目标的实现程度取决于最短的那块木板。

2）相互转化：如很多企业为了增大规模，投入资金来建设厂房（以

能量换空间)。北京有些地铁为了避免拥挤踩踏事件的发生，设置了较长的换乘距离，为以时间换空间的典型的例子。因此，空间、时间和能量可以通过相互转化来促进管理机制目标的实现。

地铁站的空间

地铁站是典型的密集人群场所，如果地铁站的空间布局设计不合理，很容易造成拥堵，严重时甚至会发生踩踏事件。为了防止此类事件的发生，一些大型的换乘站都会有较长的换乘距离，来减小单位面积内的客流，即通过增加总的空间大小来避免可能的事故风险。一些火车站、汽车站的布局也采用了同样的空间设计模式，以防在节假日等人流量较大时发生意外。

3）相互制约：在特定的时间段，只能在特定的空间实施某些措施，如改革开放初期，国家在沿海设立经济特区；随着经济的发展，东西部发展十分不平衡，国家又开始提倡西部大开发。例如，旅游景区饭难吃的问题，则是由于旅游景区这个特定的空间位置影响了其能量（饭），因此三者也存在相互制约的关系。

4）协同增效：合理的空间、时间、能量安排能够高效、快速地达到管理机制的目标，实现 1+1+1>3 的效果。

空间规制不仅影响时间规制、能量规制，也受到时间规制、能量规制的影响，三者交互作用从而决定管理机制的实施效果。对于不同的管理对象，需要综合考虑三者的具体关系，充分发挥空间规制、时间规制、能量规制之间相互补充、相互转化、相互制约的作用，才能达到协同增效的最佳机制实施目标。

第二节　空间规制的设计模式及设计流程

与时间规制类似，空间规制的设计也需要根据空间本身的属性和特点来考虑，本节首先介绍空间规制设计的主要模式，然后据此提出空间规制设计的一般流程。

一、设计模式

1. 改变空间大小

空间大小的改变，包括空间由大变小和由小变大。

由大变小的空间规制模式是指通过缩减空间来达到管理目标。城市管理中的网格化管理即通过管理单元的由大变小以实现高效、有效管理的目标。网格化管理将较大的城市空间单元划分为较小单位的网格单元，单位管理空间缩小了，监督人员的分布更均匀，对城市监管的有效性也就增强了（如十个人监督十个单元大小的空间的效果就不如一个人监督一个单元大小的空间的效果）。这种模式适合较大空间的精细化管理，通过管理空间范围的缩小，来提高管理的有效性。

反之则是由小变大的空间规制设计模式，通过扩大原有的空间范围，以实现主体的特定目标。例如，煤矿的安全监控系统通过扩大监控范围，从最初的几十平方米的范围增大到几百平方米的范围，可以提高监控效果和效率，在最大程度上避免矿难的发生。

这种类型的空间规制设计模式适合于距离、面积等可变或易变的空间，对于范围比较固定的空间不适合采用这类设计模式。同时，在改变空间大小时要注意对比空间变化前后的成本、效能等方面的变化。

2. 改变空间位置

空间位置的改变是指通过位置的变动来达到机制设计的目标，这种模式包括空间和空间承载对象的集中和分散。

空间的集中和分散是通过改变某些特定功能的空间分布来达到一定的目的，如写字楼的车库位置的设计就是把停车位的空间整合起来以节省资源；城市应急资源的储备点则要分散在城市的各个区位，以方便突发事件的应急调配。旅游景区中迂回式的商业长廊总是设在景点的必经之路上，它也是通过位置的改变来增加销售量。

中央级救灾物资储备

中央级救灾物资储备是指由民政部门储备的用于自然灾害中紧急抢救和安置灾民的各类物资。在救灾物资储备布局上，截至 2014 年，民政部在北京、天津、沈阳、哈尔滨、合肥、福州等 18 个城市设立了中央救灾物资储备库点。各省（自治区、直辖市）、地市和多数多灾易灾的县都设立了救灾物资储备库点，全国救灾物资储备网络基本形成。按照相关救灾工作原则，灾害发生后，受灾省（自治区、直辖市）一般先动用本省（自治区、直辖市）救灾储备物资，在本省（自治区、直辖市）储备物资全部使用仍然不足的情况下，可申请调拨中央救灾储备物资给予支持。

（引自《民政部正在制定国家自然灾害救助物资储备规划》；王勇，2014）

空间承载对象的集中和分散主要是指通过空间的设计来整合或分散其承载的对象，以达到相应的目的，比较典型的是当地震或洪水等自然灾害发生时，一般是将人群聚集在一起，对灾民集体转移和安置；而城市里的大型商场或剧院一般会有若干个出口来分散人流，以防造成踩踏事件。

3. 改变空间形状

空间形状的改变是指通过改变空间的尺寸或维数来达到机制的目标，如对于火山喷发、地震活动等形成的堰塞湖，在对其进行处理时，就需要通过疏通导渠，炸开堰塞体的方式来解除危险，其本质就是通过改变水体承载空间的形状来达到缓解危险的目的。

空间维数的改变是指通过维度的延伸或收缩来达到目标，将作用的空间范围从二维扩展到三维或从三维缩小为二维甚至一维，如比较成熟的GIS（地理信息系统）就从最初的对地形图的平面信息收集扩展到了立体信息收集与处理，而在处理不同情境下的信息时，有时需要将三维的实体缩小为一条线甚至一个点。

这种模式的适用范围相对前几种比较狭窄，主要是由于一般情况下空间形状和维数的改变比较困难，而且要结合比较先进的技术和设备才能实现。

4. 改变空间内部结构

空间的内部结构改变主要是指空间内部组成部分的改变或是内部组成部分比例（位置、大小）的改变。

内部组成部分的改变，可以是不增加新的组成部分的情况下去掉原有的组成部分，可以是不减少原有组成部分的情况下增加新的组成部分，也可以是用新的组成部分替换原有的组成部分。

内部组成部分比例改变是在不改变内部组成部分的情况下，对其的比例、数量、大小等进行调整，如交通网络中通过交通管制或限行来提高整体的通行速度，超市中商品的摆放通过改变超市内部空间结构来达到促销的目的。

5. 改变空间状态

这种空间规制模式可以是指某一个特定的空间随着时间而改变，而不是一成不变的，主要是指静态空间和动态空间的转换，也可以是空间存在形式的改变，如从实体空间到虚拟空间的转变。在有些城市，进出的道路是动态管理的，当进城拥堵时，就把出城的道路变窄，分 1～2 条给进城道路，这种道路的设计模式实现了从静态到动态的转化。一些水库在丰水期和枯水期蓄洪量的不同也是空间状态变化的一种情况。面对洪灾时，有时需要考虑分洪，分洪区（湖泊、洼地、河流）的空间状态也是动态的。这些情况都属于空间状态在静态和动态之间的转换。

空间存在形式的改变即从实体到虚拟空间的转变，是指随着互联网和信息技术的发展，实体空间逐渐向虚拟空间扩展。现在比较普遍的网上商城、论坛、社交网络等就是这样的一种转换。网上商城将商品展销的位置从实体店转到了虚拟空间，一方面降低了成本，节省了空间资源；另一方面提高了便利性和便捷性，更有利于商品的销售。论坛和社交网络则将人们交流的空间位置从实体的空间转向虚拟空间，微信、微博等虚拟电子空间极大地促进了信息交流与传播。

6. 改变空间功能

空间功能改变主要是指某些确定的空间随着周围环境或是机制目标的变化，其用途发生变化，这种空间规制的设计模式比较简单，但在管理实践中很常见，比较常见的就是在地震发生时，许多体育场馆、学校等会被当成临时的灾民安置点。

以上为空间规制设计的基本模式，不同的设计模式各有其适用范围。在管理实践中，可以根据不同的环境条件，采取一种或几种模式来达到管理机制的目标。

二、设计流程

由于不同的空间规制设计模式适用的范围和情景不同，在选择设计模式时，有必要考虑目标的类型。结合对机制的其他元件的分析，根据目标的类型，选择合理的空间规制设计模式。

有关空间的机制设计目标有以下几种类型。

类型一：通过调整空间充分利用已有资源，提高资源利用率，如某些城市的潮汐车道，在不同的交通时段，根据车流量和人流量的变化来调整道路的走向，节约了空间和时间；立体车库也是通过增加单位空间内停车位的数量来提高空间的利用率的。

类型二：通过调整空间提高管理效率，如城市的网格化管理就是将城市划分成更小的管理单元，来提高城市管理的效率；城市规划中的功能区划分也是通过整合空间以利于整体的管理。

类型三：原有空间不再适用，需要改变空间范围，如目前中国城市化进程中，许多城市不断向郊区扩张，大大扩展了原有城区的范围。

类型四：通过调节空间使其他元件发生改变，如有些地铁站的换乘车站会很狭长，就是为了防止人群密集时可能发生的踩踏事件，以时间换空间，减小单位距离内的人流量；景区的迂回式商业长廊也是如此，这些商铺分布在景点的必经之路上，通过较大的空间分布来刺激游客消费，增加收益；超市的收银台位置的确定和超市不同高度的货架摆放的商品都是通过空间的调节来达到增加销量、提高收益的目的。

上文分析了空间的基本属性和类型，并对空间规制的设计模式进行了讨论，基于此，根据机制设计的不同目标，提出管理机制设计中空间规制设计的一般流程（图 7.2），具体步骤如下。

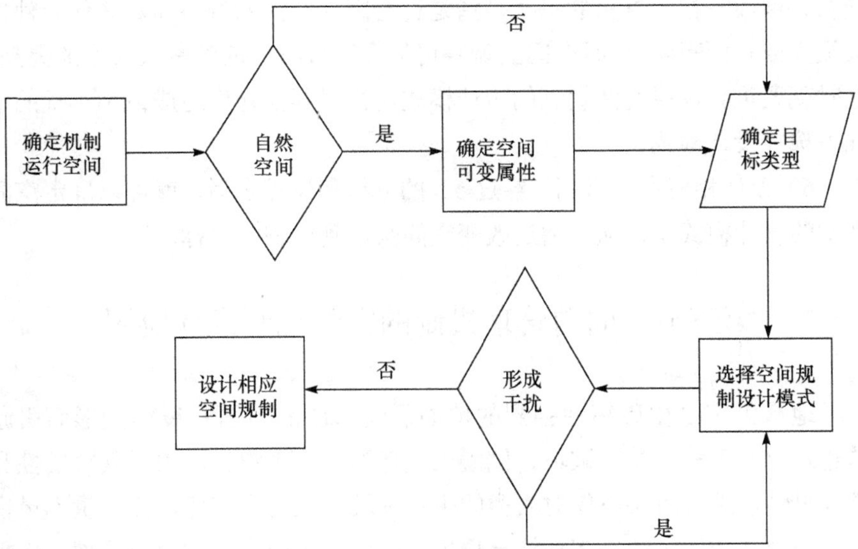

图 7.2 空间规制设计的一般流程

1）确定机制运行空间。首先要明确机制运行的空间环境和范围，由于对空间属性的分析和空间规制设计模式的选择都是在这个环境中进行的，因此这一步是最基础的一个环节，有时还要考虑时间是否会与空间有交互作用、空间的范围是否会随时间有所改变等问题。

2）判断空间类型。明确了机制运行环境之后，空间的类型就很容易确定。如果是自然形成的空间就要选择与其相匹配的空间规制设计模式，由于其基本属性很难改变，因此往往从空间的用途来考虑；而对于人为划分的空间，空间的位置、大小、维数、形状、结构、状态、用途、存在形式等属性都有可能改变，确定在运行环境中可以改变的属性是这一步的主要任务。

3）确定目标类型。由上述分析可知，不同情况下，空间规制设计的目标不同。有些情况下可能需要达到的目标不止一个，这一步就需要确定主要目标，根据主要目标来选择规制的设计模式。在主要目标可以达成的情况下，才考虑其他的目标，有时候为达到主要目标甚至牺牲次要目标。

4）选择空间规制设计模式。根据前述的分析，不同的空间规制设计模式的适用范围不同，有时一种单一的模式不能达到目标，这时就需要多种模式的结合。这一步就是在确定空间类型、空间属性和目标类型的基础上，选择一种或多种空间规制设计模式来达到目标。

5）判断 4）中选择的模式是否对其他元件（主体、客体、介质、时间、能量）造成干扰。这里的干扰是指是否会因为空间的调整而对其他元件造成损失或负面影响，有时空间的调整可能会造成时间的浪费或成本的提高，这时就要重新选择空间规制的设计模式，在对其他元件造成最小干扰的情况下选择设计模式。

6）设计相应空间机制。经过 5）的分析和反馈之后，就可以确定空间规制的设计模式了，从而通过改变空间来达到机制的目标。

第三节　面向管理机制的空间规制设计应用

地震灾害是由破坏性强烈的地面震动形成的地面断裂和变形而引起的建筑物及工程设施的破坏、倒塌以及伴随的次生灾害，由于其突发性和难预见性，地震灾害不仅对人类的生存环境造成巨大破坏，使大量人员伤亡，还会造成巨大的经济和社会损失。因此，地震灾害的应急管理工作重要且复杂。

地震灾害的应急处置工作中，充分的物资储备与高效的物资调配是应急响应的基本条件，合理的物资储备布局和物资调运计划又同空间的利用息息相关。除此之外，“大灾之后防大疫”也是地震救援工作中必不可缺少的一环，疫情的预防又离不开有效的隔离，在疫区物资匮乏和空间条件限制的情况下，如何实施隔离就成了应急管理工作中的一个难题。结合空间规制设计的流程，本节将分别对物资储备和调配中的空间利用情况和灾区防疫的空间规制设计实践进行说明。

一、地震应急物资储备与调配

应急管理中，物资调配与运输处于事件应对的“中枢”地位，是应急救援顺利开展的保障，在地震应急管理中，由于其预测难度大，需求物资种类多、规模大，常常需要多个物资储备库来满足其应急物资需求，因此，物资储备与调配更是不容忽视的一个环节，它直接关系应急物资保障的反应速度和最终成效。其中，物资储备点的布局和物资的运输处于核心位置，而合理的储备布局和高效的物资调度就需要充分考虑该地域的空间特点，因地因时制宜。

根据上述空间规制设计的一般思路，在考虑地震应急物资储备点的空间选址问题时，可以明显界定其为自然空间，此时空间规制设计的主要目标就是对灾区进行有效和高效救援。因此，首先要考虑地震多发区的空间特点，确定某一空间范围内应急物资的主要储备点。由于地震造成的危害较大，因此对应于救灾物资的储备就相对较大，数量和种类较多，这时空间距离就是必须要考虑的因素，合理的空间距离不仅有助于提高救灾效率，也有利于控制救灾成本。例如，我国的中央物资储备库在全国范围内的空间布局，东北地区为沈阳，华北地区为天津，华中地区为郑州、武汉和长沙，华南地区为广州，西南地区为成都，西北地区为西安。除此之外，还要考虑地震多发区和物资储备点的其他空间特点，如地震多发区和物资储备点之间的空间地理特点，包括地形特征、交通状况、城市空间规划等。

地震应急物资运输中的空间规制设计也可根据上述流程考虑(图 7.3)，一般情况下，地震应急物资的运输空间跨度较大，涉及的空间类型比较复杂，自然空间和人为划分空间交互重叠，甚至界限也很不明显，当面对级别比较高的地震时（如汶川地震），因其造成的空间特征改变较大，给物资调配带来的难度也增加很多。对于自然空间，其属性较难改变，此时设计的重点往往是改变其空间承载体，如地震导致的灾区地面交通路线中断，此时的物资运输则主要依靠航运，通过空投等方式对灾区进行物资补给。对于人为划分的空间，则可以有较多的空间特点可以利用，如重大灾害发生期间，开通的快速通道可以提高应急物资的调配效率，这即改变空间功能来达到快速运送物资的目标。需要注意的是，在不同的救灾时段，空间的各个属性的优先级是不同的。此时，在对空间规制设计模式有效性的检验上需要根据当期的目标和总体目标进行调整。

二、地震救援-震后传染病隔离

地震后垃圾、污水、畜禽尸体等的影响使得饮用水污染，蚊蝇滋生，灾区群众集中在临时住所，卫生条件较差，同时由于身心受到创伤，免疫力降低，很容易出现疫情。在震后传染病发生的情况下，如何在有限空间实施有效隔离就成了一个难题。

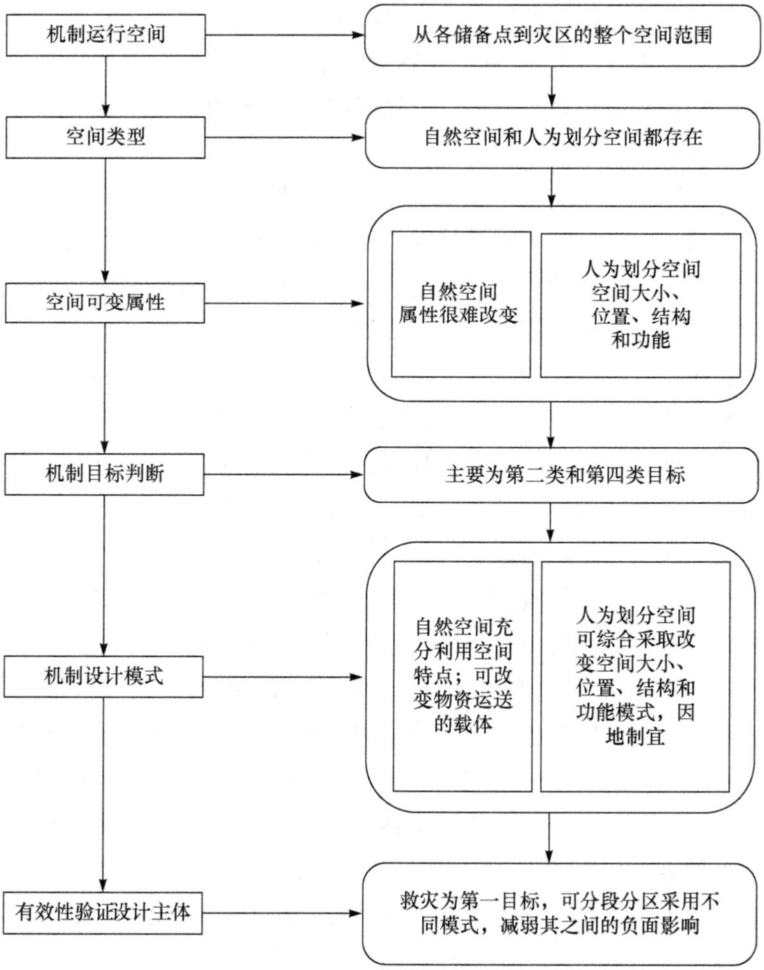

图 7.3　地震应急物资调配中的空间规制设计

根据空间规制设计的一般思路，此时的空间已不再是自然空间，而是由帐篷支撑起的人为空间，此类空间的属性可变程度较大。此种情况下，空间规制设计的目标属于第三类，即原有空间不再适用，需要改变原有空间。由于地震发生后，帐篷数量有限，很难在保证灾民需求的基础上再对每个疑似病例进行单个帐篷隔离，因此可以考虑分区搭建帐篷，灾民正常生活区和隔离区要有足够的空间距离，以保证隔离的有效性。事实上，我国对地震后预防传染病的隔离措施就十分注重空间的利用。

国家卫生健康委员会对地震后灾区出现疫情如何进行隔离进行了明确规定，根据疫情发生的实际情况，隔离区可被分为小隔离圈、大隔离圈和警戒圈（图 7.4）。由于传染病的传播，需要特别注意空间上的独立性。由于震后各种资源的匮乏，节省救灾物资也是在隔离时必须考虑的因素。因此，根据直接接触者的发病与否，需要隔离时可在其原住宅中另室隔离，必要时可设立临时健康隔离所，健康隔离所应设在居民点中孤立一角的房

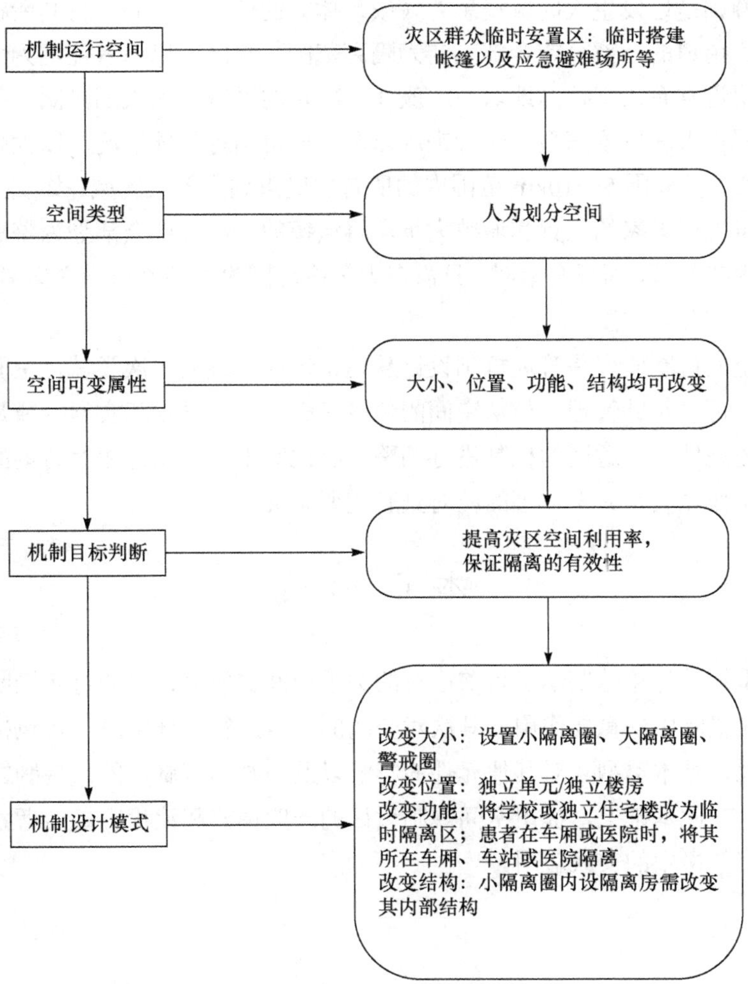

图 7.4 震后传染病隔离的空间规制模式说明（以鼠疫为例）

舍中，周围设岗，严防出入。除此之外，还有一些特殊情况下的隔离，如传染病发生在人烟稀少、居住分散的山区或牧区时，可以只划定小隔离圈；人口密集地区人间鼠疫多点同时暴发时，可不划大隔离圈，根据患者分布可将整个村寨或几个村寨划定为封锁隔离区域；鼠疫患者在旅途或医院发病时，先将患者所在车厢及车站或医院等被污染的场所迅速封锁隔离，立即与非污染场所人群分开。

小隔离圈是指以鼠疫患者（或尸体）所在住处为中心，将其周围被污染的邻舍隔离的范围，如一个庭院、一栋房子等；牧区可将一顶帐篷或相连的几顶帐篷划为小隔离圈，患者（或尸体）发生在城镇居民区时，可将其中一栋楼房或患者（或尸体）所在的一个独立单元划定为小隔离圈。大隔离圈则是以发生人间鼠疫患者（或尸体）的住房为中心，将其所在的村（屯）、街道的一部分或全部划定为隔离范围；牧区则以患者住宅为中心，将其附近常有人来往的地域，一般 1～2km 的区域划为大隔离圈。警戒区是指根据人间鼠疫病型、传染来源以及污染范围等具体情况，以大隔离圈为中心，其周围 5～10km 范围内的所有居民点划为警戒区域；如发生在城镇，可视患者家的位置和城镇大小，将城镇的一部分或全部划为警戒圈；如发生在牧区，居民分散时，只需在大警戒范围内的各路口设立岗哨即可，可不必划分警戒圈。

空间规制研究是管理机制设计从理论走向实践的一次尝试，空间规制研究，可以帮助管理人员从空间的角度考虑机制的设定和实施，或是对新的环境条件下不适用的机制进行调整，因此对于空间条件相对苛刻的应急管理工作尤其是大型灾害的应对具有重要意义。

本章小结

本章首先总结归纳了目前已有的关于空间的研究，并通过实例明确了空间在机制中的重要作用。其次对空间的特点进行了详细总结，包括空间的属性、基本类型、对其他元件的影响以及与时间规制、能量规制之间的关系；在此基础上，提出空间规制设计的一般模式和流程。最后考察了其在地震救援中的实践应用。

第八章　管理机制中的失效分析

现实中的管理者总是会面临这样的困境：一直在使用且有效的某项政策或管理措施在慢慢地失去其效用，直至完全失去它本应有的作用和价值。在管理学发展的里程碑中，霍桑实验的出现就是其中的一个例证，本来之前由泰罗创立的科学管理方法具体实施时可以激发起大家的工作热情，毕竟工作量和收入是完全的正比关系，但是，霍桑实验却发现同一个工作环境下大家在完成工作量上会做到基本均衡，与科学管理方法的设计目标有较大的差距。

一个组织内部久而久之必然出现的柠檬效应也是管理机制失效的一个例证，在一个组织的初创时期，组织中的个人多是积极向上的，大家都会为了整个组织的利益最大化而努力，每个人都愿意表现出自己优秀的一面，并且乐于接受比自己优秀的新人加入，淘汰掉不合格的人员。但是随着组织形态趋向稳定，会出现逆淘汰现象，就是所谓的“劣币驱逐良币”，越来越多的人抱着武大郎开店的思想，打击优秀分子，甚至损公肥私，直到组织瘫痪或崩溃，所有人的利益通通受损为止。

机制失效的现象在经济领域和管理领域都有，其负面作用，如果宏观一点说，会严重妨碍社会的进步与发展；微观一点说，会造成一个不再友好和有上进希望的小环境，降低组织的整体效能，从而减少每个组织成员的收益。

经济学里又特别有对“市场失灵”的现象的研究，是指受到许多因素影响，市场无法达到完成竞争、供需理想状态的情形，学者将这种违反帕累托效率的经济市场原则称为“市场失灵”。在这里，“失灵”的英文也是failure，和失效一样，失灵前的定语除了“市场”，也可以是“政府”（或“非市场”）。

在自然科学领域，失效现象更加广泛地存在，食品、药品都有保质期，建筑机械电子产品都有功能逐渐衰退、衰减乃至完全失效的过程，如每座大桥都有其运行的安全期，汽车、手机等也总会有一天不再具备其设计时的功用。

自然科学领域中的失效可以采用各种手段和方法延缓，预知其出现的时间，或者从概率意义上了解其失效过程服从的某个分布，从而使人们可以提前采用一些手段来预防和应对。甚至，我们事前还可以采用各种方法去检验其失效的特性，例如，用极端条件下的冲击实验或者对材料的物理或几何特性进行机理研究，以探究其在外界环境与内在规律联合作用下的表现。

管理与经济有所不同，与物理、化学、生物领域更是有很大的差别，如何从其他领域中的失效分析中获得启发，对管理机制的失效进行科学、有效的分析，并针对性提出失效的预防与应对策略与方法，这是很大的问题，它的解决却有非常重大的理论与实践意义。

本章从管理机制的失效现象出发，讲解针对性的分析框架、模型和方法，并向管理者提供实用性较强的分析工具，使得大家在失效预防和应对策略上能够自行设计和生成，最终协助解决管理中的实际问题。

劣币驱逐良币

在16世纪的英国，贵金属不敷造币使用，必须在新铸造的货币之中加入其他金属成分，故当时市场上就有两种货币：一种是原先不含杂质的货币；另一种是加入其他金属的货币。虽然两种货币在法律上的价值相等，但人们却能加以辨认，并且储存不含杂质的货币，将含杂质的货币拿去交易流通。故市面上的良币（此处的良币指的是不含杂质的货币）就渐渐被储存而减少流通，市场上就只剩下劣币在交易。

另外一种劣币驱逐良币的情形，发生在金银复本位制之下。金银复本位曾经被18世纪至19世纪的英国、美国、法国长期采用。由于金币和银币之间的兑换比率是政府经由法律定下的，所以会长期稳定不变，但市场上的金银之间的相对价格会因为供需法则而波动。当黄金实际价值超过法定兑换率时，人们就会将手中价值较大的金币（良币）熔成金块，再将这些黄金卖掉换成银币（劣币）使用。经过这种程序之后，可比直接用“金币换银币”换得更多的银币。有时人们会重复这样的过程许多次，故市面上的良币日益被熔化而减少，劣币则会充斥市场并严重扰乱市场秩序（此处的“良币”并非指单价高的货币，而是指相对于兑换率而言，较有优势的货币。假设金币兑银币的法定兑换率是1∶10，若1个金币熔化之后能换取超过10个银币，则金币为良币；若10个银币熔化之后能换取超过1个金币，则银币为良币）。

自从人类给金钱以一定的币值时起，这一法则就起作用了。

（摘编自百度百科词条：劣币驱逐良币）

第一节　失效现象

如果我们要追溯“失效”（failure）这个概念的本源，可以溯源到 19 世纪末，那时的“失效”现象主要出现在机械领域，或者将此处的 failure 翻译为“故障”更为恰当。

现在，失效在物理学中的研究是最多的，主要侧重于材料的失效研究。其他各个领域也有关于失效的研究，可以是化学反应中催化剂的失效、生命科学领域中各种运行机制的失效，具体表现可以是生病或者植物的生长过程被抑制等。

同样地，社会领域中也经常会有失效现象，人们常说的“世道沧桑，人心不古”就是一种以往的运转机制在当前环境下已然失效的文学化表达。

经济领域中更多是用“失灵”来表达失效的意思，事实上，失效和失灵的英文是同一个词“failure”，所以完全可以等同看待。管理领域中经常会有政策的调整，当政策不得不调整的时候，就可以认为以前的政策失效，必须采用新的政策来迎合环境变更的要求。

一、经济领域的失效现象研究

由于自由市场本身的缺陷，在经济学的相关研究和实践中，市场失灵是一个非常重要的研究领域，简单来说，市场失灵是指市场中不能有效配置社会资源的情况。

市场失灵可能由一种原因引起，也可能由多个因素共同导致。一般而言，经济学家认为引发市场失灵的原因主要有以下 4 个。

1）垄断。竞争是市场经济中的动力机制。但是当产品的差异、资本规模或者交易成本扩大到一定程度之后，市场竞争可能会失败，导致市场垄断的出现。一旦经济资源控制在少数甚至一家企业手中，社会资源优化配置的效率就会大大降低，从而导致市场失灵。

2）外部性的存在。外部性是指生产或消费给没有直接关系的人带来的成本或收益，既包括正的外部性，也包括负的外部性。由于负的外部性的存在，私人成本和社会成本往往不同，二者之间常常出现矛盾，进而导致市场失灵。

3）公共物品。此类失效主要包括公共产品的供给不足和公共资源的过度利用两个方面。公共物品的非排他性和非竞争性特点，导致没有人愿意提供这类商品，如国防、公安、航标灯、路灯、电视信号接收等。公共产品生产的滞后与社会成员和经济发展需要之间的尖锐矛盾无法单纯依靠市场机制来解决，进而导致市场失灵。有些生产依赖江湖河流等公共资源，而这类资源的产权归属不明确。生产者在最大化利润的驱使下对这些公共资源进行掠夺式使用，损害了全社会的利益，导致了市场失灵。

4）信息不对称。机会主义的交易者总是期望通过隐瞒或混淆关于他（或者他的商品）的有关信息，利用信息的不对称性来获取交易优势，干扰市场对资源的优化配置。

事实上，由于各种现实条件的制约，完全竞争的市场是不存在的。市场失灵为政府作为预留了空间，通过政府干预在一定程度上弥补了市场经济的缺陷。很多政府政策都是为解决国民经济中存在的市场失灵而设计的，具有特定的目标、参与者和适用环境。

然而，当政府的决策或干预措施缺乏效率，没有解决市场失灵问题，反而使经济环境变得更加恶劣时，便称为“政府失灵”。例如，管制是政府针对垄断常常采取的控制措施，主要包括垄断价格和垄断产量两种形式。但是，如果政府把价格固定在了一个非均衡的水平之上，就会导致生产短缺或过剩，同样会造成社会资源的低效率配置，进而出现政府失灵。

很多的政府政策在一开始效果会比较明显，后期便显得疲软乏力。针对政策失效的问题，学术界也进行了深入的研究。既有一般性意义上对政策失效的研究，也有以博弈论为分析工具，聚焦产业政策的失效问题的研究。另外，有的博士学位论文专门研究了我国社会转型时期一些制度实际失效的原因及解决办法。

政府失灵的实际案例也频频见诸报道。针对某些违法犯罪活动，中央或地方政府往往会出台一些法规用来解决这些问题。然而，这些政策在执行过程中有时会出现偏差甚至完全无效的现象。早在2002年，被媒体曝光、轰动东北并引起党中央高度重视的黑龙江省绥化市兰西县的不法商人利用假种子坑农、害农的特大案件中，“总理批示”执行到基层时竟被认为过时了，这也成为典型的为解决市场失灵，却出现政府失灵的典型案例。

二、管理领域的失效现象研究

对于管理领域中的失效，不同管理领域的研究和实践者都有一定的感受，而特殊的政治领域更是从古到今不断遇到“管理失效”而需要调整政策的现象。当年从英国运送犯人到澳大利亚，一开始按照离岸人数给船主报酬的做法就不是好政策，而按照到岸人数付给船主报酬的政策就能够最大限度地保障犯人的旅途安全，是有效的政策。

英国运送犯人到澳大利亚的故事

18 世纪英国发生工业革命，许多传统工人被机器取代，大量失业，高失业率诱发高犯罪率，穷人常因窃盗等小事被关进监狱，结果监狱人满为患。怎么办呢？当时欧洲启蒙思想蓬勃发展，人道主义逐渐盛行，对犯人处以重刑面临很大压力。为此，英国政府宁可将中轻罪犯人流放，也不愿对犯人处以重刑。

最早，美洲是英国流放罪犯的主要地方，许多英国罪犯被送往美洲垦荒。当时，美洲人对这种做法很不满，深恶痛绝，但是没办法，英国是宗主国，它说了算。1776 年，美国获得了独立，不再接受来自英国的罪犯。英国人没办法，只好在泰晤士河上弄了一批废船，用来关押罪犯。时间一长，罪犯越来越多，逐渐人满为患，据说最多时有十万之众，社会日益感到不安。再后来，英国没有办法，就决定将犯人流放到澳大利亚。

从英国到澳大利亚，遥遥千万公里。英国政府为了方便省事，便把运送这些犯人的工作“外包”给私人商船，由一些私人船主承包从英国往澳大利亚大规模运送犯人的工作。刚开始，英国政府在船只离岸前，按上船的犯人人数支付船主运送费用，船长则负责途中犯人的日常生活，负责把犯人安全地运送到澳大利亚。

当时，那些运送犯人的船只大多是由一些破旧货船改装的，船上设备简陋，也没有多少医疗药品，更没有医生。船主为了牟取暴利，尽可能地多装人，致使船舱拥挤不堪，空气浑浊。私人船主在船只离岸前就按人数拿到了钱，对这些犯人能否远涉重洋活着到达澳大利亚并不上心。有些船主为了降低费用，追逐暴利，千方百计虐待犯人，甚至故意断水断食。

几年后，英国政府惊讶地发现，运往澳大利亚的犯人在船上的平均死亡率高达 12%，其中有一艘船运送 424 个犯人，中途死亡 158 个，死亡率高达 37%！鉴于犯人的高死亡率，英国政府决定向每艘运送船只派一个政府官员，以监督船长的运送行为，并给随行官员配备了当时最先进的手枪。同时，还对犯人在船上的生活标准做了硬性规定，甚至还给每艘船只配备了医生。

上述措施实施的初期，船主的虐待行为受到了遏制，政府官员的监督好像有效。但是，事情很快就发生变化了。长时间远洋航行的险恶环境和金钱诱惑，诱使船长铤而走险。他们用金钱贿赂随行官员，并将不愿同流合污的官员进行迫害甚至扔到大海里。据说，当时有不少船上的监督官员和医生不明不白地死亡。面对险恶的环境和极具诱惑的金钱，随行官员大多选择了同流合污。于是，监督开始失效，船长的虐待行为越发变本加厉……面对新问题，英国政府采取了道德教育的新办法。他们把那些私人船主集中起来进行培训，教育他们不要把金钱看得比生命还重要，要他们珍惜人的生命，认识到运送犯人的重要意义（即运送犯人去澳大利亚，是为了开发澳大利亚，是英国移民政策的长远大计）。但是，情况仍然没有好转，犯人的死亡率一直居高不下。

后来，英国政府发现了运送犯人的制度弊端，并想到了巧妙的解决办法。他们不再派随行监督官员，不再配医配药，也不在船只离岸前支付运费，而是按照犯人到达澳大利亚的人数和体质，支付船长的运送费用。这样一来，那些私人船主为了能够拿到足额的运费，必须在途中细心照料每个犯人，不让犯人体重少于出发前。若是死了一个犯人，或者犯人的体重减轻，英国政府都会少支付一些运费。

据说，有些船主还主动请医生跟船，在船上准备药品，改善犯人的生活条件，尽可能地让每个犯人都能健康地到达澳大利亚。有资料说，自从实行“到岸计数付费”的办法以后，犯人的死亡率降到了1%以下，有的船只甚至创造了零死亡纪录。

（引自“北大纵横”订阅号）

在商业管理中，经常会注意到管理失效的问题，如《哈佛管理评论》1979年的一篇题为《Power failure in management circuits》的文章就对权力的失效进行了初步的探讨，不过这篇文章探讨的是企业管理中不同角色的权力失效问题，作者认为三个角色的权力容易产生失效的现象，包括一线的监工、专业人员、首席执行官（chief executive officer，CEO）。文章还阐释了管理中失效的原因，尤其是这三类角色在信息掌控和员工支持上的相似之处。不同的管理领域都会有或多或少的机制失效现象，包括企业资源计划（enterprise resource planning，ERP）的广泛失效，以及业务流程重组（business process reengineering，BPR）在企业流程再造过程中面临的失效，有学者研究了如何在新出现的管理思想与行为中避免管理机制失效的策略，如近十几年比较热闹的供应链管理。

商业管理由于经常要面对变化了的市场，管理的失效也就不断地随着环境变化而出现，类似地，由于灾害类突发事件的发生每次都具备一定的特异性，在针对它们的应急管理中也同样容易出现诸多问题，而且这些问题是由先前已经制定的管理策略和措施在此时此地的不再有效造成的，会引导着学者们更加重视研究应急管理中失效问题。在美国新奥尔良遭遇卡特里娜飓风之后，美国联邦应急管理局（Federal Emergency Management Agency，FEMA）的局长最后决定辞职为其领导的机构在救灾中的失败承担责任，在 Angela 等学者的论文中，将卡特里娜飓风中 FEMA 的管理失效称为“administrative failure”。

关于管理机制失效的另外一种说法“政策失效”（policy failure），也来自对于美国灾害应对的思考。事实上，在 2001 年的“9・11”事件出现之后，美国就将 FEMA 整体转移到国土安全部下面，作为国土安全部下属的一个部门，就是一种政策上的调整，这正是考虑到之前让 FEMA 负责国内公共应急事务，而国土安全部负责国家安全事务的政策安排已不再符合“9・11”后美国的新状况了。相比之下，之前的“政策”就“失效”了。

不管是管理（administrative 或 management）失效，还是政策失效，其实都属于管理机制失效的不同侧面，下面章节将从管理机制的基础概念开始讨论失效问题。

第二节　管理机制失效的概念与特征

管理领域中存在大量的失效现象，这些现象可以有各种各样的表现形式，根据不同的分类准则，失效也可以有多种分类模式。失效的表现几乎遍及管理机制中的各个部分，而从所有这些失效现象中给出整体性、一般性的管理机制失效的基本概念和理论框架，是一件困难的事情。

本节将针对管理机制失效的基本概念进行初步探索，希望能够给出更符合管理内在规律的机制失效的定义与特征描述。

一、管理的目标与失效现象

前面提到，管理的目标可以分为六个不同的部分：效益、效率、公平、秩序、利益、创新。当组织管理存在多个目标时，它们之间对于资源需求的冲突也会出现，所以，一个组织的多个目标间可以有层次性、顺序性、共生性、矛盾性的关系。

一个组织确定管理目标后，在其后的管理过程中也会不断修正、修订和完善。

失效现象是在管理过程中，以一定的付出和成本却无法达到既定目标，或者无法完全达到目标的一种现象。失效现象的出现可能是客观原因，也很有可能与管理机制的设计有关。

一个管理机制是否失效，与外界评价并无关系，只要达到了组织内部设定的目标并满足了成本和效益的预想即可。联通公司在开始推出码分多址技术（code division multiple access，CDMA）时，预计在一个年度达到多少万的用户数，当时很多人认为目标过于宏大，根本无法达到，但是经由“买手机送话费”等促销活动，在当年竟然戏剧性地达到了预先设定的目标，我们就可以认为它采用的激励机制是有效的，尽管第一年的业务并没有利润，但是用户培育的目标确实达到了。从这个例子中也可以看到目标的达到与机制设计者最初的计划有关，而与外界以其他价值准则来做的评价评判没有直接的关系。

二、管理中机制失效的定义

谈到管理领域存在的失效现象，一般会说“管理机制的失效”。机制和管理机制的概念在第二章已经介绍过了，下面主要对机制的分类进行分析。

按照不同的形成方式，机制可以分为自发机制和人为机制；按照不同的作用效果，机制则可以分为导向机制、均衡机制、动力机制；按照所属的不同领域，机制则可以分为化学领域的机制、数学领域的机制以及管理机制等。

简单地拆字，则可以将“机制”拆分为“机”和“制”，其中的“机”可以认为是机理，而后面的“制”则可以认为是制约、制动、制衡。也就是说，机制是基于机理分析的一种制约、制动、制衡设计。

不同领域的“机制”内容和形式可以不同，如自行车的传动机制就是靠脚蹬子、轮盘、链条、驱动轮、从动轮集成在一起的车体，以及外加的来自于人的力，才能够运转起来。而汽车的驱动机制、药物在细菌病毒侵染时对生命体的反应和保护机制、经济学中的市场对资源的配置机制（所谓“看不见的手”），以及社会管理中混乱人群的自组织机制等，都是机制在不同领域的具体表现形式。

体制可以认为是执行机制的一种具体而形微的架构，可以看得见摸得着，而制度、规则可以认为是机制的组成部分，它们从原则或细节上确定机制的运行原则和具体操作。

管理机制适用于有一定强制性的环境，由具备确定性或动态关系的特定元件组成，一般地，在确定目标之后，管理机制的设计可以包括参与者、因素、关系定义这三个主要部分。

失效可以采用以下的定义：

> 定义 1：失效（failure）是由于系统的组成元件自身发生变化，或由于外力作用而引发的系统原有功能不再具备或有效性明显降低，导致最后结果偏离既定目标的现象。

失效可以是一种状态或一个结果，作为一个状态，它强调的是不再（完全）具备原有功能，其反面是有效；作为一个结果，它强调的是达到某个目标的努力必然失败，其反面是成功。

> 定义 2：失效分析（failure analysis）即是对失效现象从原因、状态、过程、结果等角度展开科学分析并提出相应对策的过程。

失效分析可以在失效结果出现后进行，也可以在失效尚未发生但可能发生的情况下预先进行，它是认识事物本质和发展规律的逆向思维和探索模式，是变失效为安全的基本环节和关键，也是深化对客观事物认识的源头和途径。

管理机制失效即是失效在管理领域的具体表现，但是同物理、生物等领域不同的是，管理者往往有一个清晰的既定目标，而不仅仅是维持一种状态。

> 定义 3：管理机制失效（managerial mechanism failure, MMF）一般是指参与者、外界环境以及系统中存在着的原有关系或状态发生变化，或者所设计的管理机制本身出现了问题，导致既定目标无法达到或只能部分实现的状况。

管理机制的设计是很大的问题，可以大到一国宪政精神的确立，具体表现为宪法设计；可以小到一个小团队的管理，表现为具体的规章制度或者团队成员间慢慢形成的习惯，甚至可以具体到大家一般早晨几点到实验室或者晚上几点离开实验室，这些都是机制的一种。而管理机制的失效也是会在机制运行一段时间之后不断遇到的，小团队的习惯也会世易时移地发生变化，之前的习惯可能因为一个扰动而发生巨大变化，造成机制的失效结果。

三、管理机制失效的分类与特征

管理机制的失效，会使得原有的目标无法达到或至少无法完全达到，那么，失效有哪些特征？换句话说，有没有很好的判据让我们很快知道机制已然（正在）失效？

失效有多种分类标准，按其原有的工程含义分为短暂失效和永久失效、突然失效和渐变失效；按经济观点分为正常损耗失效、本质缺陷失效、误用失效和超负荷失效。

管理机制的失效可以从不同角度进行更详细的分类。

从影响的严重程度上来说，分为微小、较大和致命性失效三类；从过程上来说，可以分为初始过程失效、中间过程失效和结果未达到目标三种类别；从阶段上来说，可以分为某个、某几个阶段失效，或是全过程失效；从造成失效的原因上来说，可以分为“参与者造成的失效”、“关系变化造成的失效”和“环境改变造成的失效”三种。从失效的程度上来说，可以分为机制的部分失效和完全失效，机制作用区域的局部性失效和全局性失效；从失效的层次上来说，可以分为细节失效和原则失效；从对象的不同上来说，可以分为针对部分对象的失效和针对全部对象的失效；从管理机制的不同功能上来说，可以是激励机制失效，也可以是惩罚机制失效，可以是评价准则出现问题，还可以是约束机制不再起作用。

对于经济中的市场失效（失灵）而言，一般会有几种表现形式，如收入与财富分配明显不公、出现外部负效应问题、竞争失败以及形成市场垄断、出现更大范围的失业现象、区域间经济出现不协调、公共产品供给不足或者公共资源的过度使用等，都标志着经济领域的市场机制失效。一旦有以上一种或几种表现形式，就要考虑调整机制，直至能够解决问题，完善可持续发展的经济环境。

对于一般的管理机制而言，考虑到管理的六大类目标，可以给出管理机制失效的一般性特征。

1）管理机制的失效很难在当期确定一个明显的开端，尽管总会有一些端倪出现。

在历史上，每当分析一个朝代走向没落的时候，总会提到从某个时候开始，没落的影子就逐渐出现并越来越显著。对于明朝，一般认为，万历当政时期的“张居正后”的那个时代是走向没落的开始，黄仁宇先生的《万历十五年》就是叙述这样一个历史现象的专著。而对于清朝，历史学家则将其定在乾隆后期。但是，从没落到最后的灭亡一般都会过渡很长的时间，当从后向前看，可以找得到机制失效开始时的痕迹，但是，就当期而言，尽管出现了一些端倪，管理机制何时才会完全失效？甚至会出现推倒重来的场景？这具有很大的不确定性。

一个朝代如此，一个团队的管理也是这样，管理机制的失效总是从无到有，再经历一段时间才会完全失效。

2）与其他领域的失效不同，管理机制的失效程度往往有差异，不具备统一性。

尽管可以从概率意义上去衡量机械与电子领域的失效问题，但是失效依然还是有比较确定的标志，那就是无法继续使用，如果坚持使用则风险很高。

管理机制的失效不同，即便失效状态已经达到很高的程度，也还有修正的机会来使新机制适合新环境、新对象，也就是说，管理机制即便有一定程度的失效也还可以继续沿用，只是如果持续性地不加调整，其走势和既定目标会产生越来越大的偏差。

3）对于管理机制失效的应对往往是修订或完善原有机制，而不是完全废止。

而对于其他领域的失效，调整不见得有效，可能要完全更换，机械电子领域的失效多如此，所以有些易损零件必须有很多备份。而生物学中的机制失效往往需要外力的干预（如药物）使其恢复正常运行状态。

管理机制的失效往往可以通过修订或完善原有机制使其适合新环境，完全废止原有机制并更换为一个全新的机制只有在极端的情况下才会采用。历史上的“萧规曹随”“秦制汉承”都是这个意思，也就是说，即便是改朝换代，原有管理机制中相当多合理的成分也会保留下来，同样地，英国和日本保留君主作为国家象征的做法也是一个例证，而法国大革命完全地推翻旧有制度不见得是最好的做法。

萧 规 曹 随

刚即位的汉惠帝看到曹丞相一天到晚都请人喝酒聊天，好像根本就不用心为他治理国家似的。惠帝感到很纳闷，又想不出个所以然来，只以为是曹相国嫌他太年轻了，看不起他，所以就不愿意尽心尽力来辅佐他。惠帝左想右想总感到心里没底，有些着急。

有一天，惠帝就对在朝廷担任中大夫的曹窋（曹参的儿子）说："你休假回家时，碰到机会就顺便试着问问你父亲，你就说：'高祖刚死不久，现在的皇上又年轻，还没有治理朝政的经验，正要丞相多加辅佐，共同来把国事处理好。可是现在您身为丞相，却整天与人喝酒闲聊，一不向皇上请示报告政务；二不过问朝廷大事，要是这样长此下去，您怎么能治理好国家和安抚百姓呢？'你问完后，看你父亲怎么回答，回来后你告诉我一声。不过你千万别说是我让你去问他的。"曹窋接受了皇帝的旨意，休假日回家，找了个机会，一边侍候父亲，一边按照汉惠帝的旨意跟父亲闲谈，并规劝了曹参一番。曹参听了他儿子的话后，大发脾气，大骂曹窋说："你小子懂什么朝政，这些事是该你说的呢？还是该你管的呢？你还不赶快给我回宫去侍候皇上。"一边骂一边拿起板子把儿子狠狠地打了一顿。

曹窋遭了父亲的打骂后，垂头丧气地回到宫中，并向汉惠帝大诉委屈。惠帝听了后就更加感到莫名其妙了，不知道曹参为什么会发那么大的火。

第二天下了朝，汉惠帝把曹参留下，责备他说："你为什么要责打曹窋呢？他说的那些话是我的意思，也是我让他去规劝你的。"曹参听了惠帝的话后，立即摘帽，跪在地下不断叩头谢罪。汉惠帝叫他起来后，又说："你有什么想法，请照直说吧。"曹参想了一下就大胆地回答惠帝说："请陛下好好地想想，您跟先帝相比，谁更贤明英武呢？"惠帝立即说："我怎么敢和先帝相提并论呢？"曹参又问："陛下看我的德才跟萧何相国相比，谁强呢？"汉惠帝笑着说："我看你好像是不如萧相国。"

曹参接过惠帝的话说："陛下说得非常正确。既然您的贤能不如先帝，我的德才又比不上萧相国，那么先帝与萧相国在统一天下以后，陆续制定了许多明确而又完备的法令，在执行中又都是卓有成效的，难道我们还能制定出超过他们的法令规章来吗？"接着他又诚恳地对惠帝说："现在陛下是继承守业，而不是在创业，因此，我们这些做大臣的，就更应该遵照先帝遗愿，谨慎从事，恪守职责。对已经制定并执行过的法令规章，就更不应该乱加改动，而只能是遵照执行。我现在这样照章办事不是很好吗？"汉惠帝听了曹参的解释后说："我明白了，你不必再说了！"

曹参在朝廷任丞相三年，极力主张清静无为不扰民，遵照萧何制定好的法规治理国家，使西汉政治稳定、经济发展、人民生活水平日渐提高。他死后，百姓们编了一首歌谣称颂他说："萧何定法律，明白又整齐;曹参接任后，遵守不偏离。施政贵清静，百姓心欢喜。"史称"萧规曹随"。

（改写《史记·曹相国世家》）

4）人的因素在管理机制失效中是最难把控的一个内容，且往往会成为决定性因素。

在自然科学领域的失效与人的因素的关系即便存在，也往往并不直接，在当今设备设施越发自动化的状况下更是如此。但是，管理机制的失效一方面与参与主体（尤其是实施者）有莫大的关系，另一方面与管理机制的对象（客体）本身的状态、心理也有很大关系，有时候往往可能由于心情的差异而造成机制实施效果的不同。在不恰当的时间和不恰当的地点实施的管理机制会引发群体对机制的刻意对抗，且很容易扩大，此即星星燎原之意。

5）与经济机制不同，管理机制的基本规律往往不是大范围内的统计规律，而具备更强的个性化特征。

除了一种可以自上而下广泛复制的管理机制如果出现问题则整体出现问题外，很多管理机制往往具备个性化，如小到十几个人这个规模的群体管理，相互之间的差异往往是显著的，一旦失效也不会引发大规模的问题，及时调整的范围和力度也往往不至于对周边环境造成极大的扰动。

四、失效的判定

由于管理机制对组织内部才有作用，外人很难从外部感受到机制的问题所在，因此，失效的标准主要取决于管理机制内部参与者的主观倾向，也与团体（体系）内部特定观察者的角度有关，一种状态在一个人的眼里是失效，在另外的人眼里可能是有效，对零和博弈的双方而言更是如此，所以组织的效能究竟应该从哪些角度去衡量，需要组织者中处于领袖一方的主观倾向。同时，暂时的或局部的失效不一定导致整体的未来的失效，就如战争中一两次战役的胜负一样。

因此，判定管理机制是否失效应该是几个方面的综合（图 8.1）：

1）下一步的发展趋势比之前或当前的状态更加恶化；

2）对未来目标的实现产生严重的负面影响；

3）之前设计的时间、空间和动力因素的运行出现问题，不再适应新的环境；

4）参与者及其相互之间的关系出现明显不协调的状态。

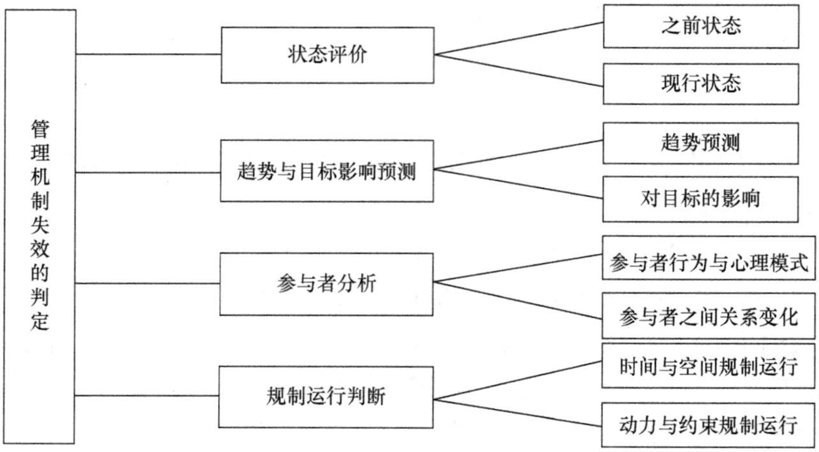

图 8.1　管理机制失效的判定要素

失效的判定方法有排除法、趋势分析比较法、参与者调查法、综合评判法等。其中，排除法是对所有相关因素进行分析，看这些因素对失效的影响程度，排除最不可能的因素，着重对那些对失效有直接影响的因素进行分析。

趋势分析比较法主要对目标的完成程度和管理过程中的人、条件、环境等要素进行比较，分析出有相异走势的内容。

参与者调查法可以将员工调查、领导者调查、客户分析等结合起来，给出面向目标、面向管理策略与方法的分析结果，提出相应的意见和建议。

综合评判法则可以结合参与者的状态、管理过程的科学性与可行性，以及影响目标实现的要素等多个方面进行评判。

第三节　管理机制失效的原因分析

如果是物理、化学领域的机制失效，可以通过分析设备、零件、试剂的使用寿命、自身状态、工作条件，再结合失效的概率分布特征进行分析；如果是生物中的机制失效问题，则可以对温度、体液浓度、外界刺激、环境变化等进行检测，发现造成失效的主要因素，并通过实验建立起失效结果与因素变化之间的因果逻辑，确定失效的核心原因。但是管理机制的失效就有所不同，因为失效的具体表现要比其他领域更难以判断，因此造成此结果的原因也就更加难以分析。尽管如此，还是可以从一些角度来分析管理机制失效可能的原因。本节主要研究失效的原因。

一、失效的原因

分析失效的原因，可以有多个角度：一是从机制的组成分析组成机制的各个元件是不是出了问题；二是从机制的强度来考虑失效的可能性；三是从管理机制最初设定的目标的角度去考虑机制是否失效以及出现失效的原因。

（一）从机制的组成分析失效的原因

一个机制是由很多个参与者，在一定的环境中，通过彼此之间的关系发挥机制作用的，因此，机制的参与者、关系或者环境出问题都可能引发机制失效。

无论是环境因素中的时间因素、空间因素还是动力与约束因素出问题导致的失效，其作用方式都是环境因素作用于机制的参与者或其相互之间的关系，是参与者或关系产生变化，从而导致机制失效。

1. 参与者出错

一个机制中的参与者有很多，可以分为主体、客体和介质三种类型。

由于管理过程中人的思想、行为、心理、参与者间的交流模式都会影响机制实施的结果，所以，参与者本身的问题可能会直接导致机制出现无法达到目标的状况。

机制中的某个（些）参与者没能按照机制设定的基本规则和要求做好其角色应该做的事情时，就可能导致机制失效。例如，当某个人工作时，玩忽职守、明知故犯、一时失误操作错误等不同的原因都可能会导致机制失效；工作中作为机制作用对象的客体或连接主客体之间的介质出现问题（如机器失灵），也可能会导致管理机制失效。

对于单纯的参与者失效来说，往往需要首先解决参与者自身的问题，然后才可以解决失效问题。例如，客机的飞行员在上天前，都要保证心情舒畅，如果被发现有一丝的不快，都不可以执勤，而要进行专业的心理辅导，等到调整好后再执行飞行任务，这就是一个实践中防止出现飞行事故的例子。

行业内鬼泄密暴露约束惩戒机制失灵

想要他人的贷款记录、快递地址、手机实时定位等个人信息，只要在QQ群里提出需求，就会有人回应。买家通过微信转账交易后就能拿到这些准确、私密的个人信息。2016年5月，山东菏泽警方侦破一起定制型贩卖个人信息案，抓获嫌疑人29名，其中包括银行、快递公司、电信公司员工，查明交易公民个人信息共计200余万条。

个人信息泄密或被转手倒卖，关系获取个人信息和出卖个人信息，或买卖个人信息的中间商多方。但真正问题在于，有着行业规范和职业操守的职场人士因为职务之便，对涉及公民个人信息的规范和管理不能宽松，应当圈牢防止个人信息失密和泄露的“栅栏”。贩卖个人信息的银行、快递公司、电信公司员工，值得所有涉及个人信息的机构或行业管理者警惕。

《刑法》第253条之一关于“侵犯公民个人信息罪”明确了，违反国家有关规定，向他人出售或者提供公民个人信息，情节严重的，处三年以下有期徒刑或者拘役，并处或者单处罚金；情节特别严重的，处三年以上七年以下有期徒刑，并处罚金。违反国家有关规定，将在履行职责或者提供服务过程中获得的公民个人信息，出售或者提供给他人的，依照前款的规定从重处罚。这一规定，其实存在一个谁是诉讼主体的问题。公民个人信息公开后，司法部门更多停留在诈骗案件的侦破，而受害者满足于获得财产赔偿，行业员工出卖公民个人信息的当事人往往被忽略，单位可能劝其离职，严重的会开除，但后续的责任追究却因此中断，或者不了了之。

只有像保护防洪大堤一样，保护公民个人信息，涉及公民个人信息的行业有所重视，司法部门从长计议，公民个人信息安全才有希望。行业管理部门应从行业声誉、形象及利益的层面，严格管理，完善保护个人信息的细节和章法，单位或部门领导应承担管理责任，形成层层负责、相互督促的行业规范；司法部门对诈骗案件应当一查到底，理清个人信息泄露的源头，将出卖公民个人信息的行业人与诈骗者一网打尽。

（引自2016年9月27日华声在线，作者卞广春）

2. 关系不畅

在一个管理系统中，最好的运行状态是这样的：机制能够引导每个参与者各司其职，做好自己的角色，共同为组织目标的实现贡献自己的智慧和力量。但现实中，参与者之间很可能会出现沟通不畅、协调不力，甚至各自为政、以邻为壑的情况，这必然会导致整个机制无法正常运行，我们称这种情况为“关系失效”。

关系失效的类别有多种，如在机制的多个具体实施者内部、机制的多个设计者内部、机制的多个监督者内部，以及这三种具体的参与主体两两之间或三者之间存在着矛盾和无法合作的困境，这是参与主体的情况。还可以是管理机制作用的对象——客体之间存在的关系不清、流程不畅的情况，或者主客体之间的问题。如果介质是“人”，则又会出现介质和主客体间的“关系”问题。

这些参与者之间的关系可能是在一开始定义时就已经埋下了矛盾的引线，也可能在机制运行过程中由于环境等因素产生了不协调的状态，需要进行关系的调整。

对于关系失效而言，往往需要调整机制依托的组织体系，或采取其他措施改善参与者的关系，才能解决问题。

3. 环境变化

当参与者和关系都不存在问题的时候，如果其环境因素发生改变，也可能会使机制失效。环境因素主要包括三种类型：时间因素、空间因素以及动力与约束因素。

时间因素失效是指机制运行的时间点、频率、时间长度等发生变化，导致机制失效。例如，行人过马路时等待红灯的时间过长，就可能导致行人闯红灯的现象增多，使红绿灯对行人的制约机制失效。

空间因素失效是指机制运行的空间发生变化，导致机制失效。空间发生变化包括两种情况：一种是空间位置发生变化而导致空间的环境发生变化。例如，跨国公司把其在一个国家的经营机制照搬到另外一个国家，进行经营活动，可能会因为两个国家在经济、政治、文化上的差异，而导致同样的经营机制无法在另一个国家正常运转。另一种是可用空间的多少产生了变化。例如，当停车位由多变少时，可能会发生因抢车位而导致的停车场秩序混乱的现象。

动力与约束因素失效是指环境的某些因素对机制运行的参与者或关系产生了驱动，或者对其进行了约束，最终导致机制失效。例如，当一个国家或地方对企业的扶持政策发生变化时，可能导致企业原来的经营模式无法继续；来自市场上同行的竞争，会对企业产品的营销造成一定的约束，可能导致企业产品的销售业绩不佳。

（二）从机制的容错和调整角度分析失效原因

管理机制往往有一定的自动容错和调整的能力，当管理机制的某个部分出现问题时，能通过这种自动容错和调整的能力来化解问题对整个机制系统造成的影响。而当管理机制的这种自动容错和调整能力失效时，一旦管理机制内部出现问题，就更容易导致机制失效。

管理机制的这种自动容错和调整能力来源于作为管理机制参与者的人有主观能动性，可以在机制出现问题时调整做事方式来弥补错误，从而让整个机制受到的影响减小或不受到影响。

一个好的管理机制，往往有强大的自动容错和调整能力。由于自动容错和调整能力往往来源于人的主观能动性，所以当管理机制能够给予人更多的主观能动性的时候，机制系统自动容错和调整能力就强。但过多的主观能动性可能会增加管理机制中某环节出错的可能性。因此，要让管理机制系统更加稳定，既需要对参与者的行为进行一定的约束，让参与者能够按规矩做事，防止系统某部分经常性出错，又要让参与者在系统出错的情况下，有一定的调整策略和应对机制。

（三）从机制的实施力度分析失效的原因

一个管理机制在实施力度方面也会有所不同。实施力度与实施效果之间有关系，根据现实中的状态，基本可以分为以下两种情况。

1）对于某些机制而言，机制的实施力度越大，其效果越显著，但是也会存在边际效应递减的现象。随着实施力度的增加，其效应增加的幅度会越来越小。使用图 8.2（a）的曲线作为示意图来表示这种实施力度越大

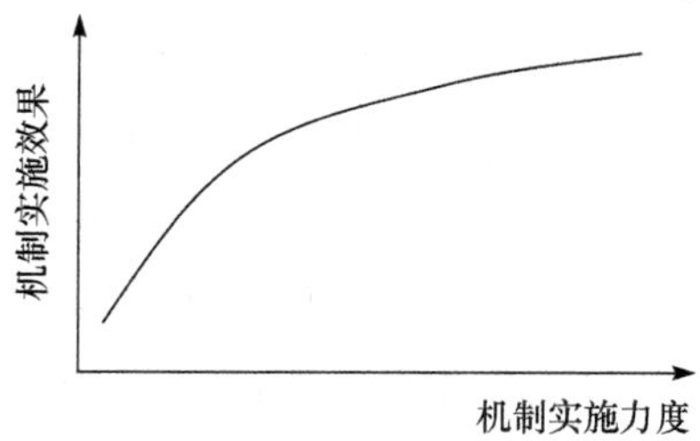

(a) 机制的实施力度越大，其效果越显著的情况

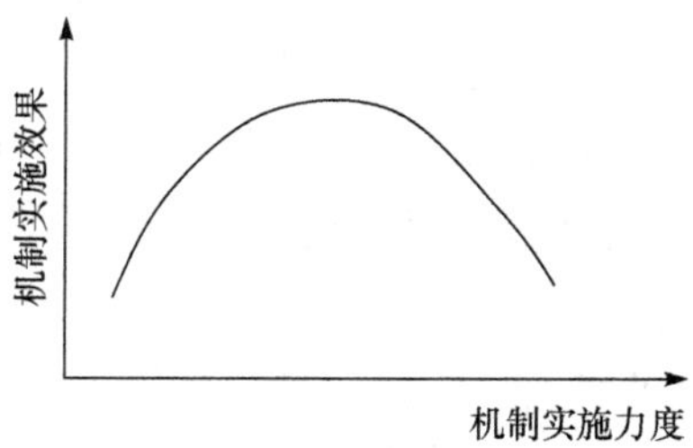

(b) 机制的实施效果有一个最佳点的情况

图 8.2 机制实施力度与实施效果示意图

效果越显著的现象，从中也可以观察到边际效应现象。

对于这种类型的机制，当机制的实施力度低于某一阈值时，机制就达不到给定的目标，可以视为机制失效。例如，法律本身不存在问题，但若执法不严，社会秩序就会混乱。

2）有些机制，实施力度有一个最佳效果点，大于或小于这个最佳效果点，机制的效果都不好。用图 8.2（b）中类似抛物线形状的曲线作为示意图，来表示这种情况。当机制的实施力度不够时，与上述情况类似，低于某一阈值时，机制就达不到给定的目标，可以视为机制失效。而如果实施力度过强，可能使机制自身运行的规律发生改变，从而也导致失效。例如，如果某政策力度的提高超过人们能够容忍的范围，就可能会出现“上有政策，下有对策”的变化，使机制自身运行规律发生改变，从而使政策无效。例如，在瑞士曾经酒驾的标准是 0.8 毫克/毫升，后来调整到 0.5 毫克/毫升。但是根据统计，发现提高标准后事故发生率提高了，这个结果曾经让人困惑。后来经过深入调查，得到这样的结论：因为酒驾的标准提高了，男性驾驶员往往不愿意开车，于是其妻子开车的概率提高了，导致事故率也随之增高了。

（四）从机制目标角度分析机制失效与“歪打正着”现象的原因

管理机制与其他领域的机制不一样的是，管理机制经常会有“歪打正着”的现象，就是参与者、关系或环境发生变化，导致机制不能按照正常规则运转，然而错误的运行规则却还是达到目标。下面对这种现象的原因进行分析（图 8.3）。

有的时候，当机制的某一或某些元件发生变化时，实现最终目标的阶段目标也会有所变化[图 8.3（a）]，或者会多出其他的实现目标的方式[图 8.3（b）]。因此，即使没有按照原有途径的阶段目标进行，也可能会实现最终目标。

“歪打正着”现象经常会出现在两个因素同时出错的时候。例如，甲和乙约定见面时间，但甲将见面时间弄错，而乙也恰好记错成和甲记的一样的时间，于是，两个人可以在同一时间见面。这是因为，甲方出了问题，要想达到“同一时间见面”的最终目标，实现最终目标的途径就改变了，变成乙要在其他时间见面（图 8.4）。

但“歪打正着”只是机制失效中的偶然事件导致机制还能正常运行的特例，它并不是稳定的有效的管理机制。所以，在管理中，不能鼓励“歪打正着”现象。但对“歪打正着”现象的研究，有助于人们认识到实现管理机制目标的其他不容易被发现的实现途径，有利于人们深入探索管理机制的运行规律。

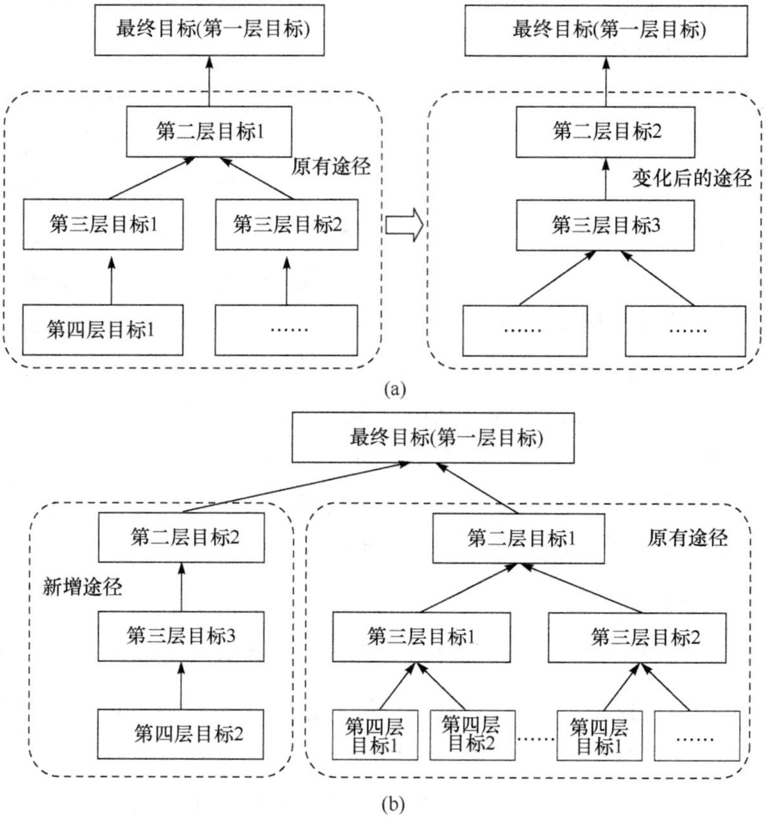

图 8.3 机制元件改变使最终目标实现途径发生变化的情形

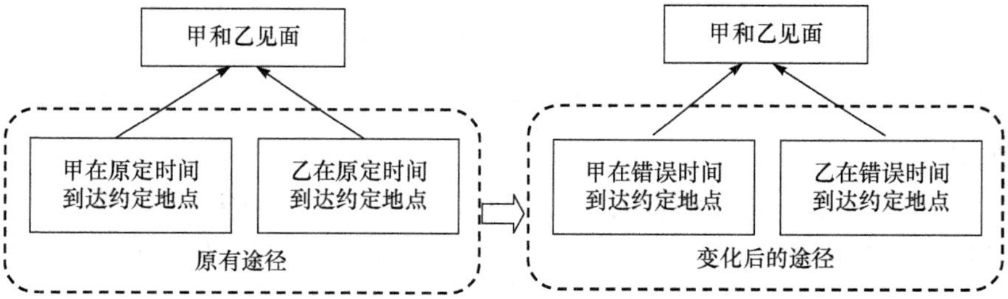

图 8.4 甲记错时间后最终目标的实现途径

“歪打正着”的发明

弗莱明发现盘尼西林可能是最有名的一桩轶事了。在那些接种上葡萄球菌的培养皿中，长出了许多霉菌，霉花的周围是一片空白，原来生长旺盛的细菌不见了。这说明，霉菌孢子中含有可以将细菌杀死的物质。弗莱明一直深入研究下去，不仅将盘尼西林成功地分离出来，还研究出了一种有效的抗菌药。

伦琴也是很偶然地发现了X光。这位维尔茨堡的物理学家，当时和许多同事一起，研究新发现的阴极辐射线。这种辐射线可以使真空管发出荧光。当时伦琴发现，射线管附近的一个荧光屏也发出微光，因此才偶然发现了X射线。

许多生活中的日用品也不是完全有目的地去开发的。20世纪30年代，杜邦公司的化学工程师普伦基特想要开发一种新的冰箱制冷剂。四氟乙烯气体当时是比较被看好的，因为它无毒，不会燃烧。普伦基特一般都把他的储气瓶放在冰箱里。但有一个气瓶被他忘记，在实验室的桌子上搁了好几天。瓶中的气体慢慢聚合，成了固体。这就是聚四氟乙烯，以后被人们称为特氟隆。这种物质在化学特性上是惰性的，和其他物质不会发生反应。

（引自2002年8月14日科技之光）

二、失效过程分析

管理机制失效往往不是一蹴而就的，而是需要一个过程。失效的发生可以分为突然失效和逐渐失效两类。

1. 突然失效

突然失效是指某管理机制在短时间内甚至是瞬间失去其效果，达不到目标。这种类型的失效还可以分为两种情况：一种情况是有酝酿期的突然失效；另一种情况是没有酝酿期的突然失效。

有酝酿期的突然失效，是失效早就开始酝酿，只是表现不明晰，不足以被发现。

没有酝酿期的突然失效，往往是某一意外因素的干预，使机制的某个环节突然发生变化，导致失效。

2. 逐渐失效

逐渐失效是指可以观察到机制的效果逐渐降低，当低于某一阈值时，视为机制失效。

对于逐渐失效来说，其是有失效发展过程的。机制失效的发展可以分为机制失效范围扩大和机制失效程度增强两类。

机制失效范围扩大是指机制对更多的人或事物无效。例如，某机制原来对 80%的人有效，而后来只对 20%的人有效。

机制失效程度增强是指机制对特定的人或事物的效果降低。例如，某机制原来对某个群体或事物有 80%的效果，而现在只有 20%的效果。

在机制失效过程中，有可能不是效果一直降低，而也有可能会经历效果的反复，最后失效。

参与者、关系或环境中某因素发生变化会引起机制失效的发生。而在机制失效的发展阶段，这些导致机制失效发生的因素（failure factors，FF）可能继续在整个失效过程中起到作用，根据 FF 在机制失效过程中起的作用不同，可以将其发展过程分为三类。

（1）FF 的继续作用导致失效的持续

这种情况下，失效的发展是由于 FF 对机制运行持续负面作用的结果。假设 FF 在 t 时刻对机制失效的影响程度为 $f(t)$，则机制总的失效程度 E 是 FF 在不同时刻对失效的影响程度累积的结果，因此可以用从 0 到 t 时刻 $f(t)$ 的定积分形式来表示机制的总失效程度，表达式为 $E=\int_0^t f(t)$。

（2）FF 引发的机制内部问题导致失效的发展

有些 FF 在机制失效中的作用仅仅是引起机制失效的发生，而机制失效发生之后的发展阶段，FF 不再起作用，失效是机制内部发生连锁反应的结果。在这种情况下，是 FF 引发机制的某个元件出现问题，而这个初始的元件出现问题，会通过机制中不同元件之间的联系，对其他元件产生作用，导致其他元件出现问题，进而引发一系列连锁反应，最终导致失效范围的扩大或失效程度的增强，如图 8.5 所示。

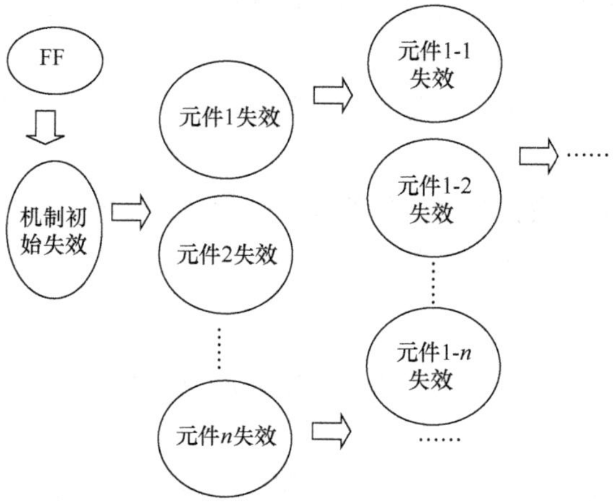

图 8.5　机制失效之后的连锁反应

（3）FF 和引发的机制内部问题综合导致失效的发展

还有些时候，机制失效的发展是前面两种情况的综合，即 FF 和其引发的机制内部问题综合导致失效的发展。

第四节　失效分析方法

在机械与材料领域，失效分析或可靠性分析有一套完整的方法，由于失效往往表征为某个功能不再具备，所以，可以将系统分成各个组件，查看各个组件的运行状态。如果能够一目了然找到哪个元件是坏的，就可以找到失效的原因，或者当人们事先就了解某个组件的运行寿命时，则可以在其完成寿命之前发现其潜在的失效可能，根据先验概率分布来确定更新更换的具体做法。

因为管理机制是个更为复杂的系统，且影响因素繁杂，因果关系没有自然科学领域明晰，所以很难从系统的组件运行状态中一下子看出问题，这样就更加需要开发科学合理的失效分析方法，并对管理机制运行状态和趋势做全面的失效分析，来查找究竟哪里会造成失效，以便及时调整。

一、失效分析的框架模型

失效分析的逻辑过程通常分为明确要求、调查研究、分析失效机制和提出对策四个主要阶段。

失效分析的核心是失效内在机制的分析和揭示，而失效过程的诱发因素有内部的和外部的两类。进行失效分析时通常先从外部诱发因素和失效表现形式入手，进而研究较隐蔽的内在因素。还可以采用数理统计方法，构成表示失效机制、失效方式或失效部位与失效频度、失效百分比或失效经济损失之间关系的排列图或帕累托图，以找出必须首先解决的主要失效机制方位和部位。

任何一个产品或系统的构成都是有层次的，失效原因也具有层次性，如系统—单机—部件（组件）—零件（元件）—材料。上一层次的失效原因即是下一层次的失效现象。越是低层次的失效现象，就越是本质的失效原因。

以上是一般的机制失效分析所遵循的过程。在管理机制失效的分析中，需要对失效从各个角度进行集成分析，这些不同的角度包括以下部分：①失效的表现形式；②失效的原因分析；③失效的特征抽取；④失效的基本判据；⑤失效分析方法及其应用；⑥失效的预防策略与应对措施。

可以用图 8.6 表示失效分析的大体框架模型。

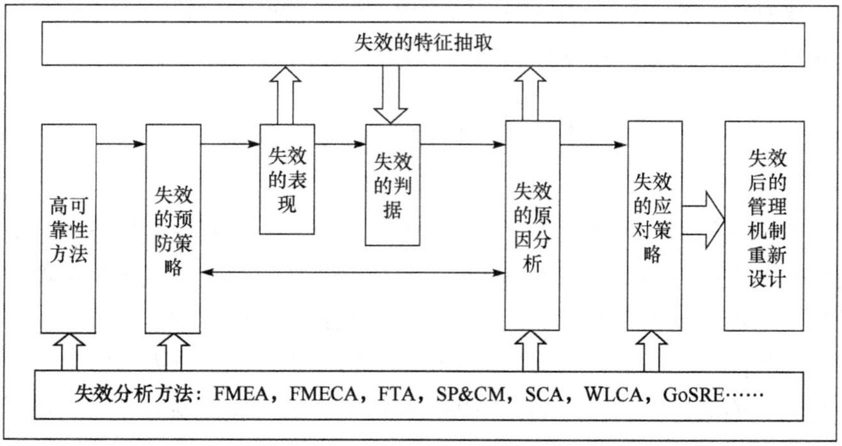

图 8.6　管理机制失效分析的框架模型

二、当前主要的失效分析方法简介

在机械与材料领域，常用的失效分析方法有失效模式与效应分析（failure mode and effect analysis，FMEA），失效模式、效应与关键性分析（failure mode, effects and criticality analysis，FMECA），故障树分析（fault tree analysis，FTA），单点失效与共同模式分析（single point failure and common mode analysis，SP&CM），以及潜行线路分析（sneak circuit analysis，SCA）等。这几个典型的失效分析方法有的主要以表格法进行研究，如 FMEA、FMECA；有的使用图解法，如 FTA；有些使用定性分析法，如 FMEA；有些则使用定量分析法，如 FTA；有的从宏观和较为明显的角色角度去探讨失效的行为，如 SP&CM；有的则从微观和潜在的角度去探讨失效的问题，如 SCA。

最常用的方法是 FMEA 和 FTA，前者对于专业的要求较低，一般工程管理人员均可使用，因此普及性较好。本节将介绍常用的几种失效分析方法。

（一）全生命周期分析法

任何失效事件本身都会是一个从开始累积失效因素到逐渐失效的过程，即便这一过程非常短暂。因此，完全可以从失效的生命周期去审视其要素累积、失效出现、产生影响、逐渐发展与演化成更大事件的过程。

全生命周期分析（whole life cycle analysis, WLCA）是一种分析工具，可以用于评价一个事物或事件从出现到消亡的全过程及其影响，已经广泛地应用在产品设计与回收、环境评价、项目管理等多个领域。

一般，失效分析是通过失效因素的累积，到失效可能性的出现，再到失效本身开始造成对目标实现的负面影响，以及失效范围逐渐扩大、程度逐渐加深，再到机制完全失效，距离目标越来越远，乃至目标已经不可能实现，必须重新设计管理机制为止（图 8.7）。

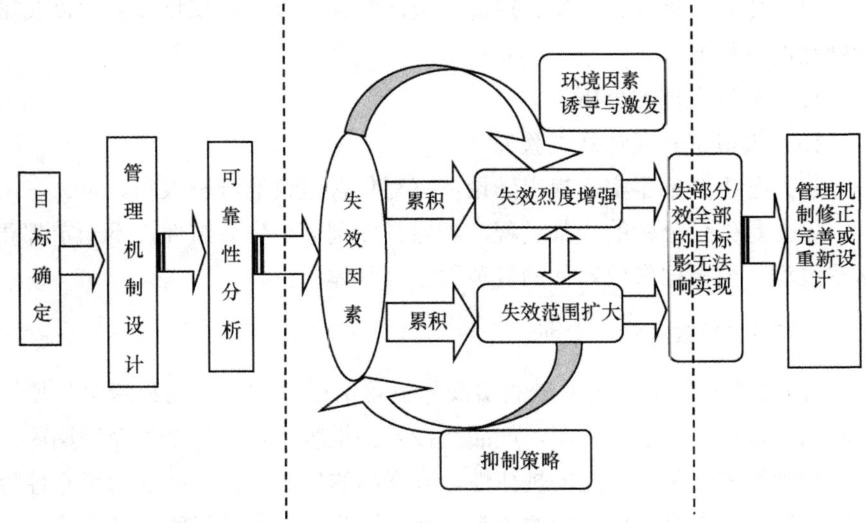

图 8.7　管理机制设计与失效的全生命周期

通过全生命周期的分析，可以发现失效因素及累积状态发展的两个趋势，结合环境因素的诱导与激发，造成的影响，从而协助找到相应的抑制策略，并对失效的应对提供思路。

全生命周期的分析方法包括多种类型，如概念型 WLCA 是根据有限的，通常是定性的清单去分析和评估环境对失效造成的影响。简化型或速成型 WLCA 限于进行简化的评价，主要采用通用数据（定性或定量）和标准模式，以及最主要的环境因素和潜在影响去进行可靠性分析。详细型的 WLCA 则包括全面的生命周期分析内容，包括分析的目的和范围、清单分析方法、影响评价和结果解释 4 个阶段。

机械或材料领域的全生命周期的分析具体可以包括以下 14 个阶段。

1）背景资料的收集和分析样品的选择。

2）失效零件的初步检查（肉眼检查及记录）。

3）无损检测。

4）机械性能检测。

5）所有试样的选择、鉴定、保存以及清洗。

6）宏观检验和分析（断裂表面、二次裂纹以及其他的表面现象）。

7）微观检验和分析。

8）金相剖面的选择和准备。

9）金相剖面的检验和分析。

10）失效机理的判定。

11）化学分析（大面积、局部、表面腐蚀产物、沉积物或涂层以及微量样品的分析）。

12）断裂机理的分析。

13）模拟试验（特殊试验）。

14）分析全部事实，提出结论，书写包含建议的分析报告。

以上是失效分析的全部过程，当然具体到某个失效组件，不一定都要这些过程，要根据失效零件的复杂程度，具体分析。

（二）“浴盆曲线”分析

“浴盆曲线”是通过大量的实践分析总结得出的设备的故障率与使用时间的函数曲线。研究发现，产品从投入到报废为止的整个生命周期内，其可靠性的变化呈现一定的规律性。取产品的失效率作为产品的可靠性特征值，其失效率对使用时间的函数图像为两头高、中间低的一条曲线，由于该曲线有些像浴盆，所以称为“浴盆曲线”（bathtub curve）（图 8.8），也称“失效率曲线”。

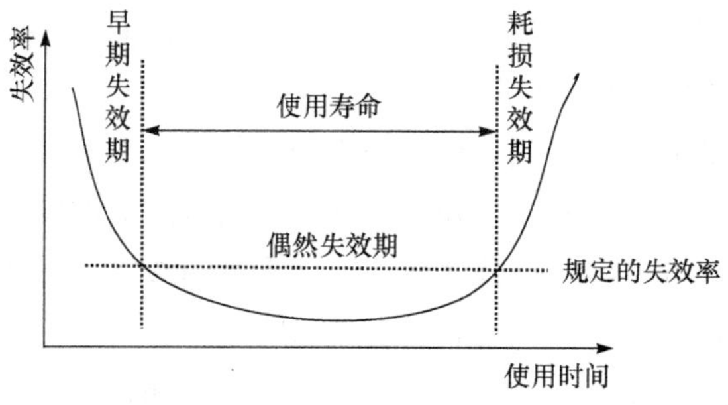

图 8.8 “浴盆曲线”示意图

由“浴盆曲线”可知，一般产品的失效率随使用时间变化分为三个阶段：早期失效期（infant mortality）、偶然失效期（也称随即失效期，random failures）和耗损失效期（wearout）。

在早期失效期，失效的原因大多是设计、原材料和制造过程中的缺陷。为了缩短这一阶段的时间，产品应在投入运行前进行试运转，以便及早发现、修正和排除故障，或通过试验进行筛选，剔除不合格产品。

偶然失效期的特点是失效率较低，且较稳定，往往可近似看作常数，产品可靠性指标所描述的就是这个时期，这一时期是产品的良好使用阶段。偶然失效主要是质量缺陷、材料弱点、环境和使用不当等因素引起的。

耗损失效期的失效主要是由磨损、疲劳、老化和耗损等造成的。

在管理领域，“浴盆曲线”同样可以描述机制的失效率与机制运行时间的关系。早期失效率高的原因是管理机制的某些元件可能存在问题，晚期失效率高的原因往往是机制的组件经过长期运行后进入容易失效的时期。

（三）FMEA 和 FMECA

FMEA 是指失效模式与效应分析，目的是为潜在失效模式及其相关原因分析提供分析方法和思路。FMECA 是指失效模式、效应与关键性分析，其分析结果是评价和改进系统设计的可靠性的基础。

1. FMEA

FMEA 是一种操作规程，旨在从系统的故障与引发故障的原因间的因果关系出发，找出系统潜在的故障模式，分析造成故障的原因和表现，以便按照严重程度加以分类，并采取措施减少和预防故障对系统造成的影响。

FMEA 方法从 20 世纪 50 年代初期首次应用于一种战斗机操作系统的设计分析开始，经过几十年的发展和完善，逐渐成为各个领域广泛应用的思想方法（表 8.1）。其发展历程主要分成三个阶段：50 年代初期到 70 年代中期，FMEA 主要在航空、航天、舰船、兵器等军事领域广泛应用；70 年代末期到 80 年代末期的十年左右的时间里，FMEA 逐渐普及到机械、汽车、医疗器械、微电子等民用产品上，并取得到显著效果；到 90 年代，FMEA 已经发展成为一种工业标准，并被美国三大汽车公司（通用、福特及克莱斯勒）纳入 QS9000 的认证要求。

表 8.1　FMEA 的发展时间表

阶段	年份	里程碑事件
第一阶段	50 年代初	美国首次将 FMEA 思想用于一种战斗机操作系统的设计分析
	60 年代中期	正式用于航天工业（Apollo 计划）
	1976 年	美国国防部颁布了 FMEA 军用标准（仅限于设计方面）
第二阶段	70 年代末	开始进入汽车工业和医疗器械工业
	80 年代初	进入微电子工业
	80 年代中期	汽车工业开始应用过程 FMEA 确认其制造过程
	1988 年	美国联邦航空局要求所有航空系统设计及分析都必须使用 FMEA

续表

阶段	年份	里程碑事件
第三阶段	1991 年	ISO9000 推荐使用 FMEA 提高产品和过程的设计可靠性
	1994 年	FMEA 成为 QS9000 的认证要求

除了美国对 FMEA 比较重视以外，其他许多国家及各行各业也纷纷推出了 FMEA 要求和方法，并形成标准、规范或手册。日本企业更是将 FMEA 视为至宝，与其他国家合作时绝不提供 FMEA 资料。我国的一些企业也逐渐意识到了 FMEA 的重要性，许多制造企业开始逐步建立自己的产品 FMEA 或工艺 FMEA，对风险管理和产品的失效分析起到了非常重要的作用。

从某产品的角度来讲，FMEA 的应用范围涉及产品生命周期的各个阶段。例如，方案阶段有功能 FMEA，设计阶段有硬件 FMEA 和软件 FMEA，生产阶段有过程 FMEA 和设备 FMEA，使用阶段有统计 FMEA 等。阶段不同，使用不同的 FMEA 的目的也不同。例如，在生产阶段，过程 FMEA 的目的主要是研究分析设计的生产工艺过程的缺陷和薄弱环节及其对产品的影响，为生产过程的设计改进提供依据；设备 FMEA 则主要研究生产设备的失效对产品的影响，为生产设备的改进提供依据。

重视应用 FMEA 进行可靠性分析的企业，一般都具有丰富的故障模式数据库以及完善的企业 FMEA 规范定制功能，通过采用 FMEA 方法进行失效分析，还能自动由 FMEA 生成原始的 FTA（fault tree analysis，故障树分析）。

采用 FMEA 方法进行失效分析（可靠性分析），可以完成以下任务：失效模式、影响分析，危害性分析，功能分析，破坏模式和影响分析。

FMEA 的实施过程实际上是一组系列化的活动，一般必然会涉及以下三方面：①产品/过程中潜在的故障模式分析；②根据相应的评价体系，量化评估所找出的潜在故障的风险；③故障原因/机理分析，并寻找预防或改进措施。在产品的设计或生产过程中，FMEA 实施一般会按照如图 8.9 所示的程序进行。

2. FMECA

FMECA 是一种对系统或其组件在设计、生产、使用过程中可能发生的各种潜在失效模式、后果及其后果的严重程度进行分析的一种可靠性分析方法。

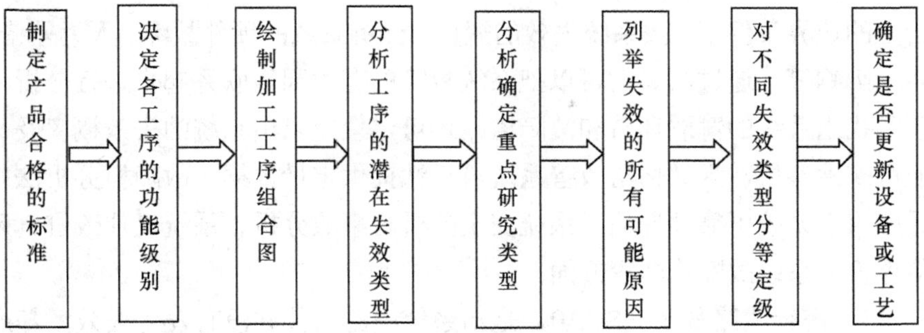

图 8.9 FMEA 实施程序

FMECA 是分析产品中每一个可能的故障模式并确定其对产品及上层产品所产生的影响，以及把每一个故障模式按其影响的严重程度结合故障模式发生概率与故障危害程度予以分类的一种分析技术。

FMECA 与 FMEA 的基本思想是相同的，是一种事前预防风险的方法，采用该方法可以在产品设计之初了解风险源，使失效问题在源头上得以解决，从根本上减少甚至规避风险。与后者不同的是，前者的分析结果更加具体、可量化，可以说，后者在失效模式与影响分析的基础上，增加了对潜在失效模式的严重度分析。

在具体实施 FMECA 时，一般先按照 FMEA 的程序进行，通过分析确定各故障模式的发生概率等级后，填写 FMEA 表，并绘制危害性矩阵。进行定量分析时，再填写严重度分析表。

（四）其他方法

这里也简略介绍一下另外三种方法。

1）单点失效与共同模式分析（SP&CM），单点失效为系统之单一失效所造成的系统失效，且此失效没有并联设计或其他方式进行补偿，而共同模式分析则指确定造成一组并联设备同时无法工作的事件，SP&CM 先设定失效模式，然后确定对系统所造成的效应，其可以和 FMEA 共同执行，也可单独操作。

2）故障树分析（FTA），是指以系统操作时所不希望发生的事件作为树状图的顶端事件，以演绎方式逐步找出导致该事件发生的原因，将这些事件依彼此关系绘制成树状图形。再对此故障树进行定性或定量统计分析，以探求构成该顶端事件的各种原因中哪个是影响较大者，找到之后即可作为改进或增加系统可靠度的重要指标。

FTA 方法是 20 世纪 60 年代以来迅速发展的系统可靠性分析方法，在给定的边界条件下，按系统失效的规律，分析系统的硬件故障、人为差错、环境影响等。通过故障树可以把系统故障的有关因素联系起来进行分析，便于找出系统的薄弱环节和故障谱，还可定量地求出系统的失效概率及其他可靠性参量，为评估与改善系统可靠性提供定量数据。故障树分析法广泛应用于系统可靠性评估、系统安全分析与事故分析、系统设计改进、风险评价、系统故障诊断等方面。

3）潜行线路分析（SCA），是指系统中的组件并没有发生失效，却产生非预期存在功能或使需要功能无法达到的潜在路径或状况。SCA 基本上是根据工程和制造文件进行分析，以确定产品设计中可能的潜在路径与对系统操作可能造成的影响，从而发现设计问题。

三、管理机制失效的 GoSRE 分析方法

上面一节主要介绍了其他学科中对机制失效的分析方法，这几种方法适用于对管理机制中出现与其方法适用条件类似的失效分析。然而，由于管理机制的各个元件的状态难以量化表示，所以，对于大多数管理机制而言，前面介绍的分析方法并不适用。管理机制的失效分析应该有其自己的方法。

本节将提出并讨论一种基于“目标-参与者-关系-环境”（Goal-Stakeholder-Relationship-Environment）的要素分析法，简称 GoSRE 法，用于管理机制失效分析。

1. GoSRE 法的基本原理

GoSRE 法是基于“目标-参与者-关系-环境”的要素分析法，它的基本原理是通过对管理机制的目标、参与者、关系、环境以及它们之间的作用方式进行分析，以找到产生失效结果的根本原因，进而找出有效的应对策略，并考虑在防止和应对失效中进行应用。

对于第一个分析对象“目标”，可以从以下三个方面进行分析：①六类不同目标在管理机制中的体现与确认；②目标的分解：层次性和阶段性分析；③目标的实现途径和逻辑研究。

对于管理机制中的参与者，可以有以下的分析内容：①参与者分类；②参与者状态、心理与行为分析；③参与者变更、转化分析。

对于管理机制失效分析中的关系分析，包括以下三个部分：①面向目标实现的关系设计合理性分析；②参与者之间的关系扭结分析；③参与者与环境的关系分析。

环境分析也分为三个主要的部分：①时间、空间因素的合理性；②动力与约束因素存在的问题；③其他环境因素对于管理机制的适应性。

由于这四个方面之间又存在内在的联系，因此，还需要在分析的过程中不断交互、交流、交错，并将反馈带入整个分析逻辑中去。

2. GoSRE 法的基本步骤

GoSRE 法的基本步骤如下。

步骤一：目标分析。

找出机制的最终目标，将最终目标按照实现的途径，分为几个层次，画出目标层次图。

在画图过程中，要注意将目标尽可能的实现途径都画出来。有时某个层次的目标 A 的实现需要目标 B 和目标 C 两个子目标同时实现，而有时是目标 B 或者目标 C 任一个实现都可以使目标 A 实现。这两种情况下机制的内在规律是不同的，为了能够在图中区分出这两种不同的情况，把目标 A 的实现需要目标 B 和目标 C 同时实现的情况在图中用一个圈表示，目标 B 或者目标 C 实现就可以使目标 A 实现的方式不用画圈，如图 8.10 所示。

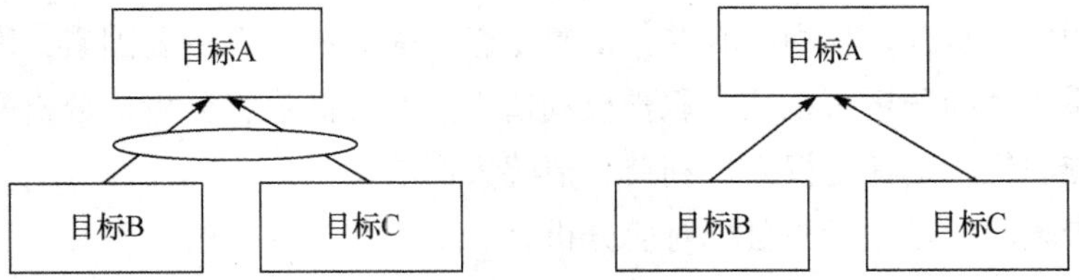

(a) 目标B和目标C同时实现才能实现目标A　　(b) 目标B或目标C实现就能实现目标A

图 8.10　目标不同实现途径的表示方法

步骤二：参与者分类与情况分析。

找出机制的参与者，对参与者进行分类，将其分为主体、客体和介质三类。

在分析过程中，有时候主体和客体不容易辨别清楚，因为有时某个人在整个系统中，既充当了主体的角色，又充当了客体的角色。这时，可以不必刻意区分主体和客体，但要把主客体与充当介质的人分清。

步骤三：关系图绘制与属性分析。

用网络图法做参与者之间的关系图。

将上述找出的各类参与者画到图中，用带有箭头或不带箭头的连线来表示出参与者之间的关系，如图 8.11 所示。

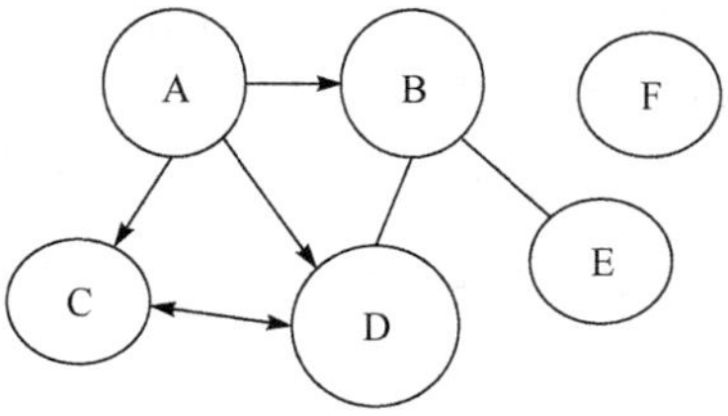

图 8.11 机制参与者关系图

在绘制机制参与者关系图的过程中，带有箭头或不带箭头连线表示不同的关系，箭头表示的基本原则是按照机制运行过程中“命令流”“信息流”“物质流”等的传递方向来画出“双向箭头”、“单向箭头”、不带箭头的连线，或者不加连线。一些常用的规则如下。

1）两个参与者之间是上下级的关系（如隶属关系或业务指导关系等），用单向箭头表示，单向箭头的方向是上级指向下级的方向。

2）两个参与者是委托代理关系等具有方向性的关系，也用单向箭头表示。

3）两个参与者是合作关系，用双向箭头表示。

4）当两个参与者是平级关系，如果相互没有业务交流合作，用不带箭头的连线连接；如果双方有业务交流，则用双向箭头连接；如果是双方的业务有方向性，那用单向箭头表示。

5）如果两个参与者之间目前没有各种关系，那不用连线。

绘制完关系图之后，可以对关系的属性进行分析。

职位、责任、权力、利益、情感是影响关系的五个主要因素。因此，对关系属性的分析可以从“职责权利情”五个方面进行分析，分析两个参与者在职位、责任、权力、利益、情感方面的关系。

步骤四：参与者与目标对应分析。

将不同参与者在管理机制中会涉及的事情与目标对应，将不同层次的目标标注在参与者的关系图上，如图 8.12 所示。

步骤五：关键参与者筛选与分析。

由于有些机制中涉及的参与者众多，不方便对每个参与者以及参与者之间的关系进行分析，这时需要对机制中的参与者进行筛选，筛选出关键的参与者进行深入的分析。筛选的方法是根据步骤二图 8.11 中的参与者之间的关系度以及参与者与目标的关系度，最终找出关键主客体和关键介质。对关键参与者进行分析最常用的方法是用博弈论分析参与者之间的博弈关系，以从参与者角度找出影响机制的更深层次的因素。

一般来说，参与者和目标的关系越紧密，越是关键的参与者。

步骤六：环境属性分析。

分析参与者的环境属性，包括其时间属性、空间属性以及动力与约束属性。

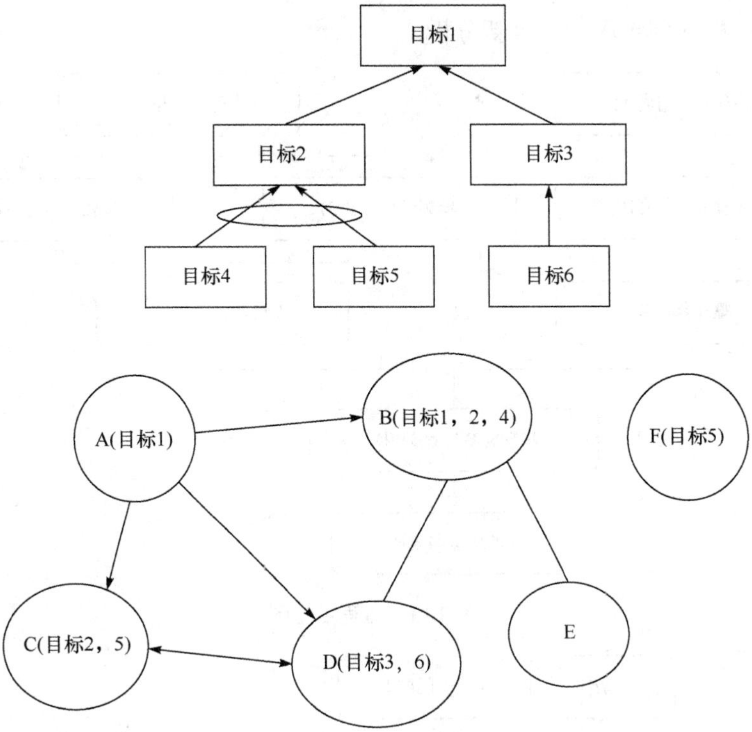

图 8.12　目标与参与者之间的对应关系示意图

在这个步骤中，主要分析各个环境变量对参与者的行为产生了哪些影响。例如，分析参与者做事情的时间点、时间频率、时间长度对参与者行为的影响，包括目前的时间属性对参与者的影响，以及改变时间属性之后会产生哪些影响。

步骤七：流程图绘制与分析。

上述步骤三的关系图可以反映参与者之间的静态关系，而机制目标的实现，需要一定途径，经历一定的流程。因此，除了对参与者进行关系分析之外，还要把参与者放在实现目标的整个流程中，来研究参与者及其相互之间的关系在实现目标的流程方面的特征。因此，需要画出各个参与者工作的流程图，分析流程图中各个流程的参与者、关系和环境属性，如图 8.13 所示。

步骤八：问题图绘制与分析。

分析上述关系图和流程图中各个元件和各个环节是否存在问题。如果找到存在的问题，则把出现的问题各个元件和环节单独拿出来，画出其问题的逻辑关系图，最终分析这些问题的根本原因。例如，图 8.14 中所画的问题逻辑关系图的根本原因是问题 7 和问题 8。如果机制失效但没有找到问题，则回到步骤一，重新分析。

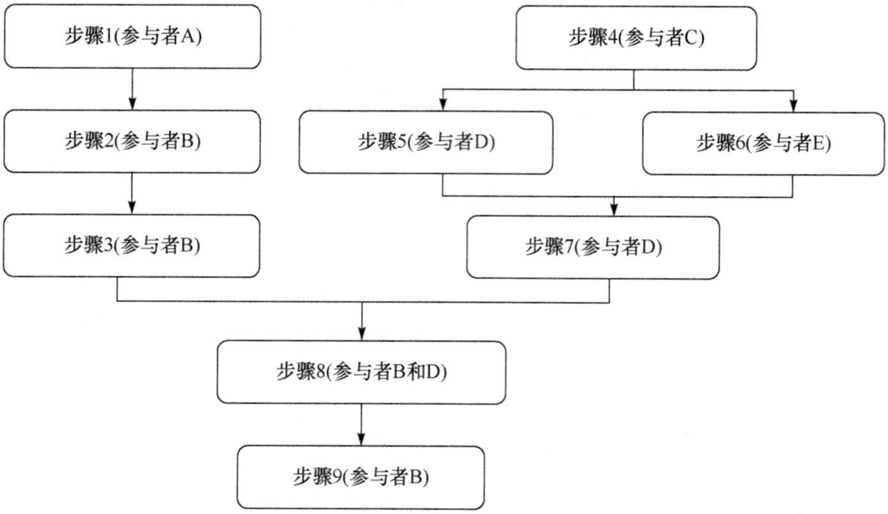

图 8.13　流程示意图

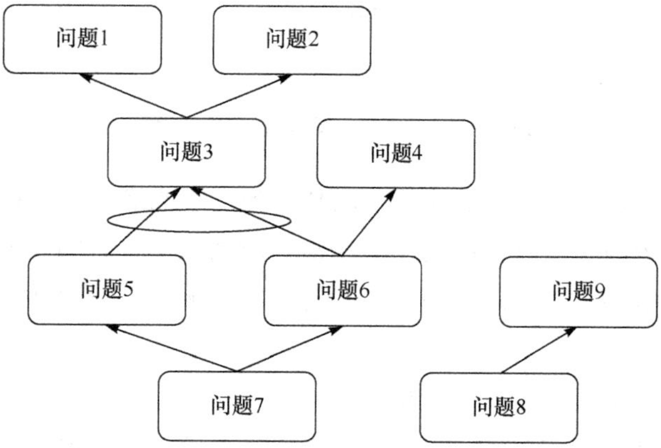

图 8.14　问题逻辑关系图

在绘制问题图的过程中，用单向或双向箭头表示出问题的因果关系。如果 A 导致 B，那么箭头方向是 A 指向 B。如果 A 和 B 同时存在才能导致 C，那么和前面目标层次图的表示方法一样在连接线上画圈。

步骤九：可变因素识别与生成解决方案。

针对上述找出问题的根本原因，要识别出哪些因素可以改变，改变到何种程度可以使得机制的作用机理更加合理，目标更容易达到。

在这个基础上，生成所有可行的解决方案。生成解决策略的办法可以参考第五章第一节和第三节中提到的各类方法，分别针对不同原因的失效起作用。

步骤十：检验。

从步骤一开始，将实行了解决方案后的情况按照从步骤一到步骤八的顺序分析解决方案实施后对目标、参与者、关系和环境的影响情况，看步骤八是否还会有问题，如果不存在问题，结束分析。如果还存在问题，重复步骤九。

完整地包含了这十个步骤的 GoSRE 分析方法的基本流程如图 8.15 所示。

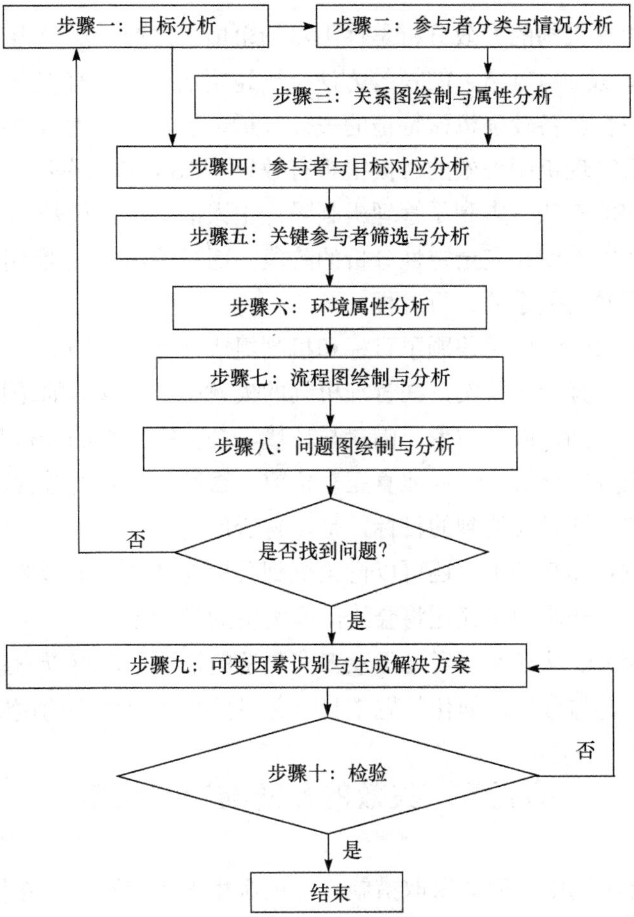

图 8.15　GoSRE 法的流程图

上述所说的 GoSRE 法的基本步骤，尤其适合于比较复杂的失效问题，如目标复杂、参与者众多且关系复杂、流程烦琐且复杂的问题。它有助于理清复杂的机制失效问题的思路，找到失效问题的根本原因，并可以从更深的层面找到有效的应对失效的方法。

在实际分析机制失效问题的过程中，有时候失效问题不太复杂，其机制的目标简单，同时参与者的类型较少，很容易明晰参与者，流程简单，就可以将上述 GoSRE 法进行简化，省略一些步骤，并将其中某些步骤合并，以更方便地使用。

在使用简化的 GoSRE 法时，可以将寻找机制中的问题的步骤合并到步骤二、步骤三、步骤四对参与者、关系和环境的分析中。

3. GoSRE 法的特点

由于管理机制的失效分析是件困难的事情，之前广泛应用在物理领域的 FMEA 以及 FMECA、FTA 等方法由于逻辑清晰，少有涉及人的因素，因此非常适合具备较强机械特征的失效分析，也正是因为这个特征，这些方法在分析管理机制失效的时候很难有效果。GoSRE 法有以下特点。

1）GoSRE 法考虑到了管理机制设计中人的特征，但是并没有把对人为因素的考虑停留在完全定性分析的阶段，而是给出了三类不同参与者内部及其相互间的关系的分析过程。

2）GoSRE 法同时兼顾了目标和机制组成部分之间的关系，并给出目标实现途径的分析。其实，在管理机制的失效中，最核心的是目标无法或者只能部分达到，而参与者、因素与环境、关系等角度的分析都需要同目标关联起来进行分析，这样才真正有价值，否则，只是看过程的问题，而不关联机制设计时要达到的目标，是没有价值的。

3）在 GoSRE 法中，还可以讨论机制目标与其他各个影响因素之间的匹配问题，下一步的研究还将会给出匹配度的度量模型。

4）GoSRE 法在参与者过于众多和复杂的情况下，可以考虑进行关键参与者的筛选与分析，简化问题本身，并借此找到更核心的逻辑脉络。

第五节　失效的预防与应对策略

在管理机制中，应该采取措施，尽量避免失效的发生，并且要对管理机制进行监测，当有失效征兆出现时，及时预警，以采取应对措施。

一、防止机制失效的策略

当出现参与者出错、关系不畅、环境出问题以及自动容错和调整能力不足四种情况时，很容易出现机制的失效现象。因此，本节将从这四个方面分别提出防止机制失效的策略。

1. 针对参与者出错的应对策略

对于参与者而言，要防止其失效，首先，要分析参与者出现问题的动机，可将其动机分为两类：一类是工作失误出现问题；另一类是明知故犯而出现问题。

（1）工作失误出现问题

对于工作失误出现问题，要想办法在做事流程、做事方式等方面加以改进，以避免人为失误的情况，减少“墨菲定律”发生的可能。具体策略有以下两类。

一是流程控制策略。流程控制策略是通过在参与者做事流程方面加一些限制条件或强制措施，以减少过程中出错的可能性。流程控制策略有很多种具体方式，如校对策略、隔离策略、标识策略、保险策略等。

校对策略是指通过增加一个核对步骤，核对某件事情的各个步骤中是否有差错的方式，来避免差错的产生，从而消除各种差错造成的因素，如统一发票的复写打印、刷信用卡的拓印、对报销的发票进行核查和审计、出版物出版前对出版物的文字进行校对等。

隔离策略是指透过区域分隔保护某些区域，避免危险或错误，例如，将易燃易爆危险品隔离放置，以减少其与火源接触的可能性。

标识策略是指将不同事物运用不同形状、不同颜色、不同气味的东西进行表示，以减少人为识别错误的可能性。

保险策略是指共同或依序执行两个以上的动作完成工作。例如，必须要使用两把钥匙才能开保险箱，两把钥匙分别由两个人来负责保管。

二是技术控制策略。除了在参与者的流程上加以控制之外，还可以通过一些技术手段，来加以控制，以减少事情出错的可能性。

技术强制策略有很多种，如匹配策略、自动化策略、统计与监测策略等。

匹配策略是指利用形状等的匹配性，来使参与者只能按照特定的方法进行操作。例如，内存模块上的凹洞只有唯一正确的方向安装才能插入，这样可以防止插入错误；单位办公系统，只有按照指定的方式填写，才能够正确保存和提交。

自动化策略是指运用各种物理学、化学与机械结构学原理自动化执行或不执行，来自动操作一些事物。例如，水塔的浮球上升至一定高度自动切断给水，这样可以防止人为原因忘记切断给水的情况发生。

统计与监测策略是指对参与者的行为通过各种手段进行监测和统计，以防止其出错。例如，对参与者进行视频监控、指纹打卡、工作量统计等。

（2）明知故犯而出现问题

对于明知故犯而出现问题，可以采取上述策略中具有强制属性的策略来防范。

上述所提到的流程控制和技术控制策略中，有一些策略是可以让参与者不得不按照要求做的，即具有强制属性的策略，采用这样的一些策略，即使参与者想玩忽职守、明知故犯，也没办法操作，或者一旦操作了立刻就能够被发现，以至于无法犯错。

会出错的终出错？——说说“墨菲定律”及其背后的故事

很多人都曾听说过墨菲定律或是类似的说法，如“事情如果有变坏的可能，不管这种可能性有多小，它总会发生，并会引起最大可能的损失”。也就是中国人常说的“怕什么就来什么、要多糟就有多糟”。但长期以来大家对这样的说法只是知其然而不知其所以然。实际上这位让人避之不及的“墨菲”还真不是凭空杜撰出来的，而墨菲定律则是半个多世纪前美国空军一个特殊试验项目的“副产品”。

那是第二次世界大战结束后不久，正值航空动力从螺旋桨向喷气式过渡的阶段，飞机性能的突飞猛进也对飞行的安全性提出了更高的要求。1947 年，诺斯罗普飞机公司与美国空军的航空医学研究室合作，开展了一项代号为 MX981 的高速火箭滑车试验项目，以测试人体在瞬间减速时承受冲击的能力极限。经过不断地测试和改进，到 12 月时，MX981 项目组的军方主管斯塔普认为进行“人体制动”的条件已经成熟并开展试验。斯塔普为了提高滑车上所用加速计的精确度，联系到从事专用电子测量仪器研制工作的墨菲，并寻求他的帮助。起初，墨菲是按要求把所需的设备发了过去，但在斯塔普的测试中却出现莫名其妙没有读数的故障，墨菲只好亲自到试验现场解决问题。经过仔细检查，大家发现原来是技术人员在滑车座椅的安全带上安装测量仪的传感器时，刚好把接线全都装反了，导致仪器毫无反应。

据 MX981 项目组的成员回忆，墨菲当时把这种低级错误归咎于负责安装传感器的助手，声称“如果有什么方法能让事情出错，他就会这么做”。斯塔普就将其归纳为“墨菲定律”，很快传遍了整个基地。后来借助媒体的传播，墨菲定律的内容演变成“凡是可能出错的事情必定会出错”（Anything that can go wrong will go wrong）。如今，墨菲定律的影响力早已从航空界扩展到各行各业的安全管理领域。成为时时敲响的一记安全警钟。积极防范技术风险和人为失误的出现，才是避免安全隐患从量的积累演变成突发事故的万全之策。

（摘编自《航空知识》2014 年 9 期）

2. 针对关系不畅的应对策略

如果管理机制中关系出问题，往往需要调整机制依托的组织体系，或采取其他措施改善参与者的关系，才能真正解决问题。因此，具体策略包括以下两类。

（1）调整组织结构法

在管理机制中，不同参与者、不同组织之间的关系有很多种，如隶属关系、业务指导关系、委托代理关系、法人单位内的平级关系、不同法人单位的平级关系、合作关系等。不同的关系对管理机制的运行有不同的影响。例如，当上级和下级是隶属关系时，与业务指导关系相比，上级对下级的控制力往往要强一些，下级往往会听从上级的命令。因此，改变不同参与者、不同组织的关系可以使管理机制发生改变。下面举一个例子进行分析。

在我国的城市管理中，平级的环卫部门和园林部门两个不同的法人单位经常会因为业务冲突而发生矛盾。例如，园林部门在修剪路边树木时可能会让垃圾留在路面上，影响环境卫生；而环卫部门可能在进行扫雪作业时，会经常把含有对植物生长不利的融雪剂的积雪堆到路边的园林丛中，影响植物的生长。在长期的管理实践中，会总结出这样的规律：如果将环卫部门和园林部门合并在同一个法人单位里，环卫和园林作业的这种矛盾就自然而然解决了。

（2）关系协调方法

如果一个机制系统的组织结构难以调整，可以通过协调等方式，改善不同参与者或不同组织之间的关系，来达到机制的目标。在前面提到的城市管理中环卫部门和园林部门有矛盾的案例中，如果难以调整组织结构，可以通过这种协调关系的方式来解决：两个部门经常召开联络会议，商讨协调解决对策；或者通过两个部门联合发文制定规则的方式，来制定长效的解决方案。

3. 针对环境出问题的应对策略

对于由环境出问题而导致的管理机制失效，因为有些环境因素是无法改变的，因此，其应对策略需要分以下两种情况进行探讨。

1）当出问题的环境因素可以改变时，通过改变相应出问题的环境因素来解决机制失效的问题。例如，当交通信号灯变化时间频率设置不当而导致行人不愿遵守交通规则时，可以改变红绿灯变化的频率，以解决交通信号灯的失效问题。

2）当出问题的环境因素不可改变时，可以通过以下两种策略来解决机制失效的问题：一是改变其他的环境因素。当出问题的环境因素不可改变时，可以通过改变其他的环境因素，来弥补出问题的环境因素给机制带来的负面影响。例如，如果一个机制失效是因为机制中的参与者占用某资源的时间不足出了问题，可以通过增加单位时间内可以占用的该资源的量来解决失效问题。二是改变机制内部的因素。当出问题的环境因素不可改变，其他环境因素也不可改变或者改变也无效时，可以从机制内部入手，改变机制内部的参与者组成或其关系，来防止失效。例如，当国家产业政策调整导致企业生存不利时，只能通过调整企业内部的生产和经营策略来解决问题。

4. 针对自动容错和调整能力不足的应对策略

当机制本身的自动容错和调整能力不足时，很容易因为机制系统的一点波动而让机制失效，因此，一个好的机制需要有强大的自动容错和调整能力，同时，不能因为增加了自动容错和调整能力而使机制内部经常性出错的可能性增加。增加机制系统自动容错和调整能力的策略有很多种，常见的策略有以下几种。

（1）增加校对策略

这里所说的校对策略与前面“针对参与者出错的应对策略”中校对策略一样，是指通过增加一个核对步骤，核对某件事情的各个步骤中是否有差错的方式，来进行纠错。

校对策略的缺点是由于增加了做事环节，会增加机制运行的成本。

（2）增加反馈策略

反馈策略是指通过参与者定时将做事结果反馈给相关人员。一旦参与者做事中出现错误，相关人员可以及时发现和提醒，以及时改正。

（3）备份策略

备份策略是指给一件事情增加一条实现目标的备选路径，当一条路径无法正常进行时，可以有其他行得通的备选路径。

（4）技术控制策略

技术控制策略是指通过某些技术的自动监测、控制和调整能力，来使管理机制更加稳定。例如，前面提到的“自动化策略”，就可以在事情出问题之前或刚出问题时自动控制，以防止事情出问题或防止问题的严重化。

二、失效的监测

管理机制失效的监测方法有三种。

（1）直接监测机制运行效果

对于某些机制来说，可以直接观测到其机制运行效果，这种情况下就直接监测其机制运行效果。例如，企业的效益可以直接反映企业整体运行机制的好坏。

（2）直接监测各个元件的运行情况

对于某些机制来说，其机制运行效果难以清晰观测到，但其参与者、关系和环境的状况和变化是容易通过人为的监管或技术监控来观察各个元件的运行状态的。例如，在某政府机关里，可以通过领导的巡视、视频监控、员工打卡等方式，来加强对职工工作的监管。

（3）将一些指标作为“指示剂”来侧面反映其效果

对于大部分管理机制来说，其参与者、关系和环境的状况和变化不容易观察到，这个时候只能通过管理机制能够反映出来的一些指标的状态作为“指示剂”，来侧面反映机制的效果。例如，一项产业政策是否有效，可以通过对这项产业政策实施前后该产业的产值等情况侧面反映。

三、失效的预警与应对

当被监测的管理机制的某一或某些参数超过一定阈值时，就应该及时预警，采取措施应对机制失效的发生和发展。机制失效的预警就是这样一套判断机制失效是否达到一定的程度，是否需要采取应对措施的方法。管理机制的监测和预警是在失效发生前或发生阶段发挥作用的，并贯穿于整个失效过程（图 8.16）。

当失效的结果已经出现时，应对策略则可以从以下角度去考虑。

1）参与者调整或变更。如果以往的介质所起作用发生改变，则更换原有介质为新的更有效的介质。如果矛盾的焦点在参与主体不能满足客体的要求，则也可以考虑更换以对客体产生更为积极的影响，最终解决问题。

2）重新修正关系定义。基于“职责权利情”这五个关系类型，看有无可能对这五类关系在问题环境中进行重新定义。

3）环境回避与因素再设计。考虑避开原有环境，或将环境因素加以改变以适合目标需要，然后对空间、时间、动力与约束因素进行再设计，以使重新聚焦目标，达到管理的预期目的。

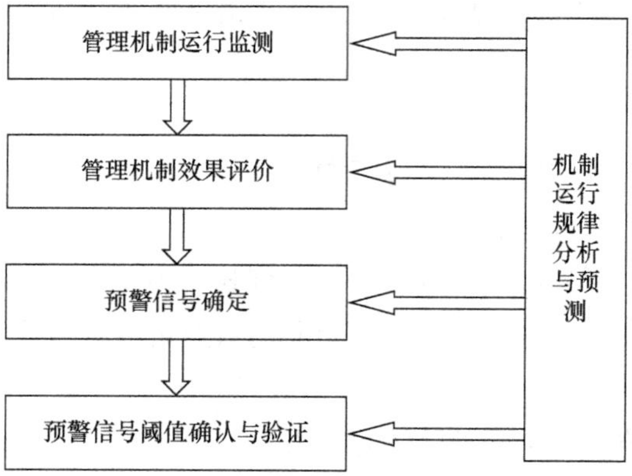

图 8.16　机制失效的预警流程

4）将造成失效的各类耦合因素进行解耦。

5）应急资源的调集与使用。

6）修订、修正、修改或废止原有目标。

本 章 小 结

本章从管理者在现实中常常遇到的管理政策或措施的失效现象出发，通过类比经济领域和管理领域中失效现象的差异，分析管理目标与失效现象之间的关系，对管理中机制失效的概念进行了界定，并根据管理机制失效的分类和特征，给出了失效的判定条件；从机制的组成、机制的容错和调整、机制的实施力度等不同角度分析了失效的原因；在此基础上，从发生和发展两个方面对失效过程进行了讨论，并总结了目前比较常用的几种失效分析工具；创造性地提出了管理机制中失效分析的方法——“目标-参与者-关系-环境”分析法（GoRSE 法），系统地阐述了 GoRSE 法的基本原理、步骤及其特点；最后，对失效的预防和应对策略进行了简单的分析论述。

第九章　管理机制设计的逻辑与方法

前面章节介绍了以七元组为基础的管理机制设计理论，对其基本概念、结构、组成、功能以及设计等诸方面进行了深入介绍。本章将基于上述内容，进一步分析社会经济活动中无处不在的管理机制，总结管理机制设计的逻辑和常用方法，系统解析管理机制的设计模式，结合各元组间的动态关系，给出相应的设计步骤。

第一节　管理系统中的管理体制和管理机制

对于管理，每个人都会有不同的理解，可以从不同角度对管理进行诠释或应用，大可以到国家或国际组织的管理，小可以到一个生产或生活单元的管理。

管理活动可以从以下五个方面进行分类，分别是计划、组织、人事、领导和控制。

1）计划。计划是在我们现在所处的位置与预期的目标之间架起的一座桥梁。编制计划包括选择任务、目标和完成计划的行动。编制计划需要做出决策，也就是说要在各种方案里，选择将来的行动路线。在做出决策之前，所有的仅是一种计划研究、一种分析或一种建议，绝不是真正的计划。

2）组织。组织是管理的重要组成部分，在一个为实现某个管理目标而集合起来的群体里，每个涉入其中的人都会担任某个或某几个角色。

3）人事。主要是设置、编制、配备和保持人员，应该包括明确工作人员必须具备的条件、编造在职人员的花名册、招聘和遴选人员、安置工作岗位、提升人员、编制选拔计划、工资报酬、培训或用其他方式提高在职人员或备用人员的素质，使他们能够高效益和高效率地完成任务。

4）领导。管理机制的重要特征之一——强制性——就很充分地体现在群体要分为领导和被领导这两个主要部分。领导工作指对工作人员施加影响，使他们对组织和集体的目标做出贡献，这主要涉及管理工作的群众关系方面。领导工作包含管理、领导作风和方法，以及思想交流。

5）控制。衡量、纠正、限制、确保下属人员的各种活动，从而保证事态的发展符合计划要求。控制工作按照目标和计划表评定工作人员的业绩，找出偏差所在，采取措施加以改正，以确保计划的完成。

通过上述内容我们能够简单地了解组织管理活动涵盖的各个方面，而相比之下，管理系统则是一个更为宏观的概念。下面将进一步分析管理体制、管理机制与管理系统之间的关系。

一、管理系统

管理系统是一个兼具硬、软两方面特征的整体系统，该系统具有明确的目的性。

一方面，从系统的组成来看，管理系统是一个由设计者进行描绘、呈现，由管理者、管理对象组成，并由管理者负责控制的一个整体。管理系统因具体对象不同而千差万别，可以是科学的、经济的、教育的、政治的，等等。管理系统的整体是由相对独立的不同部分组成的，这些部分可以按人、财、物、信息等来划分，也可以根据管理的职能或管理机构的部门设置来划分成不同的模块。上述组成构成了管理系统的“硬”的骨骼。

另一方面，从系统的形成与运作来看，管理系统是一个由管理思想、概念、程序、方法、制度等非物质形态组成的软系统，它对系统的资源进行计划、组织、领导、控制，并把管理要素与所处环境紧密联系，从而推动组织有序运行。在这个过程中，系统的结构和运行方式将会在不同维度和层次上体现出设计者的思维逻辑，委托者的目的和运作途径，监督者、执行者的运作途径、形式、效果、反馈，以及在整个系统运行中的各类逻辑、规则、约束、动力等，而这些内容是动态、可变的，隐藏在“硬”的成分和模块背后，对管理系统运作起着重要作用，是管理系统“软”的神经和血肉。

管理系统往往因为管理的目标、环境、参与者、规制的不同或变动而呈现出不同程度的复杂性。对于参与者来说，如果看不到整体中的各个组成部分就看不清楚整体的结构和格局，造成认识上的模糊，从而在工作上分不清主次。同时，任何管理系统都是变化发展着的，可以表现为管理目标的变化以及其他组成要素的变化。

二、管理体制与管理机制

体制与机制是较易混淆的一对词语，需要对其进行解读和界定，进一步厘清其内涵和外延，进而更好地理解管理体制与管理机制的区别和联系。

《现代汉语词典》同时收录了“体制”与“机制”这两个词。从词意来看，古代“体制”多指体裁、格局，如郑玄《诗谱·周颂》孔颖达疏：“然《鲁颂》之文，尤类《小雅》，比之《商颂》，体制又异”，以及嵇康《琴赋》：“体制风流，莫不相袭”。有时也指艺术作品的体裁风格，如郭若虚《图画见闻志》卷四：“工画花竹翎毛，体制清赡”。

随着社会发展，“体制”的含义也得到进一步引申，按照《辞海》的解释，“体制”是指国家机关、企事业单位在机制设置、领导隶属关系和管理权限划分等方面的体系、制度、方法、形式等的总称。

“机制”原指机器的构造和运作原理，后来也被各领域研究者引申，借指事物的内在运行方式和运行规律，包括其组成部分的相互关系以及可能的变化。第二章中具体给出了机制和管理机制的定义。

管理体制是指管理系统的结构和组成方式，即采用怎样的组织形式以及如何将这些组织形式结合成为一个合理的有机系统，并以怎样的手段、方法来实现管理的任务和目的。

具体地说：管理体制是规定中央、地方、部门、企业、行业、机构、组织各自的管理范围、权限职责、利益及其相互关系的准则。它的核心是机构设置、职权分配以及各机构间的相互协调。

而管理机制则描述管理系统各有机体的构造、功能和相互关系，泛指一个工作系统的组织或部分之间相互作用的过程和方式，如市场机制、竞争机制、用人机制等。其本质上是管理系统的内在联系、功能及运行原理，是决定管理功效的核心。

组织和人员就可看作是“体制”具体而行微的部分，规则与运行就是机制的核心内容。

三、管理机制的模块

本部分从管理机制的逻辑模块、功能模块、行为模块和反馈模块来分析管理机制设计内容。

1. 管理机制的逻辑模块

总的来说，不管是复杂的还是简单的管理机制，其基本的逻辑模块应包括：目标、环境、实现途径。

其中，目标是指构想中的机制，或者是一个已有的机制所对应的目标。这里的目标是泛指，实际可以包括单一目标或一系列目标。目标具有可再分性，可进一步分为各个子目标。各目标（子目标）之间可以呈现并列关系、从属关系、互斥关系、互补关系等。

环境泛指构想中的机制或者实际给定的机制所处的时空环境、人文环境、物质环境和过程环境。各类环境因素一方面能够支持机制的存在和运行，另一方面也可能对其造成一定干扰和阻碍。环境因素会随着机制的运行对其造成实时、动态的影响。

实现途径是指当前的环境中实现机制目标所需要的条件。

目标、环境、实现途径这三要素构成了管理机制的基本逻辑。

一般来说，对于一个确定的机制，环境和实现途径关乎目标能否实现和实现程度，对于构想中的机制来说，需要依赖于当时的环境和当前可依赖的实现途径，设置不同层次的目标，以确保所设计出来的机制具有一定实际意义和价值，这是人们在实践过程中需要注意的。

图 9.1 给出了已有机制和构想中的机制的逻辑模块。

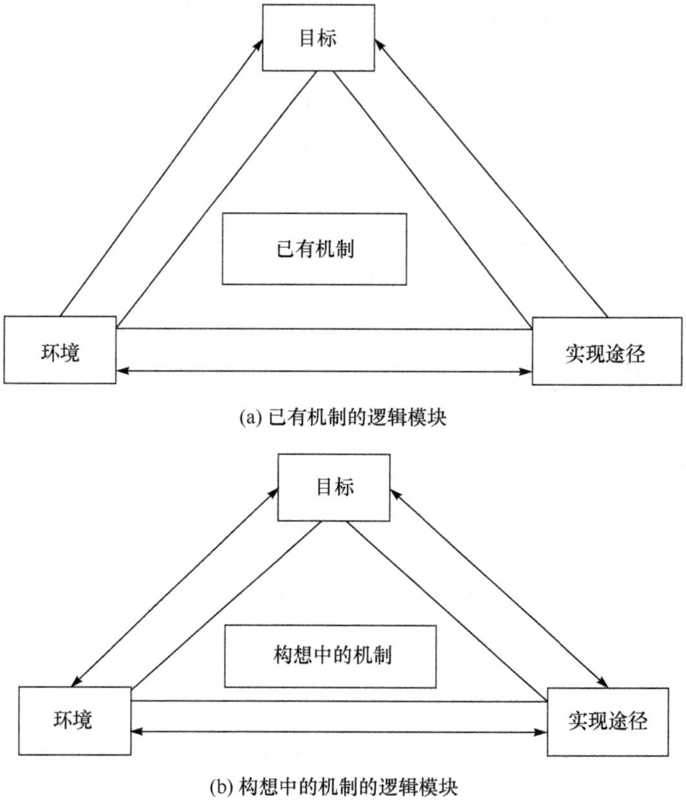

图 9.1　机制的逻辑模块

2. 管理机制的功能模块

一个完整的管理机制在其骨架结构上至少包含七大功能（图 9.2）。

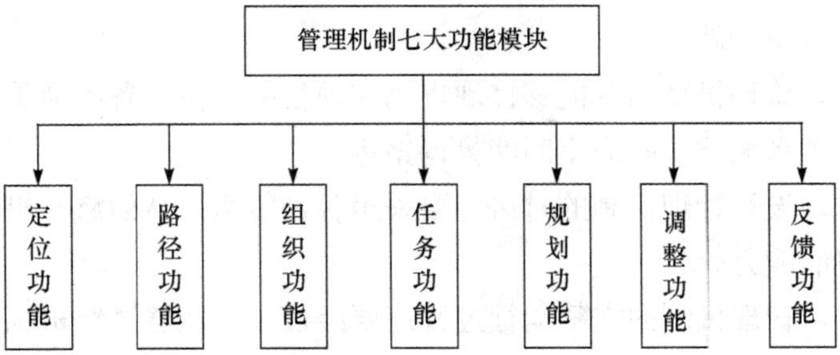

图 9.2　管理机制七大功能模块图

（1）定位功能

管理机制的定位功能在于以下几点。

第一，对管理目标的定位。对于多级、复杂的管理机制体系，能够分别定位每一级每一层次的目标。

第二，对于参与者在实现目标中的定位。定位参与者可以是机制中的主体、客体和介质，如果是主体，可以是委托主体、设计主体、监督主体、执行主体或支配主体等。

第三，对于能量规制和环境在整个管理机制体系中的定位。确定能量规制是驱动力还是约束力等。

（2）路径功能

路径功能在于，一个完整的管理机制骨架，能够处处体现出以设计目标为终点的特点，整个过程总能沿着不同路径走到目标。这些“路径”即管理机制设计中所要遵循的各类调控动作的流程。

（3）组织功能

从模块中体现出一种为实现目标而呈现出的参与者的组织状态，这种组织状态就是管理机制体系的组织功能。

（4）任务功能

实现管理机制的目标，需要完成某些任务。具体表现为基于参与者组织体系内部的关系，并考虑时空环境、能量规制的相互作用，从而实现预期目标。或者在特定的情况下，如参与者、时空环境、能量规制的总作用无法改变的情况下，对目标进行分解，完成实现原预定目标的初级阶段，随即再以初级阶段的能量为基础，完成高级阶段。

（5）规划功能

规划功能体现了管理机制的运行原理。管理机制骨架处处体现为，基于参与人和当前环境基础为了完成目标而进行的时间、空间和能量的规划。

（6）调整功能

第一，管理机制内部能够体现出为实现目标所做的各类调整，如参与者调整、关系调整、时间空间能量调整等。

第二，设计管理机制的时候，要采用各种策略，从而赋予机制自动纠错和调整的能力。

第三，管理机制的完整运行过程还要经过一个能够进行机制效果验证的步骤，再到实施阶段。

第四，管理机制运行过程中也要不断进行实时调整。

（7）反馈功能

管理机制设计运行过程中，会将当前的运行情况、作用效果进行实时反馈。因此，人们可以依据反馈效果进行分析，并对可能发生的失效和偏离行为依据上述的调整功能做出适当的调整。

3. 管理机制的行为模块

管理活动自始至终都与人密不可分，在机制体系框架图中，参与者根据解析能够描述主客体之间发生的基本动作行为。在加入环境条件和能量规制之后，参与者一方面能描述在这些条件影响下主客体之间的一些动作行为，另一方面能反映出上述各方面规则对人的制约与支持，并且可以分析这些行为是如何对管理活动中的人产生影响的。

4. 管理机制的反馈模块

依据上述对管理机制功能模块的分析，在机制设计过程中，一方面应设置微观的机制反馈模块。例如，依据关系分析确定权责，进行状态分析，体现出参与者之间的反馈。另一方面还要特别设置一个反馈模块对机制的效果进行分析，同时对机制目标进行比对和调整。

第二节　管理机制设计方法

管理机制是管理的内在规律（机理）进行转化和应用的载体，本节介绍管理机制设计中的一些常用方法，以有助于人们在理解和掌握管理机理的基础上进行管理机制设计。

一、分解法

分解法基于还原论，是管理机制设计中最常用的方法之一，可以有多维度、多层次的分解。例如，对目标的分解，可以将总的目标逐步细化分级。对参与者可首先分解为主体、介质和客体，然后还可以继续按照更多的分类准则进一步分解，直到分解为基本单元。

对于机制运行的途径和步骤也可以逐步分解。对于复杂机制的设计，总可以将其分解成一个个相对独立、有一定逻辑关系的简单机制，即对机制设计任务进行分解，以便于人们进行简单的机制设计，然后将这些组块重新整合为完整的管理机制。

有效分解的标准是：分解后，各基本单元的特征明显、遵循一定逻辑、结构清晰，同时还能将所有基本单元集合成分解前的状态。通过分解，能将机制设计的工作细化，找到所有用于机制设计控制的关键因素，如图 9.3 所示。

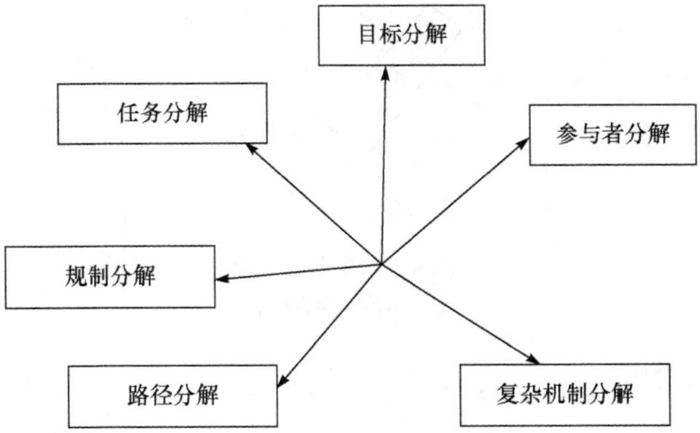

图 9.3　管理机制设计多维度分解

二、挖掘归纳法

挖掘归纳法指基于实时掌握的信息、数据对事物进行深入分析，并进一步搜集相关信息和数据进行分类分析和处理，找出它们的特征、联系和相互发生作用的深层次关系，进而选取其中有价值的内容，来实现管理机制设计。

一般来说，挖掘归纳法和分解法可以相互结合使用。例如，对于参与者的分析，通过分解法，可以将其简单分为主体、客体和介质，并且通过对主体的深入挖掘，快速掌握不同类型主体的特征进而进行归类，具体描述各主体在机制设计体系的地位，找到符合该类型主体特征的环境因素、能量因素、关系因素等，从而进一步聚类功能、地位相似的主体。另外，在机制有效性分析中进行深入挖掘，也有利于探析机制失效背后的深层次原因。

三、排除法

在机制设计中，对于有限个参与者的选取，可以通过排除法筛选出符合机制需要的参与者，或者筛选出与当前环境、能量匹配的元素和模块。对于机制有效性的判断，也可以通过排除法进行失效原因分析，如图 9.4 所示。

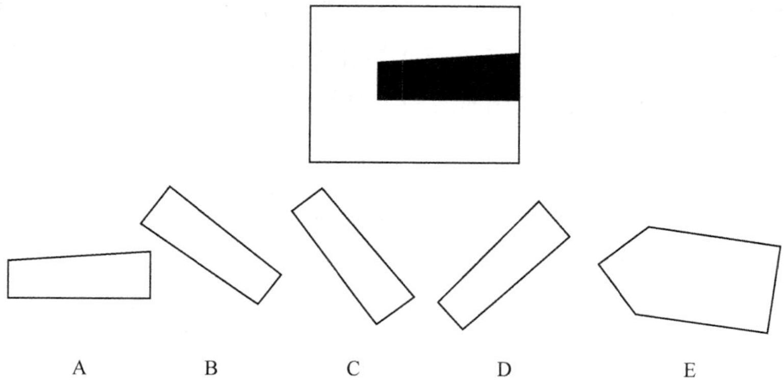

图 9.4 排除法示意图

E 就是被排除的对象

四、试错法

试错法是根据以往经验总结出来的若干规则来探索解决问题的方法。将管理机制组件中可能的条件一一列出，然后对条件进行一个一个的测试和筛选，最终找出符合条件的。此外，试错法适合有限个条件的情况，往往与排除法联合使用。在机制设计中，这一方法不一定得到最优解，但机制设计中存在“歪打正着”的情况，因此对于通过试错法设计出的机制，往往需要进行多维度、多角度的有效性分析，甚至进行多次的尝试运行，最终才能确定有效的管理机制。

五、黑箱法

有时机制设计中会遇到暂时看似无解的难题，特别是对于那些具有复杂多级结构的机制，此时就可以采用黑箱法进行机制设计。将暂时复杂难解的问题看成机制设计流程图上的“黑箱”，先不去纠结黑箱内部的构造和机理，而是按照既定的目标，从黑箱的外部信息进行研究，观察输入和输出黑箱的信息变化的动态过程，甚至是设计实验，然后综合上述各类方法，分析黑箱的功能，研究内部构造、行为方式，从而完成整体的机制设计。

六、系统综合法

管理过程的任务是基于已有状态，通过物质、人、能量和环境的变化来实现管理目标的。这一过程可采用多种路径实现，而系统综合法是按照选定的目标函数，找到一个能满足给定输入和输出条件的优化的管理机制系统，力求做到成本和收益的平衡。

对于复杂机制的设计，可以先用分解法将其分解成简单的机制，其次找出简单机制层次上的目标，综合采用试错法、排除法等方法选定一个初始机制设计方案，然后从选定机制设计系统出发，针对该层级的目标进行设计，并结合一系列的反馈模块逐步修正，得出较优的简单机制，最终对多个简单机制进行综合。同时，也可以分别对各个子系统进行综合，得到局部最优解，再用整体目标函数加以检验；如果不满足整体最优的要求，则在各个子系统之间进行协调，直到得出预期的最优系统为止。

实际机制设计中，还需结合机理研究，开展多种设计形式的融合。例如，采用可视化、情景化的形式进行设计并验证。对于应急管理的机制设计来说，基于突发事件和应急管理机理的链图法和情景分析就可以作为综合性的应急管理机制设计依据和检验途径。

七、博弈论法

有些涉及参与者之间博弈行为的机制设计，可以将博弈论的方法应用在管理机制设计里，来分析参与者之间的博弈行为，有利于更好地分析参与者之间的关系及其动力和约束。此方面在本书第三章有相关介绍。

第三节　管理机制设计流程

实际中的管理机制设计是一个动态的过程，需要将上一节介绍的各种方法和思想进行融合运用。本节将对管理机制设计的基本流程和联动模式进行分析介绍，最后给出动态的管理机制设计示意图。

从设计的角度来说，管理机制是为实现一个确定的目标而设计出来的一种涵盖了原则、模式、规范及流程，基于相关事物的机理，考虑现实条件的制约，具备一定能动性的解决方案。七元组的管理机制设计总体上要求研究“主体、客体、介质、关系、时间规制、空间规制、能量规制”这七个元件的组成要素对管理目标的影响和作用方式。七元组管理机制的基本设计流程包括以下几个方面。

1）目标设计。包括对目标的合理性、现实性进行分析，要依据当前环境状态判断是否需要对目标进行分解。这里要注意目标有效性和合理性的界定。

2）参与者分析。确定全体参与者，依据当前环境状态来研究参与者的自然关系和属性，进而对主客体和介质进行分类并确定。

3）规制分析。在确立目标时的整体环境状态的分析的基础上，依据对目标的分析和分解结果，结合参与者分析的结果，从时间、空间和动力与约束规制方面对主客体以及介质与目标之间的关系进行深入分析。

4）七元组综合关系分析。主要是研究参与者之间的关系和规制对参与者的影响。

5）七元组对目标影响和作用的分析。综合前述分析结果，综合判断七元组对目标产生的影响和作用。

6）流程图绘制。可以初步根据前述分析的结果按照一定逻辑绘制出初步的流程图。

7）机制失效分析与验证。至此，机制已经初步设立了，随后需要对其进行模拟运行，利用机制失效分析方法检验其对目标实现的有效性。

8）机制的修订和完善。通过失效分析可以检验出模拟运行中出现的偏差，进而对其进行修订和完善。

对于前三项内容，即“目标”“参与者”“规制”的设计步骤，可参考本书失效分析章节中的相关内容，给出这些元件之间静态的状态关系。

对于七元组综合关系，以及七元组对目标的影响和作用的分析，应着重考虑参与者之间的互动，参与者角色、地位、能力的主动改变和被动改变，时、空特性，动力与约束规制在时空中的变化，参与者与环境、规制之间的动态关系等，并对其进行综合性、动态性的分析，然后绘制出流程图。通过这些分析，可以直观地看到参与者在实现机制目标流程中所起到的作用。

需要强调的是，机制失效分析与验证是整个机制设计逻辑中不可缺少的一环。对于具有多级结构的复杂机制体系，还要分别对不同层级的机制进行检验。考虑多重机制之间的关系，并将结果反馈到整个机制设计中去。七元组的管理机制设计基本流程如图 9.5 所示。

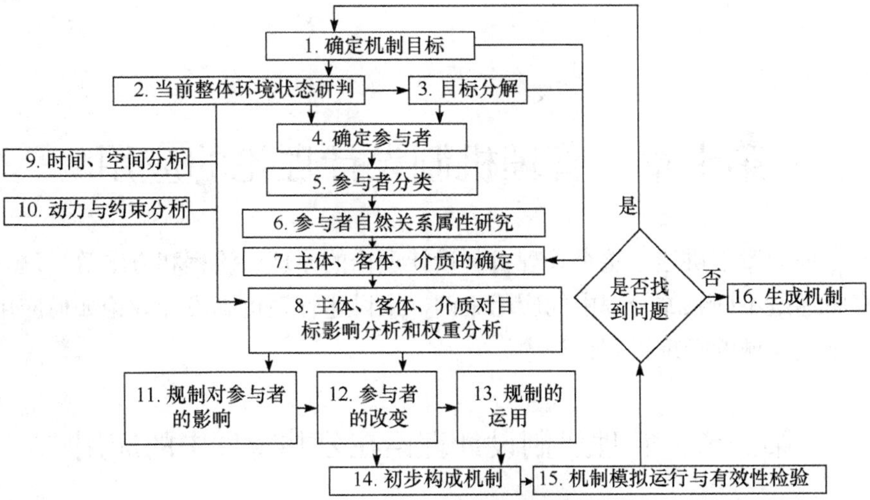

图 9.5　七元组的管理机制设计基本流程

本章小结

本章首先对管理系统、管理体制、管理机制的含义和关系进行辨析，从管理机制的逻辑模块、功能模块、行为模块和反馈模块来分析管理机制的设计内容；然后简要介绍了管理机制的设计方法，包括分解法、挖掘归纳法、排除法、试错法、黑箱法、系统综合法和博弈论法；最后在介绍管理机制设计的基本流程和联动模式的基础上，给出了动态的管理机制设计示意图。

第十章　管理机制设计理论的应用

前面章节讲述了整个管理机制设计理论的原理、流程和方法等，这一章将通过不同领域管理中的应用案例，来讲述管理机制设计理论如何应用在不同领域的管理机制设计中。

第一节　管理机制设计理论在公共管理中的应用

本节将通过北京市海淀区北四环中关村一桥拥堵的解决策略和利用京沪高铁提升北京文化产业的策略两个案例，来讲述管理机制设计理论在公共管理中的应用。

一、北京市海淀区北四环中关村一桥拥堵的解决策略

北京市海淀区北四环中关村一桥曾是一个交通非常拥堵的路口，无论是南北向还是东西向通行，早晚高峰时段汽车通常需要 20 分钟以上才能通过路口，这成了海淀区城市道路管理的一个难题。

该桥交通拥堵主要是两个原因造成的。

1）该地区是海淀区的繁华地区，有众多写字楼和商城，在这附近工作的人比较多，因此上下班时期车辆比较多，交通压力较大。

2）不遵守交通规则乱穿马路的行人较多，干扰了机动车的正常通行。这是因为附近道路两侧汇集了鼎好、海龙、科贸、太平洋等多家电子产品商城，并且附近高校云集，要穿过马路的行人很多，众多的行人和车辆本身就给路口的交通造成很大的压力。再加上这个路口红绿灯的时间间隔较长，所以很多人不愿意等绿灯亮，在红灯时就开始穿行，这给交通造成了很大的干扰。

为了解决第二个问题，管理者决定在该处设置天桥，让行人在过马路时能够走天桥，以减少对地面交通的干扰，缓解拥堵状况。

下面将用管理机制设计理论对如何设置天桥这一问题进行分析，以便天桥能够物尽其用，让更多的行人使用天桥过马路。

1. 目标分析

该案例中管理机制的目标就是让更多的行人使用天桥过马路。

2. 参与者分类与分析

这一机制的主体是道路管理者，客体是在该路口过马路的行人，介质是路口上的交通协管员。

（1）主体

从主体上看，道路管理者不可能亲自去管理过马路的行人，只能通过设计好的天桥和其他安全设施，以及相应的管理机制来达到目标。

（2）客体

从行人通行路径方面来看，受道路规划约束的限制，各路口距离较远。要想过马路，直接通过这个十字路口是最短的距离，从内在动力来说，人们都希望经过最短的路径从一地到达另一地，不会有人希望上到天桥绕一下，并且上天桥需要爬高，人们往往会很不乐意爬高。从预计时间规划来看，绕一个大圈对依赖于双脚出行的行人来说，显然也是时间方面不合理的选择。另外，虽然此处有地铁形成的地下人行通道，但是这个通道路径复杂，距离非常远，而且只有两个出口，仍然不能满足绝大多数人群的需要。

从行人通行能力方面来看，有些是属于完全具有自由行动能力的行人，他们的通行能力很强。有些是通行能力相对差的人士，如小学生、上了年纪的人等。还有一些人员的行动能力更差，如行动有障碍的人士等。但是无论如何，这些人存在主观上和客观上的通行需求。这些人混行在地面，即使同时开始，经过相同的路径从一点移动到另一点，由于通行能力的差异，他们对时间的占有和安全时间的需求也是不同的。因此，不难理解有时候信号灯已经变红了，但是马路上还是有行人没有抵达安全区域，或者有人等不及，就擅自闯红灯过马路。这样就会导致车辆、行人互相避让，容易造成交通拥堵，还可能出现危险事故。

（3）介质

对于交通协管员来说，由于协管员数量少，人群多，协管员很难让所有行人都走天桥。并且即使设有天桥，地面上仍然有人行横道可让行人通过。协管员只能去协管让行人不要闯红灯，不要妨碍交通。所以从现有介质来看，难以对管理目标有很大的改变。

3. 关系属性分析

本机制中，主体和客体之间、介质与客体之间、客体与客体之间都属于没有太多关联的情况，这是因为客体是来往的行人，不是特定的人群，很难通过改变他们之间的关系来增加客体通过天桥过马路的动力。

4. 环境属性分析

（1）时间规制

在时间规制上，无论是在交通高峰时间段还是在一般情况下，最好能让行人都从天桥通行。前面提到，由于行人往往会认为走天桥需要花更长的时间，所以不愿意走天桥。因此原有的时间规制是不利于行人从天桥通行的。

（2）空间规制

在空间规制上，要让行人能够更充分地利用天桥创造出的新的空间。但由于使用新的空间需要上下楼梯，造成更多的麻烦，所以行人不愿意利用新的空间。

（3）动力与约束规制

在动力与约束规制上，客体没有动力走天桥，而现有的交通协管员并不能很好地对客体进行约束。因此，现有的约束和动力规制在这里的作用不够明显。

5. 可变因素识别与生成解决方案

从上述分析可以看出，参与者、关系都是很难改变的，时间和空间方面也很难有所变动，但对于动力和约束规制，可以想办法创造新的动力和约束，来让更多的行人走天桥。

在动力方面，人们不愿意上天桥的主要原因是不愿意爬高，如果能够解决爬高的问题，那么会有更多人愿意使用天桥，毕竟走天桥不需要等待红绿灯并且更加安全。而解决这一问题的其中一种有效方式是需要在走楼梯的地方设置扶梯以及直梯。

在约束方面，如果能够让在人行道上行走的行人无法再进入机动车道，那么行人过马路时就不得不走天桥。因此，可以通过在十字路口处设置栏杆等方式，给行人穿过马路造成约束，从而阻止行人横穿马路。

最后，该处的天桥采取了以下的方案。

天桥建好后，设置了一系列空间约束（如引导栏、隔离栏），将地面便道在路口的四个角用护栏延伸封死。同时，加上交通法律法规等强约束，人们只能选择从桥上经过。桥上也设了各类隔离栏、引导牌，标注出了各个通行方向、地铁口位置以及标志性建筑等，同时安装了 8 部自动扶梯、4

部无障碍直梯，满足不同人群的需要，桥上有专人打扫，灯火通明，还铺了防滑砖，使得人们有动力从更安全的桥上经过。

这样的动力和约束规制，几乎完全禁止了行人从中关村一桥和四环辅路通行，完全实现了有效的人车分流，解决了各个方向的通行需求，大大地缓解了该地区的交通压力。

根据交管局提示数据，2009～2012 年，该地区 9 月开学前后每天的拥堵时间，四年间缩短了约 3 个小时，这与地面天桥设置有着密不可分的关系。

历年 9 月开学前后车流高峰用时统计：

2009 年上午 7 时至 9 时 30 分，下午 4 时至 6 时 30 分，约 5 小时；

2010 年上午 7 时至 9 时，下午 4 时至 6 时，约 4 小时；

2011 年上午 7 时 30 分至 9 时，下午 4 时 30 分至 6 时，约 3 小时；

2012 年上午 8 时至 9 时，下午 5 时至 6 时，约 2 小时。

二、利用京沪高铁提升北京文化产业的策略

文化产业是指为社会公众提供文化、娱乐产品和服务活动，以及与这些活动有关联活动的集合。

作为中华人民共和国的首都，北京城市文化产业经历了两次重要转型：其一是 20 世纪 90 年代从文化事业转向文化事业与文化产业并重发展；其二是 2005 年开始从文化产业发展转向强调文化创意产业对北京的重要作用。当前，北京的文化产业主要集中在：文化艺术，新闻出版，广播、电视、电影，软件、网络及计算机服务，广告会展，艺术品交易，设计服务，旅游休闲娱乐以及其他辅助服务。而上海作为我国海派文化的代表城市，其文化产业主要集中在研发设计创意、建筑设计创意、文化艺术创意、时尚消费创意、咨询策划创意等领域。

作为我国的文化中心，北京的文化产业理应具有较大规模和较高发展水平。然而，目前北京文化产业发展还存在着文化产业政策不足、文化产业发展环境存在障碍的问题，特别是缺乏鼓励文化创意产品交易和出口的政策。改革开放 40 多年来，我国各个行业的出口贸易都呈现顺差的发展态势，唯有文化产品与服务的出口贸易为逆差，这意味着中国文化走向世界任重而道远。反观上海，上海海关实行了一系列保税减免税的优惠政策，降低了文化企业发展成本，增强了文化企业的国际竞争力。作为我国文化中心的北京，肩负着文化“走出去”的艰巨使命，因此需要相关的政策措施来促进北京文化产业发展，加强文化产品交易与出口贸易。

京沪高铁的开通运营，对沿线城市客流与物流产生直接影响，通过这

些影响来改变城市的经济格局。经济格局的改变会使各地文化产业的发展环境产生变化，进而影响文化产业的发展。以北京和上海为例，北京文化产业创意不足的短板恰恰是上海文化产业的优势所在。

下面将利用管理机制设计理论对如何依托京沪高铁的便利条件提升北京文化产业的策略加以分析。

（一）目标分析

目标是利用京沪高铁提升北京文化产业的发展水平。

（二）参与者分类与分析

根据管理机制设计理论，提升北京文化产业发展水平的相关参与者包括三类：主体、客体和介质。主体是与文化产业相关的政府部门。客体是与北京文化产业相关的企业单位、从业人员及文化产业衍生的各种产品。介质则是京沪高铁开通后可以促进北京文化产业发展的各类政策、途径和渠道。

1. 主体分析

利用京沪高铁提升北京文化产业发展中起主导作用的是政府部门。

北京强调城市文化的综合作用始于20世纪90年代初。在此之前，文化领域的建设一直强调公益性，强调通过文化设施的建设满足居民基本的文化需求。随着北京城市发展与改革开放的深入，原有的以工业为主导的城市发展模式面临挑战，产业结构调整势在必行。加之文化的综合作用日益显现，特别是在经济方面，因此出现了市场经济推动下的文化生产和文化消费的综合发展。1996年北京市委、市政府制定了《关于加快北京市文化发展的若干意见》，在这份全国率先出现的城市文化发展战略中，文化产业的发展第一次提上政府议程。此后，大力发展文化产业，使之成为北京市支柱产业的相关政策多次见诸政府文件中。2004年上半年，结合奥运准备，在市委宣传部的主持下，北京市第一次制定了《北京文化产业发展规划（2004～2008年）》，经北京市委和市政府通过下发执行。2005年在北京市委九届十一次会议上“文化创意产业”被明确提出，2006年初的北京市“十一五”规划纲要报告中文化创意产业被列为北京未来的工作重点，同年《北京市促进文化创意产业发展的若干政策》等一系列政策发布，相关产业的统计口径、管理机制和空间类别等诸多领域均有了显著的转变和拓展。

在各项促进文化创意产业发展的政策的引导和支持下，北京文化创意产业欣欣向荣，北京市还陆续出台了2014～2020年《北京市文化创意产业提升规划》和《北京市文化创意产业功能区建设发展规划》，后者提出了构建“一核、一带、两轴、多中心”的空间发展格局，引导“两条主线带动，七大板块支撑”的产业空间集聚，同时推动产业融合、协作互补、联动共赢的区域协同发展的战略规划。

2016年发布的《北京文化创意产业发展白皮书》显示，北京文化创意产业的整体实力持续增强，2015年全市规模以上文化创意产业收入合计13 451.3亿元，同比增长14.0%；资产总计20 140.2亿元，同比增长20.6%；从业人员122.3万人，同比增长6.2%。2015年全市文化创意产业实现增加值3 179.3亿元，占地区生产总值的比重达到13.8%，比上年提高0.6个百分点，在全国占比最高。此外，在文化消费、对外文化贸易、文化企业竞争力等多项指标方面，北京在全国均处于领先地位。因此，在大力推动文化事业繁荣进步的同时，政府部门应不断深化文化体制改革，完善文化产业政策，促进文化产业良性发展。

2. 客体分析

客体主要是指与北京文化产业相关的企业单位、从业人员及文化产业衍生的各种产品。

（1）北京文化产业相关的企业单位

与产业文化相关的在京企业具有以下特点。

第一，企业总量及产业增加值快速增长。北京文创产业增加值由2010年的1697.7亿元增长到2015年的3179.3亿元，按现价计算，年均增长13.4%，高于地区生产总值现价增速3.1个百分点，占地区生产总值的比重由2010年的12.0%提高到2015年的13.8%，5年提高1.8个百分点。文化创意产业作为战略性支柱产业的地位更加突出，对首都经济增长的拉动作用更为显著。

第二，企业高度集中。文化创意产业聚集区对于文化创意企业的空间分布起到了一定的引导作用。据有关调查显示，有9488家企业位于划定的22个聚集区内（8个市级聚集区和14个区级聚集区），占所有34 557家文创企业的27.5%，占确认存在的16 419家企业的57.8%。

第三，产业分布集中。2015年，北京市软件、网络及计算机服务业发展强劲，行业总收入占全市文化创意产业总收入的比重40.6%，行业总资产占全市文化创意产业总资产的43.0%，行业从业人员数占全市文化创意产业从业人员总数的50.1%，充分体现出文化科技融合类业态，特别是“互联网+文化”发展的主导趋势。

第四，企业竞争力优势明显。北京的文化创意企业竞争力不断增强，已经形成一批在全国具有较高知名度和影响力的骨干龙头企业。2015 年评选的第七届“全国文化企业 30 强”中，保利文化集团股份有限公司、北京万达文化产业集团有限公司、完美世界（北京）网络技术有限公司等 10 家北京地区企业入围，数量占到全国的 1/3，其中，山水盛典文化产业有限公司、北京华录百纳影视股份有限公司两家北京企业新入选 2015 年度榜单。

（2）北京文化产业从业人员

从业人员数量快速增长。据统计，本市文化产业从业人员从 2005 年的 84 万人增长到 2015 年的 122.3 万人。

文化产业从业人员素质良莠不齐。一方面，文化产业中的表演艺术等行业对从业人员的技艺水平要求较高；另一方面，要把文化资源转化为文化产品和服务，也需要极具创意的人员从事开发工作。文化产业包含的行业范围很广，部分行业门槛低，对从业人员素质要求不高。但对于文化产业的核心行业以及从文化产业的长远发展来看，拥有高素质的从业人员对于文化产业的升级演进至关重要。

文化产业所涉及的行业附加值一般较高，从业人员之间的交流比较频繁，特别是新闻业、出版业、电影、电视以及娱乐等行业。因此，文化产业从业人员对快捷出行、便利出行的要求较高。

（3）文化产业衍生产品

京沪高铁沿线城市的经济发展水平总体较高，但区域发展不平衡且差异较大，尤其是文化产业发展不均衡。各个城市的文化产业发展各有特色，状况不一，制约其发展的因素也因地而异。

北京是皇城文化的代表，首都优势和文化中心突出，拥有文物古迹 7309 项，数量居全国之首；历史文化悠久，自然资源丰富，科学和高科技优势为文化产业的发展奠定了良好的基础。北京的文化产业是全国最大、最集中、最具潜力的文化市场，已经形成了以文艺演出、新闻出版、广播影视、文化汇展、古玩艺术品交易等优势行业为主体的产业结构，培育了一批龙头企业，打造了一些著名文化品牌。

当前限制北京文化产业发展的主要因素包括文化产业发展体制不顺；发展规模和水平不够；缺乏鼓励文化创意产品交易和出口的政策、推进行业协会发展的政策以及促进文化企业上市的实施细则。

3. 介质分析

介质主要包括可以提高北京文化产业发展的各类政策、平台、途径和渠道。利用好介质资源，可以更好地利用京沪高铁的文化产业发展。

合理规划北京文化产业相关的规划与部署，依托京沪高铁资源对文化服务项目、文化产业园合理布局，可以有效提高北京文化产业发展的内在动力。制定更多的扶持与激励政策，为在京文化产业企业提供更优质的投资发展环境，降低发展难度；对有意于投入到北京文化产业发展的京沪高铁沿线城市的企业提供相应的政策支持和吸引人才策略。同时，政府各级管理部门强化作为监督者和管理者的角色，提高对文化产业的控制能力。

（三）关系属性分析

1）客体的发展需要主体充分发挥政策指引作用，创造良性发展环境，做好协调沟通工作，才能利用京沪高铁带来的便利，充分调动现有的空间、文化资源，加强与沿线城市的互补合作，实现共赢。另外，跨区域合作也增加了主体对于市场的管理难度，这就更需要一系列切实可行的政策来进行管理和约束。

2）客体中人才的引进和发展也需要主体提供宽松的就业环境、相对友好的生存生活环境，在解决工作居住或安家置业方面为人才提供帮助，增加北京的吸引力，避免造成人才流失。

3）主体需要进一步降低市场准入门槛，鼓励自由市场竞争。同时，实行更为灵活的税收政策，对大力扶持的行业给予支持和优惠。充分发挥融资平台等介质的力量，拓宽融资、投资渠道，出台专项实施细则，来解决客体的难处。

（四）环境属性分析

环境规制也对北京文化产业发展有着重要的影响。下面将从京沪高铁带来的时间效应、空间效应、动力及约束效应三个角度出发进行分析。

1. 时间效应分析

在时间效应上可以从两个方面进行分析。

（1）利用京沪高铁出行的时间整合度需求高

京沪高铁仅仅解决了旅客跨区域或者城市与城市之间的空间转移问题，旅游者要到达旅游景区，往往还要借助其他交通工具才能实现。如果缺少与京沪高铁相关的配套设施，跨区域的空间转换时间是缩短了，但旅客花在路上的总时间并没有多大变化。要真正发挥京沪高铁在输送旅客方面的快速优势，京沪高铁的配套设施建设必须跟上。因此，相关部门或企业可以主动对接高铁，力争城市轨道交通、长途公路客运、城市公交、景区专线等交通的无缝连接，方便游客的进出。

除此之外，为出行留出一定的富余时间是大多数人的出行习惯，人们乘坐高铁也不例外。文化产业的下一步发展可以引导企业根据高铁时刻表，设计一些短时间内的活动和消费，以满足出行者“短富裕时间”的需求。

（2）利用京沪高铁出行出现短时间客流高峰

在有特殊的、非日常性的文化活动时，乘坐高铁来京参加活动的人会增加很多，活动主办单位和交通部门可以联合出台相应的措施，临时增加车站到一些重要场所的车辆，方便消费者的出行，保障活动的顺利进行。例如，增加周末北京南站与景区之间的旅游专车；在有大型赛事、演唱会时，安排火车站与活动现场之间的专用大巴来接送来往乘客。

同时，高铁的开通运营会催生周末一日游、两日游的发展。相关旅游企业可以根据需求，大力开发类似项目，同时北京需要设计、出台相应的政策、法规来规范这类旅游产品，保障服务质量，以便更好地为游客提供服务，促进产业发展。

2. 空间效应分析

京沪高铁列车在北京停靠北京火车南站，位于北京市丰台区永定门外大街，在二环路附近，与北京地铁 4 号线可以方便换乘，地理位置优越，交通便利，与市内公共交通设施接驳方便。然而，北京南站占地面积 49.92 万平方米，建筑地上两层，地下三层，周边空间格局也不像其他地区那样异常拥挤，可开发程度依然较大。此外，北京南站周边，尤其是南站以南地区，很多都是 20 世纪 90 年代之前兴建的老居民区，还有一定的可开发与提升改造的空间，也可以利用这些空间来为文化产业发展创造便利。

3. 动力和约束效应分析

（1）动力分析

京沪高铁的动力效应是指京沪高铁的开通运营带来的消费者行动力的改变。北京文化产业可以利用这种效应，设计相应的产品与服务。

一是引导企业主动对接京沪高铁需求。

各类旅游企业应重视京沪高铁可能给本行业带来的影响，主动接轨京沪高铁，借高铁带来的机遇发展自己。旅行社作为旅游业的龙头，要重视京沪高铁环境下旅游线路的设计，加强与高铁沿线其他旅行社的广泛合作与交流。针对高铁给游客出游带来的极大便利和散客自助游发展趋势，科学调整服务内容，打造个性化的产品体系，以满足不同阶层人士的需求。

二是加强与高铁沿线城市的发展合作。

高速铁路使乘客在更大范围内快速流动成为可能，这势必推动区域间文化产业合作的进程，带动更大范围的区域文化产业合作。以前的区域文化产业合作呈现的是块状合作，更多是临近区域的文化产业合作，如旅游合作。高铁时代的到来使得高铁沿线城市之间的文化产业合作成为可能。为此，“高铁时代”需要在更大范围内对文化产业资源进行整合，优化设计相应的文化产品，使其更加具有吸引力。例如，京沪高铁沿线旅游资源十分丰富，有 9 处联合国世界遗产、16 个中国优秀旅游城市，高铁开通后，上海的都市风光、北京的古城风貌、江苏的江南园林、山东的泉城风光和孔孟儒学等，可以开发成多姿多彩的旅游线路。周边的旅游城市也应主动推介高铁沿线新的旅游热点，共同做大旅游市场。为了维护文化产业市场的秩序，高铁沿线城市还应建立文化产业质量监督协作体，实施民众跨城市的投诉联合处理制度，及时受理投诉。从以往开通的高铁线路来看，加强高铁沿线城市的合作成为沿线城市的共识。

三是重视和提升对旅游散客的服务。

随着高铁网络的日趋完善，人们出游将变得更加便捷，散客自助游将迎来大发展。根据世界旅游发展规律，随着人们出游经历的增加和出游条件的改善，散客自助游因其灵活、自由、可选择性强等特点，将逐渐成为旅游市场的主体。欧美各主要旅游接待国的散客市场份额已达到 70%～80%，有的甚至高达 90%，经营接待散客旅游的能力已成为衡量一个国家和地区旅游业成熟的重要标志。

旅行社应改变传统的营销模式，针对高铁的快速和便捷，推出更加多元、丰富的旅游线路组合，开发出更具有个性的半自助游和自由行产品。同时，随着快捷的交通，游客易来也易去，在目的地停留时间将缩短许多游客玩完即走，这将对传统的旅游六要素中住宿、购物、娱乐三个环节带来较大冲击。因此，旅游企业应提前安排，提高住宿、购物、娱乐环节的环境和档次，提升服务质量，丰富活动内容，提升对游客的吸引力，使得旅客停留时间能够延长，从而促使其充分消费。

各旅游目的地应重视散客信息服务平台建设，做大散客旅游市场。与团队旅游者依靠旅行社事先安排好整个行程不同，散客是根据自身的喜好自行安排自己的游程，因而要求旅游目的地在信息的提供方面考虑更加细致，以便散客顺利地完成旅游活动。散客服务信息平台的建设需要旅行社、旅游电子商务网站、当地政府等多方面的共同努力。通过信息平台，逐步建立和健全散客预订系统，尤其是在交通、客房和景点方面逐步建立为散客服务的电话、网络预订系统。

在景区、旅游办事处、重点旅游城市设立旅游咨询服务中心，打造无人导游服务系统。该系统由精确的导游图及地面标识物构成。前者既要标明一般导游图要素，还需标明出入景区的交通方式、地点、时间和价格；就近食宿信息；各娱乐场所的价格和联系电话；设计好的自助旅游线路等。后者指具有准确指示功能的景区路标、路牌。两者内容须保持一致相符，方便散客“自助”。

散客旅游市场开发是一项复杂的系统工程，除旅游企业自身的努力外，还有赖于整体社会环境的优劣。旅游地良好的治安环境、居民对外来游客的欢迎态度，也是散客自助游不可或缺的元素，需要旅游企业与社会各相关部门加强协调，密切合作，共同营造一个安全、便利、舒适、友好的旅游宏观社会环境。

四是突出北京特色，避免同质化竞争。

沿线各大城市都在充分利用这一有利契机谋求发展。有的甚至开发更为特色的文化产品参与到竞争中来。在这种情况之下，各城市之间难免会出现同质化现象，缺乏特色。因此，作为文化产业中的企业要及时获取周边城市的同行业信息，理性投资；相应的政府部门也应该采取一定的措施对市场加以引导，预防过多的同质化产品流入市场，防止资源的浪费。

（2）约束分析

结合前面对主体、客体、介质、时间、空间方面的分析，可以总结出京沪高铁开通后北京文化产业提升的约束因素，如下。

利用京沪高铁提升北京文化产业的战略规划和部署仍嫌不足，文化资源的空间布局和资源配置优化亟待提高，文化资源在空间上的均衡性以及与人口分布的结合需提高重视程度。

企业投资、发展环境仍需要进一步扶持。文化产业市场准入门槛有待进一步降低以扩展自由竞争市场范围，在税收政策及融资投资渠道方面，仍需尽快出台专项实施细则。

针对文化产业高端人才在京就业发展仍缺乏政策支持。以知识产权为基础的文化产业政策体系有待细化与创新。文化产品交易及出口需要专项政策扶持。

在文化管理体制层面，政府部门的监督、指导及控制能力需进一步加强。特别是需要建立及时高效的应对机制，以响应可能出现的危机与风险。

（五）可变因素识别与生成解决方案

综合前面对北京文化产业的优劣势分析、京沪高铁给北京文化产业带来的影响研究以及京沪高铁开通后文化产品的设计，在政府层面上，北京市文化产业发展需要完善现有的政策，使政策措施更有利于文化产业内的企业利用京沪高铁开通运营带来的优势拓宽发展渠道、增强与沿途城市相比的竞争力，并给出以下建议。

1. 做好文化资源的布局与配置

政府部门应规划好文化资源的布局与配置，以使文化产业内的企业充分利用高铁客流和物流的效益。

（1）合理规划文化服务项目和空间布局

京味文化是北京作为几百年的首都积累与积淀下来的特色文化，它包容与吸纳了全国的优秀文化内涵，需要在高铁运营后充分利用交通便利与优势进行全方位的重新设计与打造，从日常性的文化产业活动到临时性项目式的活动给予重视。北京市可以通过做好相应地区和项目的发展规划，来支持文化产业的发展。

在北京南站周边及其地铁沿线地区规划好适合大众消费的文化服务项目，以通过增加大众在文化服务方面消费的方式促进相关产业的发展。

北京南站地铁沿线以南地区尚有很大的开发空间，北京市可充分利用这部分地区的空间优势，打造品牌的赛事、演唱会、会议以及休闲娱乐等场所，以充分利用好京沪高铁客流的消费需求。

（2）合理规划文化产业园区的空间布局

首先，充分利用现有空间资源。文化产业的发展有其空间聚集规律，通常需要经过较长时间完善其产业链布局。相对而言，文化产业聚集区的划定是一种快捷简易的管理途径，能够较快地在物质空间上体现出成效。至2011年北京市各类划定的聚集区达到了近500平方千米，特别是周边区县的一些聚集区，动辄几十平方千米甚至上百平方千米，面积巨大。从国外城市的发展经验来看，即便对于伦敦、纽约这样的世界城市而言，其成为聚集区的地区也不多。北京的文化产业与伦敦、纽约等相关产业规模还具有较大差距，面积庞大的文化产业聚集区与实际的产业发展并不匹配。经过调研，空间需求并不是文化企业最迫切要解决的问题。因此，北京应充分利用现有空间资源，减少借用发展文化产业名义而进行圈地的现象。

其次，注重文化资源的合理分布和协调性。在进行新的文化建设，特别是一些大型文化项目选址时，除了尊重其产业布局规律外，还应重视文化资源在空间上的均衡性以及与人口分布的结合。巴黎、伦敦等城市政府为促进地区的整体发展，降低中心地区和城市周边在文化资源上的不均衡，有策略地将一些大型文化项目布置在城市的外部组团地区。北京同样存在着文化资源分布不均衡的状况，因此在后续发展中，大型文化项目可考虑向南城、周边组团和周边区县倾斜，与设施周边地区的整体发展联系起来，并注重混合发展以产生更为综合的成效。项目选址要注重公共交通特别是轨道交通的支撑，鼓励公交加步行的绿色出行模式。

最后，继续完善文化产业园区的认定和管理政策。北京应该继续完善文化产业园区的认定和管理政策，在对园区进行认定的过程中，要明确政府的职责，加强政府的监督和引导，避免园区重复建设，防止资源浪费，同时还要对入驻园区的企业制定专项政策，以更好地吸引文化企业和人才。

2. 加强与沿线城市的交流合作

在京沪高铁开通运营的形势下，各个城市都制定了进一步发展的新战略，济南等城市之间还形成了促进旅游业发展的“城市联盟”。北京市也应该抓住这个契机，促进文化产业发展，同时促进与其他城市文化产业资源的互补。

（1）鼓励在沿线城市建立文化产业子园区

鼓励文化产业内的新闻出版业、软件与信息服务业、工业设计业等产业在近距离的沿线城市建立文化产业子园区，以充分利用当地资源优势，发展文化产业。要从政府层面加强与沿线城市的合作，以共建产业园区、制定互惠政策等方式，谋求共同发展。

（2）与周边地区合作共建文化产业联盟

在旅游业方面，北京应依托自己丰富的文化休闲娱乐资源，在政府层面与北京周边城市形成文化产业联盟，开发与周边景点一体化的文化休闲娱乐一条龙服务，达到产业与消费者双赢的目的。

（3）加强与沿途城市的互补合作

加强与沿途城市的互补合作，互惠共赢，共同发展，防止“一窝蜂”现象。北京应注意转变区域合作观念，在产业安排上突破行政区划的限制，充分认识和整合区域内的各种经济资源和市场资源，与高铁沿线各城市之间做到既有分工又有合作，实现共赢，如加强区域间旅游合作等。目前，北京已与天津、河北三地旅游执法、质量监督部门签订联动协议书，实施游客跨城市的投诉联合处理制度。随着京沪高铁的开通运营，类似的制度需要进一步加强和完善。

3. 构建文化产业品牌，发展新型文化产业

（1）引导创新文化产品类型，提供特定文化服务

政府或文化产业管理部门要采取一定的措施引导企业利用京沪高铁开通运营的契机进行模式创新，主动接轨京沪高铁，提供个性化、多元化的文化产品和服务，开拓大众文化消费市场。例如，鼓励会展、会议、赛事和演唱会等行业与北京南站、公交集团等相关部门合作，开通专设交通线路；引导和鼓励北京南站及周边地区增设文化休闲娱乐项目；引导散客服务信息平台建设等。

（2）鼓励与其他产业融合，发展新型文化产业

北京市以及沿途其他城市的体育、信息、物流、云计算、金融、航运、建筑等相关产业，都可以为文化的更大范围交流和传播提供平台，为文化资源的开发提供载体，实现文化产业的市场化和规模化。通过产业融合突破产业分立的限制，可以为文化产业提供扩大规模、扩展事业范围、扩张产业边界、开发新产品和新服务、创造新业态等方面的巨大商机，推动文化资源在更大范围内合理配置，促进文化产业的发展。

（3）出台促进文化交流的相关政策

建立北京文化创意产品交流基地和物流基地，搭建文化创意交流平台，举办以"文化产业"为主题的国际和国内文化节、博览会、高层论坛、专家研讨会和设计比赛等，加强北京文化产业与国内外地区的交流与合作；鼓励和支持民营企业的文化创意产品向京沪高铁沿线城市输出以及对外出口，对文化企业拓展沿线城市和国际市场给予资金资助，扩大北京文化创意产品输出规模，优化输出产品结构，以提高北京文化产业的影响力和辐射力。

第二节　管理机制设计理论在应急管理中的应用

本节将通过大规模城市恶劣天气下的交通应对策略以及汶川地震中帐篷分发排队机制的失效分析与应对策略两个案例，来讲述管理机制设计理论在应急管理中的应用。

一、大规模城市恶劣天气下的交通应对策略

随着城市化步伐的加快，城市人口激增，我国原有的中等城市将会扩展为大城市，而原有的小城市会扩展成为中等城市，就北京、上海这样的

超大城市而言，则会继续膨胀、扩张。与此同时，各个城市的汽车保有量也将呈现出节节上升的态势，目前北京、广州、贵阳等城市就已经开始采用车辆限号的措施，而上海则一直在采用车牌拍卖的模式来对车辆加以限制。

尽管如此，车辆的数量依然在快速增长，城市道路的新修或扩建根本无法满足这一需求，从而给城市带来了交通拥挤的问题，在恶劣气候下这一问题显得更为严重。

例如，时至今日北京已经出现过多次几十条道路同时严重拥堵的情形，而在 2012 年的 7 月 21 日暴雨来临后，除了交通拥堵现象“如约”出现之外，当时很多驾车者只能弃车离开，任由车辆浸泡在水中，而且竟然出现了多人在雨中遇难的悲剧。这场大雨造成了巨大的经济损失，如果再加上为防备这场暴雨而投入的人力、物力及资源，损失数字会更加庞大。

每当大型城市在遭遇恶劣气候并恰逢上下班高峰期时，就常会出现巨大的交通拥堵现象，导致大量的人群聚集在交通枢纽站上，无法搭乘上合适的交通工具。也就是说，当恶劣天气和上下班高峰期这两个因素同时出现时，以往的交通管理机制将会失效。

在这样的背景下，作为大型城市的管理者，必须考虑恶劣天气条件下的应对机制设计，它不同于日常管理的策略，同时也不是出事之后才能够采取的救援或应急措施。对于恶劣天气下交通高峰时段的最集中问题，应该是在路边候车的密集人群的疏散问题，由于大家目标单纯，只是搭乘交通工具到达自己的目的地。因此，这就变成“怎样在短时间内将路面等候人群送入车内”这一等价问题。

这里将运用本书前面讲到的管理机制设计理论，对这一问题进行分析，并给出解决策略。

1. 目标分析

这个问题的最高目标是“怎样在短时间内将路面等候人群送入车内”，为了满足这个目标，主要需要实现两个子目标：秩序和效率。两个目标要同时满足，才能实现最高目标，如图 10.1 所示。

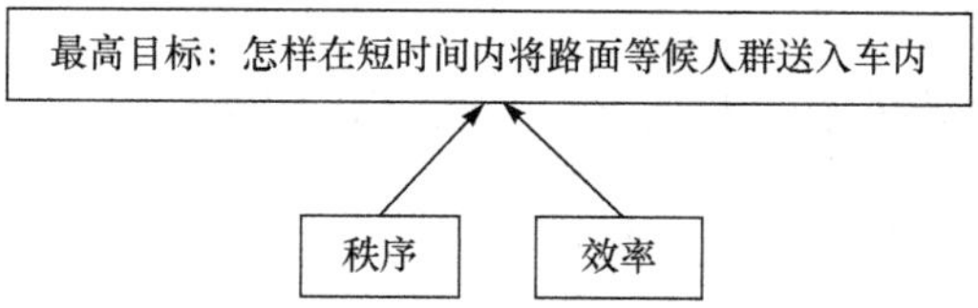

图 10.1 目标分解

对于秩序和效率而言，首先要保障道路交通的秩序，其次是道路交通的效率。

而对于秩序这个子目标来说，核心矛盾在于恶劣天气下等候人群的去处安排，而他们都有自己的目的地，所缺的唯有交通工具罢了。这就要求城市管理者将交通工具安排给这些人群以便他们到达自己的目的地。如果等待人群规模缩小到一个可以接受的程度，则可以认为秩序得到了维护。同时，保持车辆按照交通规则行驶和保持路面的通畅这二者都是秩序子目标的基本表现形式，此时就需要对道路交通进行优化，使车辆能够在最短时间内通过，这就属于效率目标的范畴。

2. 参与者分类与分析

1）主体。恶劣天气下在交通高峰期的拥堵问题存在的管理机制设计中，城市管理者，尤其是交通管理部门的管理者，是机制的实施主体。他们在交通管理机制中起到的作用，一方面是可以通过现场指挥和疏导交通等方式，来让交通更通畅；另一方面是可以调度更多的公共交通工具来保持道路的畅通。

2）客体。本案例中，需要公共交通工具的人士是机制中的客体。客体希望减少恶劣天气下交通高峰期在露天的等待时间，因此内心会急切地想坐上车。也正因为如此，他们会出比平时乘坐公共交通更多的钱去搭乘能尽早回家的交通工具。

3）介质。主体（管理者）需要面向客体（等候人群）进行管理和服务，此时管理者能够组织公交车、出租车等公共交通工具运送客体，因此，公交车运营者和出租车运营者就是这个问题中的介质。那么，车上的司乘人员就是具体实现这一机制的介质。在恶劣天气下，他们能够帮助主体来维护好恶劣天气下交通高峰期的秩序，并通过提供更多的交通工具，来提高交通运输的效率。

3. 关系属性分析

本部分从“职责权利情”（职位、责任、权力、利益、情感）五个方面，总结了常规交通出现混乱的原因。

1）在责任方面，城市管理者（主体）的主要责任是为聚集人群（客体）寻找到一个交通工具，然后利用交通工具的功能将有需求者送到其预期的目的地。介质则对客体有提供服务的责任。因此，在责任层面上说，介质在履行自己责任的同时，也可以帮助主体实现其责任。

2）在权力方面，主体对介质有管理的权力，有在应急状态下对介质重新定义其功能和征用等的权力。对于客体，则有向主体要求协助的权利。私人交通工具一般是无法利用的。城市管理者要实现自己的目标，就只能作用于公共交通工具。因此，在权力层面上，主体可以利用对介质的管理权力，来保障介质能够在恶劣天气下交通高峰期时的交通管理中发挥作用。

3）在利益方面，主客体之间一般无利益冲突，但是客体间由于资源的稀缺性，会产生对资源需求的冲突。此外，介质也有权利要求主体为其提供比平时更多的利益。例如，让主体允许恶劣天气下交通高峰期时客体乘坐交通工具的费用比平时高。

此时的职位和情感两方面在这个问题的分析中作用不大，仅仅是处于人道主义的共性情感会把等待救助的人员联系得更为紧密一些。

4. 环境属性分析

（1）时间因素

在恶劣天气下交通高峰期的交通管理问题中，主要原因是恶劣天气和交通高峰两个状态耦合在一起，造成更加严重的交通问题和次生问题。因此，如果能够从时间因素上使得这两个因素尽量减少耦合的机会，会在很大程度上减缓或者预防这个问题。

（2）空间因素

空间因素方面，如果能够为客体提供更多的乘坐交通工具的空间资源，如更多的车辆、地铁等，也可以缓解恶劣天气下交通高峰时的交通拥堵问题。但空间因素存在很大的制约性，如车辆、地铁的数量以及道路、轨道交通的容量有限，空间资源不可能无限量增大，这存在一个瓶颈问题。

此外，可以通过充分利用现有的空间资源的方式，来缓解恶劣天气下交通高峰时的交通拥堵问题。例如，出租车由于有时候只有一位客人乘坐，完全可能出现最多三个位置的空余，如果能够充分利用这三个空余位置，则可以同时解决四位等候者的问题。这是日常交通管理中不宜考虑的方法，但是在应急状态下可以考虑采用。

（3）动力与约束因素

对于主体来说，由于其责任的原因，有动力做好恶劣天气下交通高峰期的管理问题；对于介质，如对于公交车和轨道交通运营者来说，因为他们必须服从上级的命令，因此，主体在他们参加恶劣天气下交通高峰期交通管理方面是具有约束力的，这样的约束力能够保证公交车和轨道交通运营者来更好地协助主体做好恶劣天气下交通高峰期的交通管理工作。而对于出租车司机而言，主体对他们的约束力较弱，尤其是当出租车上已经载有一名乘客的时候，出租车司机可以不再拉下一位乘客，除非他可以得到更多的利益。而对于客体来说，恶劣天气下交通高峰时，他们更希望能够尽早乘上交通工具，因此还没有乘上交通工具的乘客有动力为了早些乘上交通工具而付更高的价钱。而对于已经乘坐了出租车的乘客来说，如果他能够享受到比平时更低的乘车价格，那么他也有动力来和别人一起拼车。

5. 可变因素识别与生成解决方案

通过上述分析可以发现，在恶劣天气下交通高峰期的交通管理机制的各个因素中，主体、客体及介质本身的属性以及关系属性很难改变，而主要可以改变的因素包括：时间因素、空间因素、动力与约束因素。因此可以从这几个因素入手，生成解决方案。

（1）从时间因素入手生成解决方案

在时间因素上，可以从上下班时间入手，解除恶劣天气和交通高峰的耦合，则人群可能会避免在高峰时段的聚集。那么，在天气预报能够准确预测到恶劣天气时间和区域范围的时候，可以将这个区域范围的工作人员按照紧要程度进行排序，不太需要按时上班的人员就可以考虑提前或推后上班时间，而像窗口服务行业的人员则还是遵照原有的时间安排。这样的举措将大大降低恶劣天气来临时核心枢纽地带的人群聚集密度。而这样的提前和延后都可以在随后的正常天气下进行补偿。

（2）从空间因素入手生成解决方案

在空间因素方面，可以为客体提供更多的乘坐交通工具的空间资源，如更多的公交车辆和地铁车辆等，以增加可用空间。但往往仅靠这些空间资源难以完全解决问题，还需要挖掘更多的空间。除了公交车辆和地铁车辆之外，只有出租车还有可能的多余空间。因此，可以通过出租车乘客的拼车机制来解决这个问题。

此外，为了解决人员聚集无法躲避恶劣天气的问题，还可以开发交通枢纽地带的暂时容纳人员的空间潜力，如可以让无法乘车的乘客暂时在地下商场、过道等地方等待。

（3）从动力与约束因素入手生成解决方案

对于从时间因素入手生成的解决方案，如果出现了延迟或提前上班的现象，则可以事后补偿给员工，如延后四个小时下班，可以随后补偿一天的假期，放入年假或即时休假。

而对于空间因素的考虑，地下商场可能会由于滞留人员的增加而带来更多的生意机会，这些都不需要有经济上的动力补偿。而公共交通工具中的空间利用，如出租车的“拼车”问题，则可以考虑采用让搭乘者和司机都愿意接受的价格安排。

对于出租车司机来说，如果每多拉一个人能够获得更多的利益，则愿意去多拉一个人。对于第一位（批）上车的乘客来说，一般情况下没有动力再让第二位（批）乘客和自己共同乘坐出租车，分享出租车的空间。因此，必须给第一位（批）乘客一些优惠，才能让他（们）愿意让第二位（批）乘客上来。以此类推，当第三位（批）乘客上来的时候，需要给第二位（批）乘客一定的优惠以及第一位（批）乘客更多的优惠，前两位（批）乘客才有意愿让第三位（批）乘客搭乘。以此类推。出租车最多能容纳四名乘客，对于最后一位（批）乘客来说，往往能有人愿意让自己搭乘就对他（们）来说很不错了，所以即使不给最后一位（批）乘客以优惠，他们往往也有动力搭乘。最后可以形成类似这样的车费分担机制，如第一位乘客负担70%的车费，第二位乘客85%，第三位乘客100%，第四位乘客115%。

此外，拼车时可能会出现几位乘客目的地有所不同而让部分乘客走弯路的情况，这时就需要用约束规制来进行约束。这种情况下，可以规定选择让第一位乘客不走弯路的路线。还有可能出现司机哄抬车价的情况，这需要建立相应的监督与举报机制，让乘客监督司机，这也是约束规制运用的一种体现。

动力因素上，还可以通过宣传这种方案的方式，使得大家更容易接受这种应急状态下的安排。

需要注意的是，这一制度可以安排为城市应急状态下的强制执行政策，从开始应急的那一刻，出租车“拼车机制”就开始运行。但是一旦解除应急状态，则这一机制自动切换回正常状态，否则可能会导致因为拼车而发生的社会治安事件。

二、汶川地震中帐篷分发排队机制的失效分析与应对策略

我国属于地震多发国家，地震常造成人员伤亡和财产损失，震后灾民对帐篷、食品、饮用水等生命线物资的需求紧迫而且巨大。由于资源的稀缺性等特点，为保障帐篷等救灾物资的有序发放，应急管理者往往采取让灾民排队的机制发放救灾物资。

汶川地震发生后，伴随着灾区持续不断的大暴雨，帐篷对于灾民的需求来说比食物和水更加重要。这是因为：①大地震过后余震不时发生，原来的房子已不再安全；②暴雨太大，没有帐篷的情况下，灾民几乎无法生

活；③可用的帐篷太少，无法满足灾民当时甚至未来几天内的需求。

在这种情况下，应急管理者往往要求灾民自觉排队，按秩序发放救灾帐篷。在排队中，依然秉承“老弱病残孕优先”的原则。在帐篷到来之前，队伍或许还能保持一定的秩序，但等帐篷等救灾物资一到，灾民便开始上前哄抢，抢到帐篷就好像抓住了救命稻草一般，现场秩序一片混乱，应急管理者面对这种情况下的排队机制失效束手无策。

由于这个案例中的参与者种类和关系并不复杂，流程简单，因此基于前面所述的简易的 GoSRE 模型，对其进行失效问题分析，并在分析结果的基础上给出机制再设计的事前预防策略和事后补救策略。

1. 目标分析

应急人员要求灾民领取帐篷，这是应急救灾的需要，其根本目标和应急救灾的目标是一致的，是保证广大灾民的根本利益。因此，灾民的“利益”应该是该排队机制的最终目标，也是第一层次的目标。

但是，在对物资的需求严重大于供给的状态下，所有灾民的利益不可能 100%被满足。如果机制的设计较大程度上满足了部分人的利益，必然会牺牲另外一部分人的利益。中国自古以来就有“不患寡而患不均”的思想，在物资缺乏的情况下更是如此。所以，要保证大多数的利益就要保证分配的公平，是第二层次的目标。

然而，由于应急状态下时间、空间和物质资源的限制，再加上需要救助的灾民数量多，直接设计特定的机制以达到“公平”目标比较困难。此时，被民众广为接受的排队机制是一种比较公平的机制，同时又能保证秩序，这种机制最适合在这种情况下使用。但是，只有秩序良好时公平才能保证，如果排队队伍秩序混乱，公平也就无法保证，很多灾民的利益便会受损。也就是说，“秩序”又是“公平”目标的基础，是第三个层次的目标。“秩序”这一目标比较容易具体，容易判断是否达到。所以，可以将“秩序”当成排队机制的直接目标，在其实现的基础上，间接地实现“公平”甚至“利益”这两个更高层次的目标。

综合以上分析，将本案例排队机制的目标分解，如图 10.2 所示，第一层次目标以第二层次的目标实现为基础，第二层次目标又以第三层次的目标实现为基础。

2. 参与者分类与分析

将参与者分为主体、客体和介质三类。在分发帐篷时，排队机制的主

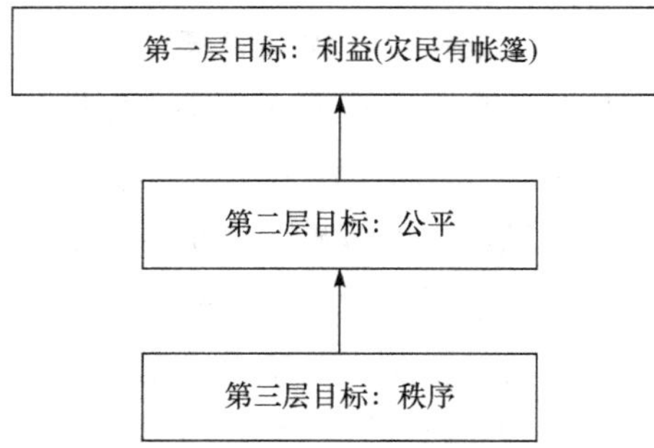

图 10.2　应急状态分发帐篷的排队机制目标分解

体是应急管理人员，他们既是设计主体也是执行主体，同时又是机制的监督主体；在本案例中，机制的客体是等待领取帐篷的灾民；机制的介质是可利用的一切工具或者可以帮忙的一切人物。

（1）主体分析

应急管理人员很多都是由临时人员组成的，他们在帐篷资源极度稀缺的情况下，并没有设计出更合理、更易被灾民接受的分发方案，而只能采用排队的方法。在非常规条件下，简单的排队看似能保证公平，但是不容易维持秩序，一旦秩序丧失，公平的目标难以实现。可以说，分发帐篷的应急人员不是优秀的设计主体，对机制的失效负有一定的责任。

从执行主体和监督主体的角度来说，应急管理者同时是该排队机制的执行者和监督者，如果监督的同时自我监督失效，那最终可能导致机制的整体失效，值得一提的是自我监督是很多管理机制失效的最重要原因之一。

（2）客体分析

对于灾民而言，大地震的发生、余震的连续不断以及暴雨交加给他们造成了极大的心理恐慌。人一旦处于惊慌失措的状态之下，个人甚至群体行为容易失去理智，容易对正常的事情反应过度，出现焦虑、悲恸、恐慌等非理性行为，甚至发生骚乱、暴乱等恶性事件。在这种非理性行为的指导下，要维持灾民的排队秩序比较困难，机制的失效看起来在所难免。

另外，依照马斯洛的需求层次理论，人的需求从低到高依次为生理需求、安全需求、归属与爱的需求、尊重需求和自我实现的需求，当人的低一级的需求得到满足以后，人们才会追求高一等级的需求。大地震夺取了灾民维持基本生活的一切，灾民的生理和安全需求极为迫切。此时，帐篷等生命线物资严重稀缺，因此尽最大努力得到帐篷是受灾民的本能所驱使的。人们常说，排队是文明的体现，属于人的尊重方面的需求。但在生理和安全需求都没有得到保障的情况下，灾民是没有动力去排队的，简单的排队机制的失效看起来理所当然。

（3）介质分析

地震发生之后，灾区的基本设施大多已经被破坏，发放帐篷的场地也只是临时场所而已，想要安装护栏或者警戒线往往不太现实。加上服务人员缺少，单纯通过少数工作人员维持秩序效果甚微。可以说，该排队机制既没有物作为介质，也没有人作为介质，为秩序的维持增加了很大的困难，进而导致了排队的失效。

3. 关系属性分析

本节根据"职责权利情"（职位、责任、权力、利益、情感）五个因素对机制失效影响力的大小，总结了应急状态下分发帐篷时排队机制的失效原因。

（1）情感关系主导参与者的行为

汶川地震发生之后，不仅灾民的心理受到了重创，其他地区的人们的心灵也受到了很大的震撼，这时人们强烈的同情心和怜悯心便被激发，人们通常会对弱者特殊照顾，情感因素在指导救灾者的行为中占据了重要地位。在现场分发帐篷等救灾物资时也不例外，灾民是弱者，处于生存的弱势地位，由于同情心的存在，应急人员帮助灾民的情感非常强烈，秩序混乱相对来说不那么重要，这才导致了以秩序为目标时排队机制的失效。

（2）弱权力关系降低排队的强制性

在很多情况下，权力关系是制度得以执行的必要条件。按照关系程度的强弱，可以分为强权力关系和弱权力关系，强弱只是一个相对的概念。在地震救援中，大多数的组织都是临时组建的，一般不存在较为明显的强权力关系，弱权力关系在其中起主导作用。在分发救灾帐篷时，排队机制中主客体之间也是弱权力关系，因此，灾民排队不具有强制性，容易引发秩序混乱。

（3）利益冲突促使灾民不理智行为

主要是指利益关系不稳定导致机制的失效。汶川地震发生后，帐篷的需求量严重大于供给量。在分发帐篷时，采用灾民排队的方式，有人得不到帐篷是必然的，灾民对这点也很清楚。机制的客体在利益冲突之下，会有人首先打破规则，等到帐篷一到，便开始哄抢，导致秩序混乱，排队机制失效。

（4）责任缺失使得主体失去监督动力

除上述三类关系之外，"责任"在排队机制失效过程中也起着非常重要的作用。郝英奇（2010）认为，组织管理的微观动力机制由权力、责任、利益三个要素组成。其中，责任是动力的附着点，追求利益的动力附着在责任上，通过履行责任而实现组织目标。帐篷排队分发机制中，把帐篷分发给灾民是排队的主要目标，秩序混乱并不会对管理者进行惩罚，机制主体既不需要承担责任，也没有利益损失。责任的缺失使得主体不再去维持混乱的秩序，使得排队机制失效。

4. 环境属性分析

（1）时间因素

在正常状态下，排队已经成为人们生活中的基本行为规范，也成为人们的共识。如果不遵守排队秩序，插队会被别人视为不礼貌。可以说，排队机制在人们的日常生活中运行良好。然而，地震刚刚发生之后，即使在其他任何因素都不变化的情况下，时间的变化导致秩序混乱，在此时特殊的时间条件下，排队或许本身就不合适。

（2）空间因素

从空间位置属性来看，汶川地震的震中心为汶川县映秀镇，影响的大部分都是农村地区。农村地区的基本生活条件、人口密度、民众整体素质及居民的风俗较城市居民有差距，导致发放帐篷时排队更加困难，容易导致秩序混乱。

从可用空间大小的属性来看，地震发生之后，救灾的场所基本成了完全开放的场所，灾民排队领取帐篷基本上是在一个完全开放的场地，空间调节无法实行，导致灾民插队比较容易，保证秩序非常困难。

（3）动力与约束因素

在分发帐篷的排队机制中，机制主体的目标是保证排队的秩序，而灾民的目标是领到帐篷以保证自身安全。灾民遵守秩序并不利于他们得到帐篷，因此，灾民遵守排队秩序的动机并不强烈。所以，在没有任何激励保证的情况下，灾民没有排队的动力，排队机制的失效成为必然。

5. 可变因素识别与生成解决方案

前面已经提到，目标方面由于资源的有限性，不可能最大限度地满足所有灾民的利益，只能相对公平地满足大家的基本利益。所以，公平和利益这两个层次的目标都是不可改变的。对于第三层次的目标“秩序”而言，只是实现上两级目标的基础。假如不能保证秩序，设计一定的机制进行事后补救之后如果能实现“公平”和“利益”这两个目标，我们也认为机制是有效的。如果又要保证排队机制的“秩序”，又要实现“公平”和“利益”

目标，则需要对排队机制可变因素进行识别，设计更为合理的事前预防机制。

本案例中，由于时间和地点的特殊性，大地震之后机制实施的时间以及空间比较有限，这些条件已经固定，可以认为这两个因素是不可以改变的。但是，灾民排队等待帐篷到帐篷等物资到来有一定的时间可用。对于参与者来讲，需要帐篷的灾民不会改变，应急人员紧缺，也不会增多，也就是说，主客体的数量不可变。但是，主客体之间的作用方式可以稍做变化，都是可以实现的。例如，灾民内部的关系可以由原来的完全平等的竞争关系变化为领导关系；应急人员分发帐篷的权力稍微加大等。

在上述分析的基础上，就可以生成排队机制失效问题的解决方案，包括两个部分：事前预防方案和事后补救方案。

（1）事前预防方案

针对排队机制的失效问题，利用“事前预防方案”进行应急机制再设计是对原有机制的优化。在日常生活中，组织或团体经过一段时间的运行往往会自发地出现某个人作为领导或权威，领导和权威的出现使得组织的运行更加高效有序，在心理学中称为“威严效应”。

在解决排队机制的失效问题时，也可以借助“威严效应”，根据保守估计可用的帐篷数量，将安排灾民排队的时间另作他用，将灾民快速地临时分成 N 个不同的小组，组内成员老弱病残合理分配。同时，让组内成员自动达成协议，推举组内代表负责领取本组的帐篷，并由组长负责组内成员的安全，要求在保证公平和秩序的情况下充分利用帐篷。由于小组领导是自发形成的，成员都会比较信服。此时，分发帐篷就会相对容易很多，在一定程度上保证秩序的同时，达到了保证灾民安全的目的。

（2）事后补救方案

事后补救方案是指允许灾民哄抢帐篷，在灾民抢到帐篷之后，采取补救措施，让没抢到的人能和抢到的人一起住在同一帐篷下。例如，一个帐篷可以住 10 个人，有一家四口人抢到了帐篷之后，工作人员再安排 6 个人也同住进这一帐篷中。这样的策略可以让更多的人住到帐篷中，得到的效果和有秩序地排队领帐篷差别不大。

这种策略之所以会起作用，原因如下：①帐篷已经在某个灾民的手上，这个灾民就不用担心有人会再把它抢走，内心会踏实安定。②灾民们拥有帐篷这一物质资源之后，又重新建立起了道德感，会更愿意利用自己的物质资源去帮助其他没有拥有的人。③帐篷、食品之类的救灾物资在分发和共享时具有一定的强制性，所以事后让其他人也一起住在同一帐篷的方法被视为可行。

第三节　管理机制设计理论在企业管理中的应用

一、中国国际航空股份有限公司航班正点率评价方法

“今天你被@了吗？”“你被典型了吗？”“你被平均了吗？”……

随着网络的发展，一系列诸如此类有趣味的流行语在网络中喷薄而出，逐渐为人们口口相传，广为沿用。如今又有一句“坐飞机，你被晚点过吗？”风靡一时。在全球77亿人口中，越来越多的人体验到由于各种各样的原因航班延误的经历。《2015年全国民航航班运行效率报告》（简称《报告》）显示，2006～2015年我国各类飞行起降架次持续增长，2015年达到778万架次，年均增长率约为9.9%。而航班正常率（又称准点率或正点率）则基本呈现出不断下降的趋势，到2015年航班准点率已下降至68.33%。2015年航班准点率最高的前3位依次是山东航空股份有限公司、四川航空股份有限公司、中国国际航空股份有限公司（简称国航），均高于72%。而国航在之前很多年也一直是排名靠前。

准点率是指航空旅客运输部门在执行运输计划时，航班实际出发时间与计划出发时间较为一致的航班数量（即正常航班）与全部航班数量的比率，是一个很好的表征承运人运输效率和运输质量的指标。从《报告》中可以看出，我国民航航班近几年正点率不断下降，影响国家、企业、客户对民航航班的信任度。国航在 2008 年以前也面临着同样严峻的问题。当时，国航为了提高下属分公司的航班正点率，划定了一条标准线，当分公司的航班正点率达到这个标准的时候，就能够获得总公司设定的绩效奖金。数年下来，发现获得绩效奖金的总是国航三个特定的分公司 A、B 和 C，其他分公司连续几年都未能达到正点率标准线，其业绩和士气日渐消沉，如此状况严重阻碍了整个公司的均衡发展和收益。国航试图寻找一个有效的管理机制来消除这种不均衡现象，笔者对该问题深入分析以后，利用本书中讲到的管理机制设计理论给出了一套完善的解决方案。

1. 目标分析

这个问题的最高目标是“怎样使国航的数家分公司都能达到给定的航班正点率，提升国航整体效益”。满足这个目标，主要需要实现两个子目标：公平和效益。两个目标要同时满足，才能实现最高目标。本案例中，在满足公平的前提下很大程度上就能促进效益的提升。

说到公平，直觉告诉我们国航总部对各个分公司划定统一的航班正点率标准本身就满足公平的条件。其实不然，国航数家分公司地理位置不同、规模有别、航线迥异，在诸多背景条件不同的情况下设定一个统一的规则本身就是不公平的体现，各种不利因素的影响使得没有达到规定航班正点率的分公司无法获得绩效奖金，在数年如此的情况下，他们就没有足够的动力去采取措施提升航班正点率，以至于奖金始终归属于三家“幸运”（指连续获得绩效奖金）的分公司 A、B、C。如果给出一个对于上述“倒霉”（指连续未获得绩效奖励）分公司而言合理的航班正点率标准，他们就会有动力去改善本公司的运营状况，进而达到正点率标准，实现国航总部所期望的均衡发展和高收益的目标。所以说，在满足公平目标的前提下会间接促进满足效益目标，从而有助于两个子目标的顺利实现。

2. 参与者分类与分析

1）主体。在国航航班正点率评价方法这一研究问题存在的管理机制设计中，国航总部是机制的主体，分别扮演了机制设计主体、实施主体和监督主体三种角色，国航总部在航班正点率评价方法管理机制中体现的这三重功能充分说明了其在该管理机制中的重要地位。发挥好主体的作用，管理机制的功效就会逐渐凸显。

2）客体。在本案例中，客体是国航的各个分公司。无论大小、远近，客体之间没有从属关系，只存在简单的并列关系，同时相互之间具备一定的竞争关系，包括利益与名誉，即航班正点率越高的分公司，能获得越多的绩效奖金，赢得口碑效应。“幸运”的客体 A、B、C 希望航班正点率一直维持前期制定的标准，而“倒霉”的客体急需一个最适宜的航班正点率评价方法，从而有动力去适应一个新的管理机制，这也与主体的目标保持一致，实现激励相容。另外，在诸多客体之间也存在明显的差异性，分析发现，在原有正点率评价方法的基础上，总能获得正点率绩效奖金的分公司明显具备规模小、支线少的特点，相反连年不能获得绩效奖金的分公司则规模庞大、支线繁杂。

3）介质。在一个管理机制中，介质可以是人、物、环境，也可以没有介质。本案例中国航航班正点率评价方法管理机制中没有涉及介质。

3. 关系属性分析

本部分根据“职责权利情”（职位、责任、权力、利益、情感）五个因素对机制失效影响力的大小，总结了原有正点率评价管理机制的失效原因。

在责任方面，主体的责任是为各个客体提供一个良好的竞争发展环境，制定切合其自身目标的一套完善的机制，保障国航的正常运营，提升整个公司的效益。机制的目标也会促进主体更好地实施其责任，同时责任的实施受到多个因素的影响，如能力、方式等。

在权力方面，主体对客体有绝对管理支配的权力，在航班正点率评价方法管理机制中，主体权力的实施因相关规章制度的确定而越发明晰，客体满足航班正点率标准，主体则给予其绩效奖励，若不满足，则客体失去获得绩效奖励的机会。所以，客体是主体实施权力的有力砝码，影响着主体权力的实施效果，主体也有修正甚至重设公司规章制度和管理机制等的权力，包括航班正点率评价方法。

在利益方面，主客体对各自利益的追求导致机制逐渐偏离原来设定的目标，只有让二者的目标保持一致，才能发挥整个机制的力量，达到国航提升总体航班正点率，进而均衡发展并获取高收益的目标。

在国航正点率评价管理机制中，主要涉及总部与分公司的从属关系，对于具体职位的高低不影响机制的有效运行，而情感只是事件中的附加因素，所以，职位和情感这两个因素对问题分析的影响不大。

4. 环境属性分析

（1）时间因素

在航空领域，不管是何种用途的航班，都可能会因为各种各样的原因导致航班晚点甚至取消，包括天气、空中管制、机场本身以及油料等方面的因素。时间对于需要它的人来说显得尤其珍贵，尤其是选择飞机出行的乘客。如果能从时间的角度出发，尽可能地减少航班的延误，将会很大程度上提升乘客对国航的认可度和支持力。

（2）空间因素

导致国航航班正点率下降的一部分原因是空间因素的制约，如上文提到的天气、空中管制、机场空间内的约束等。对于不能制衡的天气可以提前做好应急预案，遇到诸如空中管制之类的要第一时间告知乘客，做到公开、诚信、有责任。另外，对机场自身空间的合理性优化也能在一定程度上解决正点率问题。

（3）动力与约束因素

对于主体来说，由于其责任和效益的原因，有动力保障国航各个分公司的航班正点率问题；对于客体来说，为了获得合理的与正点率评价相关的绩效奖励，有动力采取各种有效的途径来达到国航总公司给定的正点率评价标准。但是，反过来说，主体有责任和权力管制客体，但是客体没有义务一定要达到主体设定的目标，也就是说，主体设计的航班正点率评价方法对客体没有强制约束力。另外，对于部分分公司来说，高标准的航班正点率也使他们望尘莫及，动力呈逐步消减的趋势。

5. 可变因素识别与生成解决方案

通过上述分析可以发现，在国航航班正点率评价方法管理机制的各个因素中，主体与客体本身的属性以及关系属性很难改变，而主要可以改变的因素包括：时间因素、空间因素、动力与约束因素，其中，时间因素可以通过动力因素的有效实施来间接达到，空间因素的改变可以对机制设计起到辅助性的作用。因此，可以从这几个因素入手，生成解决方案。

（1）从动力与约束因素入手生成解决方案

在动力因素上，从原有的国航航班正点率评价方法的实施入手，分析出该方法对客体的动力不足，实施效果显然偏离了主体的目标。这时可以改进动力来促进目标的实现，鉴于国航分公司之间的显著差别，需要逐一制定正点率评价方法，满足动力的针对性和多样化。通过分析各家分公司的规模、形式以及历年经营状况，尤其是正点率，对每家分公司制定一个相应地符合该分公司实际情况的正点率标准，使其既有动力去达到该标准，又具备达到甚至超越该标准的可能，发挥动力的最适功效。同时，对离航班正点率标准较远的分公司采取一定的处罚措施，恩威并施。

（2）从时间和空间因素入手生成解决方案

对于时间因素，国航可以根据航班的实际运行经验，考虑航班班次的适度增加，深入分析各个航班的到位、起飞时点和其中的间隙时段、其他导致航班不能按时起飞的时间因素以及这些时间因素对航班正点率的影响程度，寻找出一个更优化的航班时刻安排。对于空间问题，可以考虑机场的跑道，它们一般都是经过专业的规划而稳定下来的一种结构，但是在较低航班正点率的影响下可能会考虑跑道的调整。例如，适当增加跑道，需要与中国民用航空局、相关民航企业及其他机场进行统一协调规划，根据效率、收益等方面综合考虑。总的来说，上述两类方式均为航班正点率的提高创造可能性。

以第一种解决方案为主，第二种方案为辅，二者相互结合有效地提升了国航整体的航班正点率，为国航的发展打下了一个良好的根基，一直到今天国航都在沿用团队对于几家分公司进行正点率的评价和奖惩政策，也就是本书所述的一套完善的管理机制设计理论。这套理论也让作为中国三大航空公司之一的国航逐步成为航空领域的领航者，引领着航空业的发展与壮大。

二、企业供应链问题的解决方案

传统经济中，很多生产型企业因为供应链过程中不知道什么货物更好卖而导致很多货物库存过大。库存过大会导致现金流短缺，有些商品卖不出去，有些销售好的商品因为销售过快缺货来不及生产，导致企业效益下降。本节将利用管理机制设计理论来设计企业供应链导致的效益下降问题的解决方案。

1. 目标分析

这个问题的最高目标是“提升企业效益”。

2. 参与者分类与分析

1）主体。主体是企业的老板、董事。

2）客体。客体包括三类：第一类是企业的员工；第二类是销售商；第三类是客户。

3）介质。相关的平台。

3. 关系属性分析

作为主体的老板、董事，他们希望员工能创造出更大的价值，希望有更多的客户。而作为客体的员工，只关心自己能得到多少利益。这样有可能会同主体在利益上有冲突，形成局部利益和整体利益的冲突。作为客户，有自己的需求，企业产品越满足客户的需求越好，而企业的老板、董事以及员工，都会为了自己的利益最大化考虑，需要考虑成本收益，而不是无底线满足客户的需求。而销售商也有自己的利益考虑，不能有更多库存，但是也希望企业能及时补货。

4. 环境属性分析

（1）时间因素

传统的供应链时间因素方面是具有矛盾性的：客户往往希望能够立刻有货，而如果在时间方面能够让有意向的客户立刻拿到货，那么就需要备有大量的库存，会增加太多成本，而如果在时间方面不能满足客户需求，又会失去很多销售机会。

（2）空间因素

传统的供应链在空间方面存在的问题是：生产产品集中在工厂，而销售有很多商店。每个商店都需要进货，传统经济的情况下不同商店的货物又很难有交集。

（3）动力与约束因素

传统经济下，企业老板、员工、供应商的利益之间有一定割裂性，不利于形成激励相容的局面。如果能够形成一种企业老板、员工、供应商利益一致共赢的情况，就容易提升企业利润。

5. 可变因素识别与生成解决方案

根据上面的分析，综合起来发现，单独从主体、客体、关系、时间、空间、动力与约束方面改变，很难达到整体的改变。只有从介质入手改变，才能起到整体改变的效果。在“互联网+”的时代下，以“互联网”和“大数据”作为介质，可以解决参与者之间关系的矛盾，来让有矛盾的时间、空间、动力与约束达到一种和谐的局面。具体方法如下。

1）通过互联网和大数据，可以在生产之前，了解客户的需求和偏好，有目的地生产，这样就可以让生产的东西更容易卖出去，减少因为不知道客户的喜好而备有很多库存的问题。

2）通过互联网，承接网络订单，客户先下单再生产，也可以降低库存。并且在网络下单的情况下，客户能够在一定程度上忍受物品生产必要的时间。例如，现在很多商家在网上搞预售活动，让客户先付一部分钱，之后再生产。生产完了让客户付尾款，之后再发货。这样不仅降低了库存，也解决了资金流短缺的问题。

3）通过互联网，不同商店库存的东西可以联网共享，当一家店面缺货的时候，可以以更高的效率互相换货、补货等。

本章小结

本章首先通过北京市海淀区北四环中关村一桥拥堵的解决策略和利用京沪高铁提升北京文化产业的策略两个案例，讲述了管理机制设计理论在公共管理中的引用；然后通过大规模城市恶劣天气下交通应对策略和汶川地震中帐篷分发排队机制的失效分析与应对策略两个案例，讲述了管理机制设计理论在应急管理中的应用。最后通过中国国际航空股份有限公司航班正点率评价方法案例，讲述了管理机制设计理论在企业管理中的应用。

参考文献

〔德〕马克思，恩格斯：《马克思恩格斯选集》第1卷，北京，人民出版社，1995。

〔德〕弗里德里希·尼采：《权力意志：重估一切价值的尝试》，张念东，凌素心译，北京，商务印书馆，1991。

〔法〕布罗代尔·费尔南：《法兰西的特性：空间和历史》，顾良，张泽乾译，北京，商务印书馆，1994。

〔美〕彼德·德鲁克：《管理：任务、责任、实践》，孙耀君译，北京，中国社会科学出版社，1987。

〔美〕加拉格尔·哈德利，沃伦·施密特：《谁把孔雀变黑白？——企业与员工的创新之路》，刘凯译，北京，中信出版社，2008。

〔美〕斯蒂芬·P. 罗宾斯：《管理学》第4版，孙健敏等译，北京，中国人民大学出版社，1997。

〔美〕斯蒂芬·P. 罗宾斯：《组织行为学》，李原等译，北京，中国人民大学出版社，2002，第7版。

〔英〕爱德华·泰勒：《原始文化——神话、哲学、宗教、语言、艺术和习俗发展之研究》，连树声译，南宁，广西师范大学出版社，2005。

〔英〕伯特兰·罗素：《权力论：新社会分析》，吴友三译，北京，商务印书馆，1991。

〔英〕丹尼斯·麦奎尔，斯文·温德尔：《大众传播模式论》第2版，祝建华译，上海，上海译文出版社，2008。

曹兴，石中华：《基于机制设计理论的企业技术委托开发道德风险防范研究》，《系统工程》2005年第11期。

陈安：《浅议管理机制设计理论：目标与构成》，《科技促进发展》2011年第7期。

陈安，武艳南：《基于最优停止理论的应急终止机制设计》，《中国管理科学》2010年第4期。

陈安，陈宁，倪慧芸，等：《现代应急管理理论与方法》，北京，科学出版社，2009。

陈安，马建华，李季梅，等：《现代应急管理应用与实践》，北京，科学出版社，2010。

陈贵珍：《多物品拍卖的最优机制设计理论评述——兼论国有产权拍卖》，《当代经济》2010年第12期。

陈国恒，李京梅：《论建立现代企业制度中责任与权利的重新安排和机制设计》，《经济问题》2000年第7期。

陈璐，张永领，迟菲，等：《基于"情景-应对"的地震灾区多层次物资需求建模分析》，《科技促进发展》2013年第3期。

陈砼：《管理机制设计模式及其在国有资产管理中的应用》，西南交通大学博士学位论文，2001。

陈学明：《马克思的公平观与社会主义市场经济》，《马克思主义研究》2011年第1期。

陈燕：《公平与效率》，北京，中国社会科学出版社，2007。

杜帅楠:《管理机制设计中的关系模式及其应用研究》，河南大学硕士学位论文，2013。
樊佳璇:《城市网格化管理的应用研究——以北京、上海、杭州三地为例》，上海，华东理工大学，2013。
方勇:《电力市场中机制设计理论的应用研究》，上海大学博士学位论文，2004。
冯健，周一星:《转型期北京社会空间分异重构》，《地理学报》2008年第8期。
高响鸣，杨鹍飞:《多民族国家的民族关系模式研究》，《云南民族大学学报》（哲学社会科学版）2012年第2期。
谷中原，吴师法:《民族生成与民族关系模式》，《湖北民族学院学报》（哲学社会科学版）2007年第2期。
郭敏，王红卫:《合作型供应链的协调和激励机制研究》，《系统工程》2002年第4期。
郭庆光:《传播学教程》，北京，中国人民大学出版社，2004。
郝英奇:《科技进步动力机制研究》，《暨南学报》（哲学社会科学版）2003年第6期。
郝英奇:《组织管理的动力机制》，北京，经济科学出版社，2010。
何辉:《建立起核心员工流失的约束机制》，《商场现代化》2006年第 7期。
胡信布，何正文，徐渝:《基于资源约束的突发事件应急救援鲁棒性调度优化》，《运筹与管理》2013年第2期。
胡尹慧:《从机制设计理论看我国突发事件的应急管理》，《广东广播电视大学学报》2010年第6期。
黄采金，陈明义，王浣尘:《环境排污优化的合作机制设计》，《系统工程理论方法应用》1999年第3期。
黄津孚:《组织设计中的职权和职责分析》，《管理评论》2003年第 8期。
金锡勇:《硬约束与软约束——谈谈加强城市管理要处理好的若干关系》，《学习与思考》1998年第4期。
柯贵根:《给权力一个支点，用利益撬动责任——责权利匹配新探》，《广东技术师范学院学报》（社会学）2011年第 3期。
孔凡静:《日本市场经济运行机制的特点》，《中国市场》1994年第 2期。
李宝娣:《组合拍卖机制设计理论研究》，湖南师范大学硕士学位论文，2009。
李昌平，顿洪亮:《城郊选煤厂约束与激励并重管理机制解析》，《煤炭经济研究》2004年第3期。
李德军:《家族企业生命周期的演进》，《统计与决策》2009年第4期。
李强:《社会分层与社会空间领域的公平、公正》，《中国人民大学学报》2012年第1期。
李学栋:《论管理机制设计理论》，《工业工程》2005年第2期。
李学栋，何海燕，李习彬:《管理机制的概念及设计理论研究》，《工业工程》1999年第4期。
李妍:《社会转型中的制度失效问题探析》，陕西师范大学硕士学位论文，2009。
林聚任:《社会网络分析：理论、方法与运用》，北京，北京师范大学出版社，2009。
林晓婉，车宏生，张鹏，等:《程序公正及其心理机制》，《心理学进展》2004 年第2期。
刘国亮:《公司治理过程中的外部约束机制》，《当代财经》2003年第12期。
刘荃英:《家族企业特征分析》，《企业活力》2004年第2期。
罗振璧，于学军，朱立强:《探索基于约束的管理与创新设计》，《制造技术与机床》2003年第2期。

马维野，池玲燕：《机制论》，《科学学研究》1995 年第 4 期。
孟天广：《转型期中国公众的分配公平感：结果公平与机会公平》，《社会》2012 年第 6 期。
南怀瑾：《周易》，重庆，重庆出版社，2009。
庞骏，张杰：《晋宋建康城市空间管理制度》,《扬州大学学报（人文社会科学版）》2006 年第 2 期。
戚桂杰，顾飞，陈安：《管理机制设计理论中的时间规制研究》,《科学学研究》2012 年第 7 期。
钱颖一：《激励理论的新发展与中国的金融改革》，《经济社会体制比较》1995 年第 6 期。
邱询旻，冉祥勇：《机制设计理论辨析》，《吉林工商学院学报》2009 年第 4 期。
沈晓阳：《论责任的内涵、根据、原则》，《重庆师院学报》（哲学社会科学版）2002 年第 1 期。
孙潮：《法律的特点、作用和评价》，《上海人大月刊》1998 年第 9 期。
孙仁义，李楚霖：《银行监管、风险转移激励与经理激励机制设计》，《管理工程学报》2000 年第 4 期。
孙绍荣，朱佳生：《管理机制设计理论》，《系统工程理论与实践》1995 年第 5 期。
孙耀君：《西方管理学名著提要》，南昌，江西人民出版社，1995。
谭永基，蔡志杰：《数学模型》，上海，复旦大学出版社，2006。
田国强：《经济机制理论：信息效率与激励机制设计》，《经济学季刊》2003 年第 2 期。
佟新：《平衡工作和家庭的个人、家庭和国家策略》，《江苏社会科学》2012 年第 2 期。
王宝治：《当代中国社会权力问题研究——基于国家-社会-个人三元框架分析》，河北师范大学博士学位论文，2010。
王春才：《城市交通与城市空间演化相互作用机制研究》，北京交通大学博士学位论文，2007。
王辉：《合作型供应链协调激励机制研究》，《长沙大学学报》2011 年第 5 期。
王姣娥，金凤君：《中国铁路客运网络组织与空间服务系统优化》，《地理学报》2005 年第 3 期。
王伟光：《社会利益论》，北京，人民出版社，1988。
王奕俊：《企业收益成本视角的校企合作动力机制分析》，《教育与职业》2011 年第 3 期。
王勇：《民政部正在制定国家自然灾害救助物资储备规划》，《公益时报》2014 年 7 月 30 日。
王玉华，赵平：《“金砖国家”合作机制的特点、问题及我国的对策》，《当代经济管理》2011 年第 11 期。
邬爱其，贾生华：《企业成长机制理论研究综述》，《科研管理》2007 年第 2 期。
吴倚天：《网格下的城市——北京市东城区依托信息技术探索城市管理新模式》，《信息化建设》2005 年第 8 期。
武晓风：《诺齐克的分配公正思想及其对我国的启示》，《经济问题》2003 年第 2 期。
武艳南：《基于管理机制设计理论的应急协调系统设计及其应用》，山东大学硕士学位论文，2011。
夏征农：《辞海（缩印本）》，上海，上海辞书出版社，1990。
肖江文，罗云峰，赵勇，等：《排污申报机制设计的博弈分析》，《系统工程理论与实践》2002 年第 11 期。
徐建华，鲁凤，苏方林，等：《中国区域经济差异的时空尺度分析》，《地理研究》2005 年第 1 期。
徐漫：《简述管辖与约束理论》，《边疆经济与文化》2012 年第 6 期。
徐敏：《疏散中的典型心理行为特征分析》，《安全》2007 年第 6 期。
薛俊菲：《基于航空网络的中国城市体系等级结构与分布格局》，《地理研究》2008 年第 1 期。
杨晶照，陈勇星，马洪旗：《组织结构对员工创新行为的影响：基于角色认同理论的视角》，《科技进步与对策》2012 年第 9 期。
杨世忠：《责权利关系定量分析探索》，《经济与管理研究》1997 年第 1 期。
杨帅：《基于资源约束条件下的全面预算管理研究》，西南财经大学硕士学位论文，2007。
叶浩生：《责任内涵的跨文化比较及其整合》，《南京师大学报》（社会科学版）2009 年第 6 期。
于然，周明生：《家族企业生命周期及其成长困惑》，《企业改革与管理》2005 年第 12 期。
袁雪峰：《供应链机制的特点与构成》，《知识经济》2010 年第 18 期。
张兵，金凤君，于良：《近 20 年来湖南公路网络优化与空间格局演变》，《地理研究》2007 年第 4 期。
张国华：《关于城市道路潮汐车道的设置研究》，《交通科技》2012 年第 3 期。
张冀：《常态下我国政府与传媒良性互动关系模式的构建》，电子科技大学硕士毕业论文，2009。
张居洋，吴建平，鹿均先，等：《构建责权利统一的管理运行机制》，《中华医院管理杂志》2003 年第 4 期。
张勤生，汪应洛，席酉民：《管理机制设计理论研究》，《西安交通大学学报》2007 年第 31 期。
张许颖：《产业政策失效原因的博弈分析》，《经济经纬》2004 年第 1 期。
郑士源，徐辉，王浣尘：《网格及网格化管理综述》，《系统工程》2005 年第 3 期。
中华人民共和国国务院：《国家突发公共事件总体应急预案》，2006。
中华人民共和国中央人民政府：《卫生部发灾区鼠疫等三种传染病疫情应急处理预案》，2008。
周波：《城市公共空间的历史演变》，四川大学博士学位论文，2005。
周丽霞：《地铁换乘空间设计研究》，清华大学博士学位论文，2007。
周爽：《以激励约束为核心的企业现代化管理的运行机制》，《财经界》（学术版）2014 年第 4 期。
周巍：《高校质量管理中学生参与的约束机制》，《科教文汇》2014 年第 10 期。
周一星，胡智勇：《从航空运输看中国城市体系的空间网络结构》，《地理研究》2002 年第 3 期。
朱慧：《机制设计理论——2007 年诺贝尔经济学奖得主理论评介》，《浙江社会科学》2007 年第 6 期。
Stawicki，J, 李志民：《实施项目群和项目组合管理——从标准到执行》，《项目管理技术》2008 年第 2 期。

Abreu, D. et al, 1989: "Subgame perfect implementation:a necessary and almost sufficient condition", *Journal of Economic Theory,* Vol.50.

Abreu, D. et al, 1999: "Virtual implementation in nash equilibrium", *Econometrica*, No.59.

Atkinson, P. M. et al, 2000: "Spatial scale problems and geostatistical solutions: a review", *Professional Geographer*, Vol.52, No.4.

Azarkhail, M. et al, 2007: "A novel bayesian framework for uncertainty management in physics-based reliability models", *Asme International Mechanical Engineering Congress & Exposition.*

Beau, J. F, 1964: "Management of the human element in the physics of failure", *Symposium on Physics of Failure in Electronics.*

Birkland, T. A, 2009: "Disasters, catastrophes, and policy failure in the homeland security era", *Review of Policy Research*, Vol.26, No.6.

Bluedorn, A. C. et al, 1988: "Time and organizations", *Journal of Management*, No.14.

Boettke, P. J, 1995: "Hayek's the road to serfdom revisited: government failure in the argument against socialism", *Eastern Economic Journal*, Vol.21, No.1.

Burgess, R, 1998: "Avoiding supply chain management failure: lessons from business process re-engineering", *International Journal of Logistics Management*, Vol.9, No.1.

Chatterjee, K. et al, 2012: "A probabilistic physics-of-failure approach to prediction of steam generator tube rupture frequency", *Nuclear Science and Engineering*, Vol.170, No.2.

Chen, A. et al, 2010: "Framework and modes of managerial mechanism design theory with applications in emergency management ", *Transactions on Emergency Management*, (Special Issue), No.5.

Clark, P. A, 1985: "A review of the theories for time and structure for organizational sociology", *Research in the Sociology of Organizations*, No.4.

Doepke, M. et al, 2007: "Hard evidence and mechanism design", *Games and Economic Behavior*, Vol.58, No.1.

Eikenberry, A. M. et al, 2007: "Administrative failure and the international NGO response to hurricane katrina", *Public Administration Review*, Vol.67, No.s1.

Emons, W, 1994: "The provision of environmental protection measures under incomplete information: An introduction to the theory of mechanism design", *International Review of Law and Economics*, Vol.14, No.4.

Glennie, P. et al, 1966: " Reworking E. P. Thompson's ' Time.work-discipline and industrial capitalism'", *Time and Society*, Vol.5, No.3.

Granovetter, M, 1973: "The strength of weak ties", American Journal of Sociology, Vol. 78, No. 5.

Harvey, D, 1990: *The Condition of Postmodernity*, Oxford, Blackwell Publishers.

Hurwicz, L, 1960: "Optimality and informational efficiency in resource allocation processes", // Arrow, K. J, Karlin, S, Suppes, P, *Mathematical Methods in the Social Sciences*, Palo Alto, Stanford University Press.

Hurwicz, L, 1973: "The design of resource allocation mechanisms", *American Economic Review*, Vol.63, No.2.

Hurwicz, L. et al, 1972: "Decision making under ignorance"//Carter, C. F, Ford, J. L, *Uncertainty and Expectations in Economics: Essays in Honour of G.L.S. Shackle*, New York, Basil Blackwell.

John, F. et al, 1996: "Reengineering using the theory of constraints: a case analysis of Moore Business Forms", *Industrial Marketing Management*,Vol.25, No.4.

Johnsona, K. G.et al, 2003: " A study into the use of the process failure mode and effects analysis (PFMEA) in the automotive industry in the UK", *Materials Processing Technology*, Vol.139, No.1-3.

Kanter, R. M, 1997: "Power failure in management circuits", *Harvard Business Review*,Vol.57, No.4.

Lange, O, 1936: "On the economic theory of socialism", *The Review of Economic Studies*,Vol.4, No.1.

Lee, H. et al, 2000: "Temporal effects of information systems on business process focusing on the dimensions of temporality", *Accounting,Management and Information Technologies*, Vol.10, No.3.

Maskin, E, 1977: *Nash Equilibrium and Welfare Optimality*, Cambridge, MIT.

Maskin, E, 1999: "Nash equilibrium and welfare optimality", The *Review of Economic Studies*, Vol.66, No.1.

Moore, J. et al, 1988: "Subgame perfect implementation", *Econometica*, Vol.56, No.5.

Myerson, R. B, 1981: "Optimal auction design", *Mathematics of Operations Research*, Vol.6, No.1.

Palfrey, T. et al, 1989: "Mechanism design with incomplete information: a solution to the implementation problem", *Journal of Political Economy*, Vol.97, No.3.

Phelps, N. A, 2004: "Clusters, dispersion and the spaces in between: for an economic geography of the banal", *Urban Studies*, Vol.41, No.5-6.

Postlewaite, M. et al, 1989: "Bilateral trade with the sealed bid double auction: existence and efficiency", *Journal of Economic Theory*, Vol.48, No.1.

Riley, J. G. et al, 1981: "Optional auction", *American Economic Review*, Vol.71, No.3.

Schriber, J. B, 1986: *An Exploratory Study of the Temporal Dimensions of Work Organization*, Unpublished doctoral dissertation, Claremont Graduate School.

Schriber, J. B.et al, 1987: "Some time dimensions of work: the measurement of an underlying aspect of organization culture", *Journal of Applied Psychology*, Vol.72, No.4.

Stein, J, 1980: *The Random House College Dictionary*, New York, Random House, Inc., U.S.A.

Thompson, E.P, 1967: "Time,work-discipline and industrial capitalism", *Past and Present*, Vol.38, No.1.

Tuckman, B.W, 1965: “Developmental sequence in small groups”, *Psychological Bulletin*, Vol.63, No.6.

Vickrey, W, 1961: “Counterspeculation, auctions, and competitive sealed tenders”, *Journal of Finance*,Vol.16, No.1.

Wang, G. H. et al, 2011: “Design of emergency command mechanism and its application in natural disaster response”, *Proceedings of 2011 China Located International Conference on Information Systems for Crisis Response and Management*.

Zerubavel, E, 1981: *Hidden Rhythms: Schedules and Calendars in Social Life*, Chicago, Chicago University Press.